金融创新与发展丛书

教育部人文社会科学研究项目（No.13YJA850019）
国家自然科学基金项目（No.71662023）

草原文化与社会结构变迁视角下
牧区民间金融发展

徐慧贤◎著

经济管理出版社
ECONOMY & MANAGEMENT PUBLISHING HOUSE

图书在版编目（CIP）数据

牧区民间金融发展——草原文化与社会结构变迁视角下/徐慧贤著．—北京：经济管理出版社，2016.4

ISBN 978－7－5096－4349－5

Ⅰ.①牧…　Ⅱ.①徐…　Ⅲ.①牧区—农村金融—研究—中国　Ⅳ.①F832.35

中国版本图书馆 CIP 数据核字(2016)第 074970 号

组稿编辑：王光艳
责任编辑：许　兵　吴菡如
责任印制：黄章平
责任校对：赵天宇

出版发行：经济管理出版社
（北京市海淀区北蜂窝 8 号中雅大厦 A 座 11 层　100038）
网　　址：www. E－mp. com. cn
电　　话：（010）51915602
印　　刷：北京九州迅驰传媒文化有限公司
经　　销：新华书店
开　　本：720mm×1000mm/16
印　　张：13.5
字　　数：257 千字
版　　次：2017 年 6 月第 1 版　　2017 年 6 月第 1 次印刷
书　　号：ISBN 978－7－5096－4349－5
定　　价：58.00 元

前　言

我国民间金融在夏商时期就开始存在，之后历经变革和演进，民间金融显示出强大的生命力，目前已成为农村、牧区融资不可或缺的重要渠道，也是我国金融体系不可分割的组成部分。改革开放以来，我国民间金融活动几经反复，目前随着国民经济的快速发展和投资主体的多元化，一些地区的民间金融也出现了空前的活跃。虽然民间金融以其旺盛的生命力有力地推动了我国农村牧区经济的发展，是一种富于效率的、对我国经济增长具有积极意义的融资机制，但是长期以来，民间金融在我国一直都是一个颇有争议的议题。出于防范金融风险与稳定金融秩序的考虑，我国对民间金融的政策是十分谨慎的，甚至可以说是非常保守的。目前，由于我国监管能力的欠缺、监管理念的偏差以及政府对自身利益的追求，不仅阻碍了民间金融的正常发展，而且增加了金融体系的风险。因此，如何趋其利而避其害，引导民间金融良性发展，使民间金融成为牧区民族金融的重要组成部分，更好地支持牧区经济、社会、文化的全方位发展，从而实现“美丽牧区”就显得尤为重要。

本书第 1 章对国内外的文献进行了梳理；第 2 章通过对我国牧区民间金融的实地调查，概括了牧区民间金融发展的特征及影响；第 3 章运用历史发展的眼光，阐述了牧区社会结构变迁与民间金融发展的关系；第 4 章从乡土文化特征入手，解构了牧区草原文化对民间金融发展的影响；第 5 章以畜牧业的起源为基础，分析了牧区经济环境、金融环境对牧区民间金融发展的作用；第 6 章运用信息经济学和社会学的理论和方法，研究了牧区民间金融的社会资本治理机制牧区民间金融利率影响因素及运行机制；第 7 章以小额贷款公司、村镇银行、农村信用社、资金互助社为研究对象，剖析了目前牧区非银行金融机构在发展中存在的主要问题；第 8 章指出了民间金融发展的趋势。

本书从历史和长期的角度，在草原文化和社会结构变迁背景下研究牧区民间金融的文化渊源、社会关系、社会个体及其行为，不但拓展了民间金融研究的视角，而且丰富了民间金融研究的内容；既是我国少数民族地区经济发展研究的重要补充，也是我国金融体系改革研究的深入探究，因而具有一定的理论意义。此外，少数民族地区特别是牧区的金融发展尤为落后，牧民信贷需求和其他金融服务需求长期以来得不到有效满足。本书以弘扬草原文化核心价值为契机，以提高少数民族地区牧民信贷可及性及牧民减贫脱贫为主要目标，深入研究牧区民间金融存在的社会文化基础及发展趋势，为进一步完善牧区民族金融体系及又好又快地发展牧区民族经济提供决策参考。

目　录

第 1 章　文献综述 …… 1
1.1　关于民间金融的文献回顾 …… 2
1.1.1　民间金融产生的原因 …… 2
1.1.2　民间金融的作用 …… 3
1.1.3　民间金融的优势 …… 4
1.1.4　民间金融利率的决定 …… 5
1.1.5　民间金融发展的趋势 …… 6
1.2　评价 …… 7
第 2 章　牧区民间金融发展现状调查分析 …… 8
2.1　牧民基本生活情况 …… 8
2.1.1　牧民家庭结构 …… 8
2.1.2　牧民家庭收入 …… 9
2.1.3　牧民受教育程度 …… 10
2.2　牧区民间金融发展状况 …… 10
2.2.1　牧区对民间资金的需求 …… 10
2.2.2　牧区对民间资金的供给 …… 16
2.2.3　牧民对民间金融发展前景的看法 …… 18
2.3　牧区民间金融发展特征 …… 19
2.3.1　利率非常灵活 …… 19
2.3.2　形式多种多样 …… 20
2.3.3　合约欠规范 …… 21
2.3.4　地区分布广泛 …… 21
2.3.5　违约率低 …… 21

2.4 牧区民间金融活跃的原因 …… 22
2.4.1 金融宏观调控政策的影响 …… 22
2.4.2 信用社“支农支牧”力度不足 …… 22
2.4.3 农牧业产业结构调整的影响 …… 22
2.4.4 对牧区的财政投入不足 …… 23
2.4.5 正规金融机构在牧区的缺位 …… 24
2.5 牧区民间金融的影响 …… 24
2.5.1 牧区民间金融的积极影响 …… 25
2.5.2 牧区民间金融的消极影响 …… 25

第3章 牧区社会结构变迁与民间金融发展 …… 29

3.1 牧区社会结构的变迁 …… 29
3.1.1 第一阶段：封建领主制阶段 …… 30
3.1.2 第二阶段：集权官僚制阶段 …… 34
3.1.3 第三阶段：社会主义发展阶段 …… 35
3.2 牧区家庭及社会伦理的变迁 …… 35
3.2.1 牧区家庭形式 …… 35
3.2.2 牧区社会伦理 …… 36
3.3 牧区村庄与民间金融产生的社会基础 …… 40
3.3.1 牧区村庄的社会特征 …… 40
3.3.2 牧区村庄信任与民间金融的产生 …… 41

第4章 牧区草原文化与民间金融发展 …… 44

4.1 文化、乡土文化的定义及特征 …… 44
4.1.1 文化的定义与特征 …… 44
4.1.2 乡土文化的定义与特征 …… 45
4.2 草原文化的起源与发展 …… 46
4.2.1 草原文化的起源 …… 48
4.2.2 草原文化的继承与发展——蒙古族文化 …… 50
4.2.3 继承草原文化的意义 …… 55
4.3 草原文化的内涵与特征 …… 60
4.3.1 草原文化的内涵 …… 61
4.3.2 草原文化的特征 …… 62
4.3.3 蒙古族文化的特征 …… 66

4.4 草原文化与鄂尔多斯地区民间金融发展 …… 71
4.4.1 鄂尔多斯地区草原文化的起源与发展 …… 72
4.4.2 鄂尔多斯地区草原文化的特点 …… 80
4.4.3 鄂尔多斯地区草原文化与民间金融的发展 …… 81

第5章 牧区经济金融环境与民间金融发展 …… 86

5.1 内蒙古牧区经济发展历史与现状 …… 86
5.1.1 畜牧业的起源与发展 …… 86
5.1.2 内蒙古牧区经济发展历史 …… 89
5.1.3 内蒙古牧区经济发展现状及特点 …… 97
5.2 内蒙古牧区金融发展现状及问题 …… 104
5.2.1 内蒙古牧区金融发展现状 …… 105
5.2.2 内蒙古牧区金融发展存在的主要问题 …… 108
5.3 锡林郭勒盟牧区经济发展现状 …… 111
5.3.1 锡林郭勒盟牧区经济发展现状 …… 114
5.3.2 锡林郭勒盟金融发展现状 …… 127
5.4 内蒙古鄂尔多斯市牧区经济金融发展现状 …… 129
5.4.1 鄂尔多斯地区经济发展现状 …… 131
5.4.2 鄂尔多斯地区金融发展现状 …… 137
5.5 内蒙古牧区经济金融环境与民间金融发展 …… 139
5.5.1 金融宏观调控政策 …… 140
5.5.2 农村信用社资金的流向 …… 140
5.5.3 农牧业产业结构的调整 …… 140

第6章 牧区民间金融利率影响因素及运行机制 …… 142

6.1 牧区民间金融利率影响因素 …… 142
6.1.1 牧区民间金融利率构成要素 …… 142
6.1.2 牧区民间金融利率影响因素 …… 143
6.2 牧区民间金融运行的社会资本治理机制 …… 147
6.2.1 社会资本的内涵 …… 147
6.2.2 社会资本的治理机制 …… 148
6.3 博弈论视角下牧区民间金融运行的内在机制 …… 153
6.3.1 完全信息下的博弈 …… 154
6.3.2 不完全信息下的博弈 …… 156

6.3.3 失信后的惩罚机制 …… 157
6.3.4 声誉的积累 …… 158

第7章 牧区民间金融组织发展模式 …… 160

7.1 小额贷款公司 …… 160
7.1.1 小额贷款公司的制度安排 …… 161
7.1.2 小额贷款公司运作的基本特点 …… 162
7.1.3 小额贷款公司发展迅速的原因 …… 163
7.1.4 小额贷款公司发展中存在的问题 …… 165
7.1.5 小额贷款公司发展的国际经验借鉴 …… 167
7.1.6 国外小额信贷机构运作机制对我国的启示 …… 173
7.1.7 小额贷款公司的改革路径 …… 175
7.2 村镇银行 …… 179
7.2.1 村镇银行的市场定位 …… 180
7.2.2 村镇银行的三种模式 …… 183
7.2.3 村镇银行存在的问题 …… 185
7.2.4 村镇银行的改革路径 …… 186
7.3 农村信用社 …… 187
7.3.1 农村信用社的发展历程 …… 187
7.3.2 农村信用社的特色优势 …… 188
7.3.3 农村信用社存在的主要问题 …… 189
7.3.4 农村信用社的改革路径 …… 191
7.4 资金互助社 …… 193
7.4.1 农牧区资金互助社的发展现状 …… 193
7.4.2 农牧区资金互助社发展中存在的问题 …… 195
7.4.3 国外成功经验借鉴 …… 197
7.4.4 促进农村资金互助合作社健康发展对策 …… 198

第8章 牧区民间金融发展趋势 …… 201

参考文献 …… 203

第 1 章

文献综述

民间金融是我国金融领域的特殊组成部分。民间金融在夏商时期就开始存在，此后，民间金融历经变革和演进，显示了强大的生命力。近年来，随着农牧区经济及民营中小企业的快速发展，民间金融成为农牧民及中小企业融资不可或缺的重要渠道。

目前，学术界对民间金融的内涵和外延的界定并没有形成一致的观点。在我国特定的经济转型背景下，“民间金融”具有特殊的内涵。它不同于国外研究文献中的“非正规金融”，也与国内学术界提出的“体制外金融”“民营金融”存在差异，更不同于通常意义上的“地下金融”。

“非正规金融”侧重于金融机构的组织结构及规章制度的完善与完备，即指那些营业场所、人员配备、组织管理制度等不完善的金融组织或机构。国外的商业性金融机构或组织可以说几乎都是民营性质的，它们只有组织、制度是否正规完善等程度上的差别，没有企业产权性质的区分。

“体制外金融”更强调了经济体制的范围，是指存在于国有金融体制之外的非国有金融组织与机构。它更接近本书所研究的民间金融，但体制外金融还包括了进入国内市场的外资、中外合资金融机构。

“地下金融”是指为各国金融法律制度所禁止的金融活动，如洗钱、金融欺诈等金融犯罪活动。

“民营金融”实际上就是经营非国有的、由国家工商行政管理部门批准设立的各种金融组织和实体。

本书所研究的“民间金融”是指所有权和经营权非国有的、处于中国人民银行和银监会规范和监管范围之外的，也没有经过国家工商行政部门注册登记的各种金融组织形式、金融行为、金融市场和金融主体等。民间金融按照借贷目的可以分为两大类：互助性的民间金融和商业性的民间金融。互助性的民间金融指亲友之间互助式的借贷，它只依赖于特定的亲缘、地缘和人际关系而存在，借贷金额较小；商业性的民间金融指民间自发的、以盈利为目的的金融活动，其借贷金额稍大，也是依赖于一定的地缘关系。在我国广大的农村牧区，民间金融普遍存在。在农牧民资金需求无法通过正规金融渠道得到满足的情况下，民间金融在一定程度上弥补了我国正规金融机构对农村牧区经济发展中资金供给的不足，成为广大农牧户不可或缺的融资渠道之一。

1.1 关于民间金融的文献回顾

以下主要从民间金融产生的原因、产生的作用、发展的优势、利率的决定及发展趋势等方面对中外文献进行回顾。

1.1.1 民间金融产生的原因

Ronald. Mckinnon 和 Edward S. Shaw（1973）揭示了民间金融在发展中国家产生的体制性根源。大多数发展中国家的金融体制和经济发展之间存在着一种相互制约的关系。一方面，由于金融体制落后和缺乏效率，束缚了经济的发展；另一方面，经济发展的缓慢又限制了资金的积累，制约了金融的发展，从而形成了相互促退的恶性循环。造成这种恶性循环的根源在于金融抑制，金融当局往往硬性规定存款和贷款利率的上限，利率不能正确反映资金的供求状况，扭曲了金融资产价格，金融体系只能在国家控制下实行信贷配给。信贷配给带来的必然结果是大量的中小企业被排斥在有组织的资金市场以外，如果要扩大生产投资，就只能依靠自身的内部积累或寻求民间融资。金融抑制现象的普遍存在促使了民间金融市场的产生和发展，金融领域呈现典型的“二元结构”，即现代化的大银行及其分支网络和落后、传统的钱庄、当铺、高利贷组织并存。Stiglitz 和 Weiss（1981）的均衡信贷配给模型从信息经济学角度揭示了民间金融市场形成的内生性，该模型首次将信息不对称和风险引入信贷市场的分析框架。由于不完全信息的存在，银行在发放贷款时会面临逆向选择和道德风险。为了规避风险，银行会在一个低于竞争性均衡利率但能使银行预期收益最大化的利率水平上对贷款申请者实行信贷配给。在配给中得不到贷款的申请人即便愿意出更高的价格也不会被批准，因为出高价者可能选择高风险项目，降低银行的平均资产质量。因此，即使有大量的可贷资金，银行也有“惜贷”倾向。大型企业因为具有大量可供抵押的资产，减少了因信息不对称可能导致的道德风险，往往容易在正规信贷市场上获得贷款。中小企业由于不具有银行要求的抵押物，因而不能得到贷款，于是不得不寻找其他资金来源。由于民间金融可以利用当地私人信息，解决信息不对称而带来的诸多问题，因而更受中小企业的青睐。良好的信息优势成为民间金融产生的重要原因。Anders Isaksson（2002）认为，民间金融是对政策扭曲和金融抑制的理性回应。金融抑制下的政府信贷配给以及体制内金融机构的所有制偏见和制度歧视，使新成长的中小企业对民间金融市场有着强烈的制度需求。金融抑制政策下的信贷配给及金融资源分配中的所有制歧视是民间金融产生不可忽视的因素。

温铁军（2001）从我国的宏观经济环境入手，认为由于我国现阶段存在着农业成本上涨、乡镇企业离农倾向、乡村债务突出等问题，加上我国原来长期存在的人地关系高度紧张和城乡分割的二元结构两个基本矛盾，导致农村资本的高度稀缺，然而既有的制度安排未能化解农村资本稀缺的问题，因此小农经济与民间金融的结合是一种理性替代行为。傅祖宏（2003）认为，随着农业产业结构的不断调整，农村资金需求量明显增大，这是导致农村民间金融发展的主要原因。史晋川（2003）等对民间金融的兴起和发展给出了一个博弈论的解释，认为民间金融的兴起是各种利益制衡的结果，是政府部门、原有金融机构以及各种经济成分包括企业家、金融家及社会公众相互博弈选择的结果。其背后体现的仍是人的自利动机与来自各方面的约束条件，包括社会经济制度、意识形态、自然技术等不断冲突与融合的过程。宋宏谋（2003）提出，农村民间金融迅速发展的主要原因在于农村正规金融供给短缺，农村资金需求得不到满足。一方面农村经济发展的资金需求难以得到满足，另一方面农村的富余资金找不到合适的投资机会，两者相结合为民间金融的发展提供了生存空间。林毅夫和孙希芳（2005）认为信息不对称是金融交易的一个基本特征，中小企业信息相对于大企业更为不透明，缺乏企业财务报表等易于传递的硬信息，这种矛盾使得中小企业的融资比大企业更为困难。中小企业融资中依赖的是软信息，只有便于获取并处理软信息的金融交易主体才能克服中小企业融资中的信息不对称难题。正规金融则在处理这种软信息方面处于劣势，因此其对中小企业的贷款大多要求抵押或担保以规避风险，然而中小企业往往缺乏可抵押的资产。这正是民间金融广泛存在的一个更为根本性的原因。

1.1.2 民间金融的作用

Woodruff（2001）利用1994年和1998年的调查数据对墨西哥小企业在初创阶段和发展阶段融资状况的研究表明，尽管正规（银行）信贷对于调查样本中最大的企业比较重要，但这些企业极少获得银行信贷。而民间金融借贷——从家庭成员或朋友处获得的借款、商业信用等，在墨西哥更为普遍。调查数据显示正规银行信贷很少，在被调查的企业中，在创立阶段与创立之后曾获得银行贷款的比例分别为2.5%和3%。在Aliber（2002）对印度城市Nagpur和乌干达首都

Kampala 的调查研究发现，民间金融是中小企业主创办企业所需资金的主要来源，不论从哪个角度考察，都远远大于正规金融机构向其提供的金融支持。在肯尼亚，根据 Isaksson（2002）的研究，中小企业向民间金融的借款较多，虽然从借款规模来看，企业从民间金融获得的融资额不是很大。

张维迎（1994）、王信（1996）、周添城和林志诚（1999）等研究显示，对于台湾经济主体的中小企业来说，民间金融是一个无法替代的信用筹措来源，在 20 世纪 60 ~90 年代，以中小企业为主的台湾民营企业的借款来源于民间市场的比例高达 35% 以上。另外，根据张仁寿和李红（1990）、史晋川等（1998）、史晋川和叶敏（2001）、史晋川和朱康对（2002）等研究证实，民间金融在我国温州非常普遍。温州民营经济的融资特征是在创业初期，以自有资金和民间融资为主；当企业具有一定的规模和实力以后，以自有资金和银行借贷为主，而民间融资仍是重要的外部资金来源。马光荣、杨恩艳（2011）通过对我国农村的调查，发现拥有更多社会网络的农民，会有更多的民间借贷渠道，从而更有可能创办自营工商业。农村个体工商业的初始投资和后续发展所需的资金很大程度上来自亲友的借款，在正规金融越不发达的地方，民间借贷对农民创办自营工商业所发挥的作用越大。这就表明，依托亲友关系的非正规金融弥补了农村正规金融发展滞后的缺陷。

1.1.3 民间金融的优势

Stiglitz（1974）认为，灵活的抵押安排是民间金融的优势。首先，许多在正规金融市场上不能作为抵押的物品，要么因为政府法规规定不可以抵押，要么因为正规金融机构的管理和处置成本较高而不愿意将其作为抵押品；而在民间金融市场上，借贷双方能够绕开种种限制，将其作为抵押品。其次，关联契约也是一种特殊的抵押品。借贷双方除了在信贷市场上存在借贷关系外，还在商品市场等其他市场上存在交易关系。借贷双方在签订信贷契约时会把其他市场的交易考虑在内，增加借款人违约的成本，加强对借款人正确使用贷款以及履行还款义务的激励。

此外，大量文献从信息不对称角度考察了民间金融的优势。Braverman 等（1986）认为，民间金融市场具有正规金融市场难以比拟的信息优势，主要表现在贷款人对借款人还款能力的甄别上。在民间金融市场上，由于贷款人对借款人的资信、收入状况、还款能力等比较了解，因而在贷款对象的选择上可以进行事先筛选。同时，由于地域、职业和血缘等关系，民间金融市场上借贷双方保持着紧密的联系，获得信息的成本较低。信息上的优势，使其能够较好解决正规金融市场上的信息不对称问题，在一定程度上保证了贷款的及时足额归还。Besley 和 Coate（1993）认为，民间金融市场上的借贷双方不仅有信用关系，还处于一定的社会关系中，这种社会关系也是一种资源，它能够给当事人带来一定的潜在收益。这种社会关系一旦和借款人的还款行为挂钩，就成为一种无形的抵押机制。一旦借款人违约，这种社会关系就被破坏，其带来的损失有可能会抵消违约的收益。社会抵押机制的存在，使贷款人在经济制裁之外增加了其他的制裁方式，从而对借款人的行为构成约束。还有许多学者认为，因信息不对称所导致的道德风险、逆向选择等问题是金融市场不完备的主要来源，社会网络则有利于缓解由信息不对称所带来的种种问题。社会网络中成员往往居住邻近或交往频繁，相互监督的成本很低，这有效地缓解了道德风险问题，提高了借款者的还贷激励（Karlan，2007）。社会网络的成员彼此非常了解，高风险的借款人可以被识别出来并被排除出金融市场，这有效降低了逆向选择问题（Ghatak，1999）。社会网络能够实施一定的社会制裁，使违约者遭受声誉损失，甚至被排除在网络之外，进而降低违约的可能性（Karlan 和 Morduch，2010）。社会网络和民间借贷还是农户之间进行相互保险和资源共享的重要方式，在正规金融市场不发达的农村，缺乏信贷支持的农户在风险面前非常脆弱。如果若干个农户结成一个互助团体，相互在对方需要的时候提供贷款，就可以在一定程度上减少异质性风险的影响，作为非正式保险机制帮助穷人获得信贷（Bastelaer，2000）。

林毅夫和孙希芳（2005）构建了一个包括异质的中小企业借款者和异质的贷款者（具有不同信息结构的非正规金融和正规金融部门）的金融市场模型，证明民间金融的存在能够改进整个信贷市场的资金配置效率。吴楚平、江成会（2005）指出，民间借贷一般不需要抵押物，主要是信用信贷。民间借贷所特有的市场优势，在于其便捷的借贷手续、灵活的期限、较低的交易成本等。

1.1.4 民间金融利率的决定

国外学者 Bottomley（1975）认为，民间借贷利率水平主要由贷款管理成本、机会成本及风险溢价构成。Aleem（1990）通过考察巴基斯坦农村民间借贷市场，从信息不对称的角度，指出影响民间借贷资金价格的主要因素是贷款成本。由于民间借贷市场存在着严重的信息不对称和高风险，因而其利率水平较高。通过建立模型，Hoff 和 Stiglitz（1998）认为，随着贷款者数量增加，每笔贷款规模将会减少，相应地，甄别成本和执行成本就会增加。当边际成本大于边际收益时，贷款者就会提高贷款利率。

国内学者张军（1999）运用信息不完全和信贷配给理论，指出民间借贷利率不但调节了借贷资金的供求，而且还过滤了借贷风险。由于存在风险过滤、市场分割及合同是否有效执行等问题，因此民间借贷利率水平较高。江曙霞（2001）认为，民间借贷的高利率是由以下原因造成的：第一，民间借贷得不到法律保护，借款人又缺少合格的抵押物，因此具有较高的政策风险和法律风险，这要求通过高利率来补偿高风险；第二，民间借贷贷款数额小，但是管理和运作成本几乎与大额贷款一样高，这就使得单位贷款成本相对较高；第三，由于存在利率管制及信贷配给，只有那些资金需求规模较大的借款人才能从银行等金融机构获得贷款。对于资金需求规模较小、财务信息不透明的中小企业，只能以较高的利率从民间借贷市场进行融资。郑震龙（2001）认为，民间借贷市场分割强化了垄断程度，从而导致资金、信息难以自由流动，利率水平无法通过竞争来降低。此外，民间借贷市场面临较大的制度和产权风险，只能通过较高的利率水平作为风险补偿。

郑振龙、林海（2005）则以更微观的视角聚焦于民间借贷中的标会利率。标会的长期利率水平比较稳定，在正常情况下，利率期限结构是向下倾斜的一条曲线。如果受到短期突发事件的影响，短期利率有可能发生突变，利率期限结构将会向上倾斜。王一鸣、李敏波（2005）在不完全竞争框架下构建非对称纳什议价模型。民间借贷市场是非完全竞争性市场，借贷双方都有一定市场势力，利率水平由双方通过议价博弈而确定，其受双方谈判能力、外部正规金融市场利率、外部经理人市场回报、借款者自有资本以及项目期望收益等因素的影响。程昆（2006）构建了信息对称的纳什议价模型，他把制度风险、正规金融利率、违约风险、交易成本、贷款规模、非正规信贷市场竞争程度、借款人经营能力、贷款期限以及贷款紧急程度等，作为变量纳入模型。张庆亮（2008）指出，高利率是农村民间借贷对高风险的一种反应，是在几乎处于非法环境中的借贷双方在综合考虑风险成本、机会成本、交易成本、资金供求状况、当地民间经营活动的平均利润率以及市场垄断等诸多因素的基础上讨价还价的结果。潘士远、罗德明（2009）构建了一个信息不对称的寡头垄断的融资模型。投资者监督强度较高，融资均衡利率较低；反之，融资利率较高。张雪春、徐忠等（2013）通过分析2003～2011年温州民间借贷利率的变化及相关影响因素发现：温州的民间借贷市场利率受货币政策工具、资产价格影响较为显著；民间借贷短期看是银行存款的替代品，长期看则是银行贷款的补充。

1.1.5 民间金融发展的趋势

姜旭朝（1996）设想未来中国的金融格局是国有金融为主，民间金融为辅，民间金融仍应该处于拾遗补阙的地位。李扬等（2001）通过对我国股票市场发展史的研究，强调民间金融对我国金融制度变迁具有导向作用，中国金融制度变迁的路径会经历从民间金融到正规金融两个阶段。史晋川等（2003）在考察了温州、台州的民间金融形式后，提出对商业化倾向明显、经济基础较好的农村信用社、城市信用社应进行股份制改造，使其真正成为产权明晰、严格按市场规范运作并摒弃行政干预的民间金融机构。柳松等（2005）认为，农村民间金融与正规

金融具有迥然不同的存在基础。农村民间金融之所以能够生存与发展，主要是由于较低的单位资金融通成本。随着客户数量的增加，单位资金融通成本会进一步下降，然而当下降到一定程度之后，民间金融的信息成本和管理成本会随规模的增大而显著增大，从而导致单位资金融通成本开始上升。农村民间金融的边际借贷成本先下降后上升，呈“U”形。因此，农村民间金融的发展趋势会呈现多样化，有的将演变成正规金融，有的将保持其原有的互助合作性质，有的将演化成非法的地下金融。王曙光、邓一婷（2007）通过模型分析指出，尽管我国目前已经出现了民间金融正规化的趋势，但是很多民间金融组织的成本优势尚未完全发挥，政府不应急于通过强制性政策取缔所有的民间金融组织。此外，在推动部分条件成熟的民间金融同正规金融接轨的时候，政府应当鼓励民间金融主体发挥自身的能动性，而不要给予过多的行政干预，以免使得转轨后的民间金融成为附庸于政府的“盆景金融”。杨汝岱、陈斌开、朱诗娥（2011）等认为，在农地残缺产权制度安排下，农村是一个传统乡土社会和现代工业社会并存的组织形态，以亲缘关系为基础的社会网络作为传统乡土社会的重要特征，对农户借贷进而农村金融市场都有至关重要的影响，农村金融体系改革应该充分利用这些乡土社会的特点，发展适合中国农村的金融体系。

1.2 评价

国内外关于民间金融研究的特点如下：

第一，从调查地域来看，多是选取经济发达地区（如广东省、浙江省、福建省等）的民间金融活动作为调查对象，而对欠发达地区的民间金融，尤其是对我国地处偏远、交通信息不便、人口分散居住的广大牧区的民间金融调查研究的较少，因而对我国民间金融的全貌无法全面展现出来。

第二，从研究视角来看，众多的研究局限于从单一视角，如经济学视角或者金融学视角对民间金融的某一方面进行分析，而没有将民间金融放到广阔而深厚的人文环境、社会环境中去考察，因而容易将民间金融简单地理解为一种经济或金融现象，陷入“只见树木，不见森林”的片面的、狭隘的境地。

基于上述研究特点，本书尝试将调查研究对象确定为我国经济发展水平落后、自然环境日渐恶化、交通信息极度不便的广大牧区（主要以内蒙古自治区牧区为例），主要从社会学、文化人类学、经济学、金融学等角度出发，全面分析牧区民间金融产生的基础、运行的内在机制及今后的发展趋势等问题，为进一步完善牧区民族金融体系及又好又快地发展牧区民族经济提供决策参考。

第 2 章

牧区民间金融发展现状调查分析

通过对内蒙古自治区鄂尔多斯市、乌兰察布市、锡林郭勒盟等地区的牧民进行实地跟踪调查，了解掌握了牧区的民间金融发展状况。

2.1 牧民基本生活情况

通过走访牧区，收集整理了有关牧民基本生活情况的大量资料。

2.1.1 牧民家庭结构

内蒙古自治区牧区的牧民大部分都是蒙古族，由于是少数民族，每个家庭几乎都不是独生子女。加之牧区的牧民婚前婚后都住在一起，放牧或农作都在一起，因此牧民家庭结构及劳动人数具有如图 2－1 和图 2－2 所示的特征。

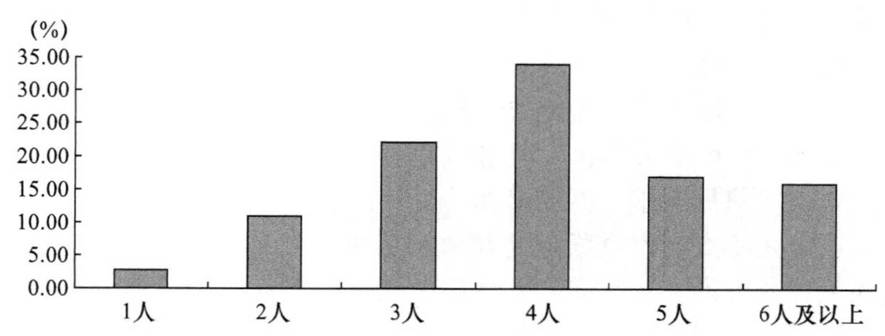

图 2－1　牧民家庭人数

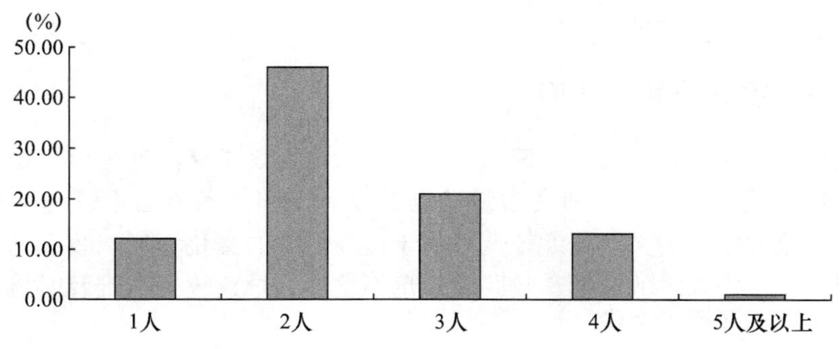

图 2－2　牧民家庭劳动力人数

2.1.2　牧民家庭收入

根据国家统计局的统计口径，按照收入来源的性质，牧民人均纯收入主要由工资性收入、家庭经营收入、转移性和财产性收入构成。牧民的家庭经营收入无论是从比重上还是从贡献率上都是影响人均纯收入增长的决定性因素。牧民家庭经营收入主要包括农业收入、牧业收入、林业收入、工业收入及家庭服务业收入。内蒙古自治区牧区家庭人均经营性年收入如图 2－3 所示。

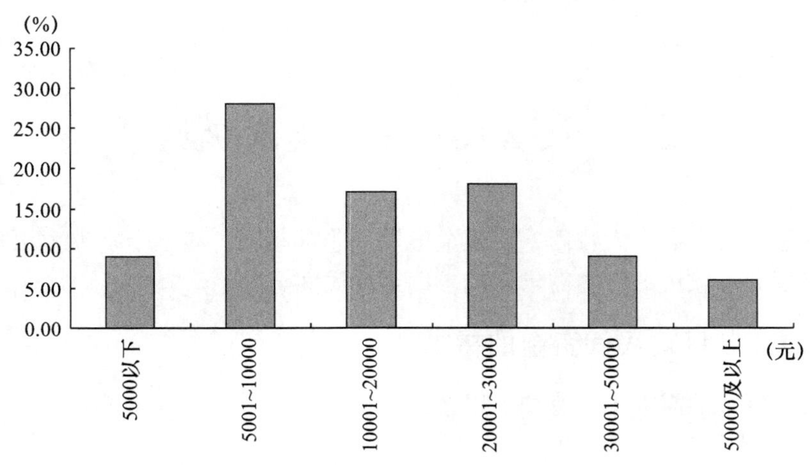

图 2－3　牧区家庭人均经营性年收入

在牧民的家庭收入中，绝大多数主要用于基本生活支出，包括平时的衣食住行消费、抚养子女及教育子女费用、赡养老人费用、医疗支出、农牧业生产经营支出以及非农牧业生产经营支出、购置家用电器等。

2.1.3 牧民受教育程度

在牧民中，受教育程度普遍偏低，高学历人才更是寥寥。这主要是由于牧区正规教育机构及学校较少，师资力量薄弱，没有足够的条件留下优秀的师资力量。此外，牧民家长的文化程度较低不利于提高子女的文化程度。牧区的交通不便利，阻碍了优秀人才的输送。牧区的信息不发达，导致牧民很难及时接收到文化咨询等。

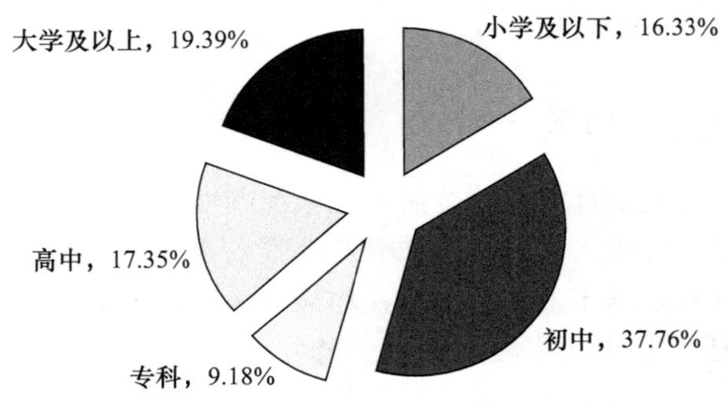

图 2－4 牧民文化程度

2.2 牧区民间金融发展状况

在内蒙古自治区广大牧区，正规金融发展非常落后，甚至个别苏木出现金融服务真空现象，牧民的资金需求只能求助当地民间金融。

2.2.1 牧区对民间资金的需求

牧民对资金的需求主要有如下用途：

（1）发展生产

近年来，内蒙古自治区牧区民间借贷资金一部分用于发展生产，并呈扩大化趋势。据调查，蒙牛乳业的发展，带动了周边地区奶牛养殖业的快速发展，当地农民购买奶牛约有 40% 的资金是通过民间借贷形式获取的。特别是在一些牧区，如锡林郭勒盟东乌旗，当地信用社发放的小额信用贷款无法满足牧民购置饲草饲料的需求，牧民 50% ~70% 的资金是通过民间借贷获取的。此外，由于准格尔旗煤矿业的发展，周边地区的农牧民每家每户购买了大汽车跑煤炭运输。购买一辆大汽车约需要30万元的资金，许多农牧民由于到正规金融机构贷不到款而转向民间借贷，这就造成了准格尔旗地区的民间借贷相当活跃。这样的民间借贷在鄂尔多斯市其他地区及乌海市周边地区都非常普遍。

（2）用于归还正规金融机构借款

在锡林郭勒盟，一些讲信誉的农牧户为了归还农业银行、信用社的到期贷款，便通过民间借贷偿还贷款，以保持自己在银行的信用。在清水河县王桂窑乡、和林格尔大红城乡，奶牛养殖大户每户都有10～20头奶牛，但这些奶牛都是从信用社贷款购买的。近年来，乳品市场一直处于低谷状态，养殖户在面临奶价下跌，饲料价格上涨的情况下，奶牛养殖效益呈直线下降趋势。这些靠贷款养殖奶牛的农户仅仅依靠卖牛奶已经无法偿还贷款，只能通过民间借贷归还信用社贷款，这使得本来就不富裕的农户生活更加拮据。

（3）用于特殊的生活开支

根据调查结果，牧区资金一部分用于农牧业生产，大部分用于子女教育、治病、建房装修、婚丧嫁娶等，还有少数用于还旧债。目前，由于我国牧区的社会保障体系相对落后、教育体制改革缓慢等原因，看不起病、上不起学等现象在农牧区表现突出，医疗费用、教育费用的逐年上涨，使那些家中有病人、有小孩上学的农牧户看似收入可观，实则入不敷出。这些家庭大部分都需要依靠民间借贷支付高昂的费用，因为正规金融机构几乎不支持这类贷款。例如，在锡林郭勒盟的太仆寺旗，通过民间借贷筹集资金的人主要用于子女教育、治病、修建住宅、购置家电、摩托车、汽车等，少数用于经商或发展畜牧业生产，而且借贷金额呈增加趋势，从过去的几千元到现在的上万元不等。

（4）用于赌博及归还赌债

在内蒙古自治区广大牧区，喜好赌博的人是进行民间借贷的群体之一。广大牧区的文化基础设施薄弱，牧民打发休闲时间的办法就是去赌博，聚众赌博一直都盛行。据调查，内蒙古中西部地区的农牧民喜欢将赌博称为“耍钱”，从某种意义上而言，这是牧区民间借贷产生的一大根源。一些高息放贷者经常在赌场上现场放贷，一些赌徒不带赌资也可以参赌，赌赢了连本带利现场归还，赌输了便拖欠着，以后有钱再还。图2－5显示了牧民资金需求的比例。

从图2－5可以看出，35%的牧民不需要借贷，部分牧民是由于其家庭经济结构较好，资金周转灵活或流动性较强，因而不需要进行外部融资。还有一部分牧民由于牧区信息平台不发达，得到的信息不够充分，对于借贷之类的情况了解甚少，因而不需要资金借贷。此外，超过一半的牧民选择民间借贷解决资金需求。由于向银行或者相关金融机构进行借贷申请的条件比较苛刻，因而大部分牧民的资金需求只能转向民间借贷。通过调查发现，有 17.89% 的受调查者没有过借贷经验，有高达 82.11% 的受调查者近三年有过借贷经验，其中在 5 次借贷以上的有 11.58%，在 5 次借贷以下的有 45.26%，只以民间借贷为主的比例高达 25.26%。牧民未向金融机构进行贷款的主要原因如图 2－6 所示。还有一些牧民，虽然向金融机构进行了申请，但并未获批，主要原因如图 2－7 所示。

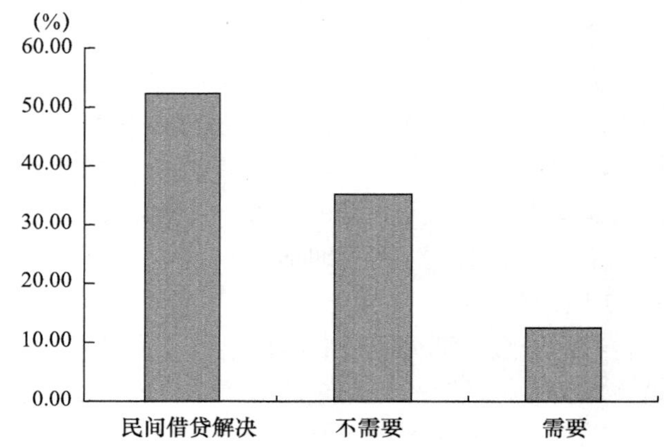

图 2－5　牧民资金需求比例

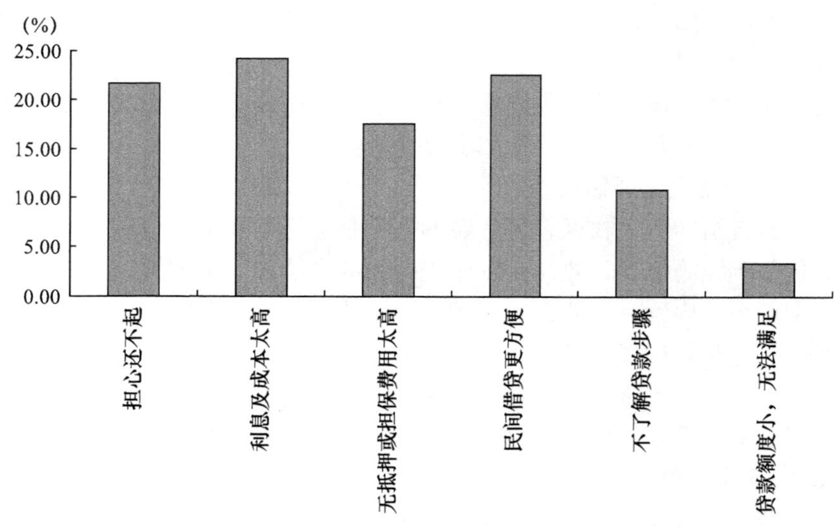

图 2－6　牧民未向金融机构申请贷款的原因

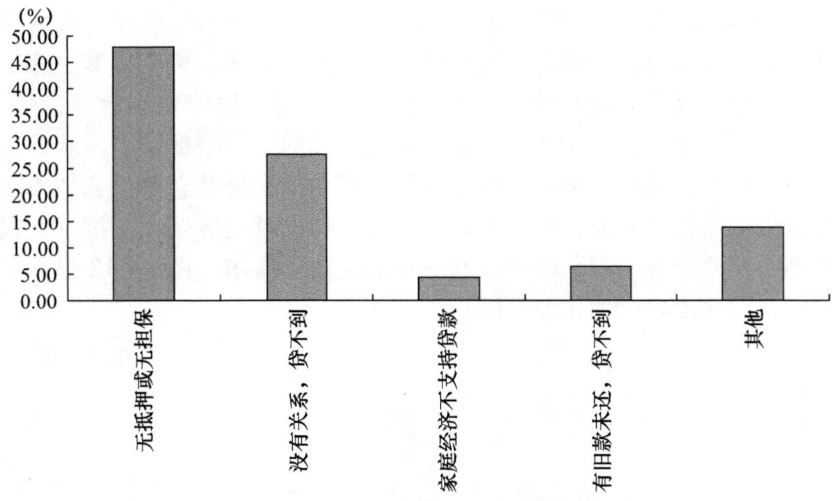

图2-7　牧民向金融机构申请贷款失败的原因

大部分牧民认为，影响从银行、信用社等金融机构获得贷款的主要因素包括家庭还款能力、是否有抵押担保、个人诚实守信的程度等，如图2-8所示。

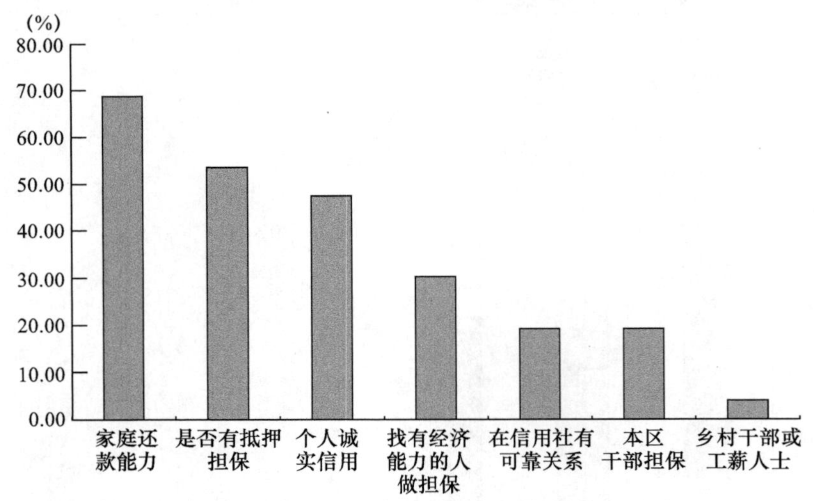

图2-8　影响牧民获得金融机构贷款的因素

根据上述分析可以看出，许多牧民无法从金融机构获得贷款。即使获得贷款资格，也未必获得所需资金金额。因此，大部分牧民需要资金时，会选择其他融资渠道。如图2-9所示，只有13.12%的牧民选择并成功从金融机构获得贷款，大部分牧民都是选择了从亲人朋友处获取资金，其余牧民则是从中介、典当行及高利贷等处进行融资。

从图2－9可以看出，大部分牧民在资金出现短缺时都会选择从亲戚或者朋友处借贷的方式，这是因为选择民间借贷比从金融机构获取资金有着更多的便利条件及优势，更容易及时满足牧民的需求。民间借贷是属于低利率互助性借款，将牧民间的闲置资金进行临时救助。其贷款时间灵活，可根据个人需求而灵活调整借款期限。此外，民间借贷的条件相对低，门槛低，更适合解决紧急需求。由于正规金融机构借贷时需要公证、签订、验资、抵押登记等烦琐手续，而民间借贷节省了不少中介费和时间，能够更高效地满足资金需求。图2－10显示了牧民选择从民间金融获取资金的主要原因。

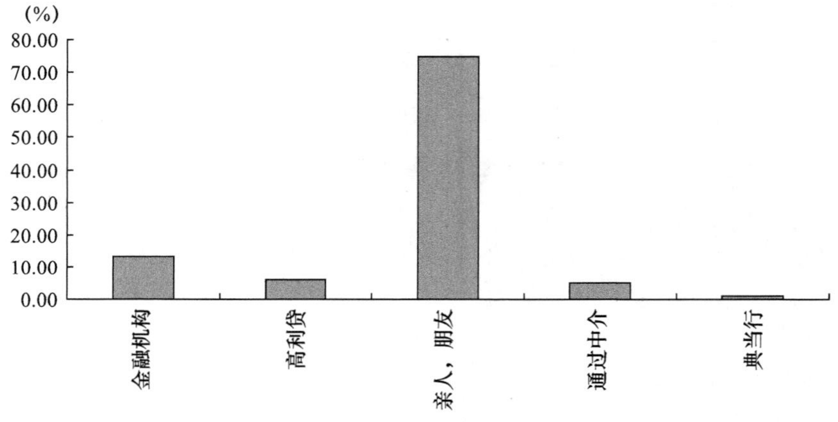

图2－9　牧民融资渠道

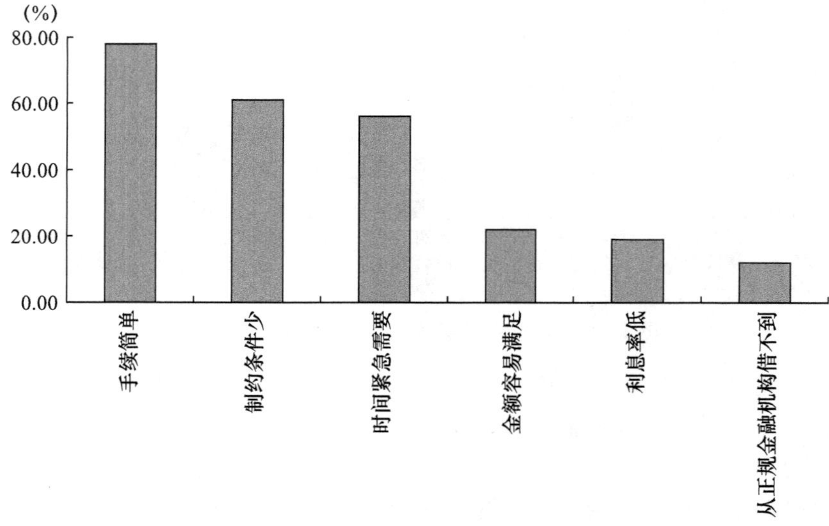

图2－10　牧民选择民间金融的原因

牧民从民间金融获得贷款时，通常只是立字据写借条，也有一些只是做出口头协议或者依靠中介担保人担保，还有一些是正式签订借贷合同并以个人财产作抵押。据图2－11显示，简单立字据写借条和凭借信用的人最多，这也说明了在牧区民间借贷市场中，诚信才是最重要的因素。

对于借款人而言，经常会遇到的事情就是当借款期即将到期时，还未筹措到足够的本金和利息，那么牧民通常情况下会采取什么样的措施呢？如图2－12所示，如果牧民在贷款即将到期时发现筹措的资金不足，43.42%的牧民会选择和债主重新约定还款时间，32.89%的牧民选择先还利息后还本金，还有18.42%的牧民选择利用新的贷款弥补旧的负债，只有5.26%的人会尽量拖延，也就是只有这一小部分的人会选背信弃义的方式拖延，更多的牧民愿意以其诚信以及信誉进行延期还款。

立字据写借条
口头协议，全凭信用
中介担保人
正式签订借贷合同
个人财产抵押
0.00
20.00
40.00
60.00 (%)

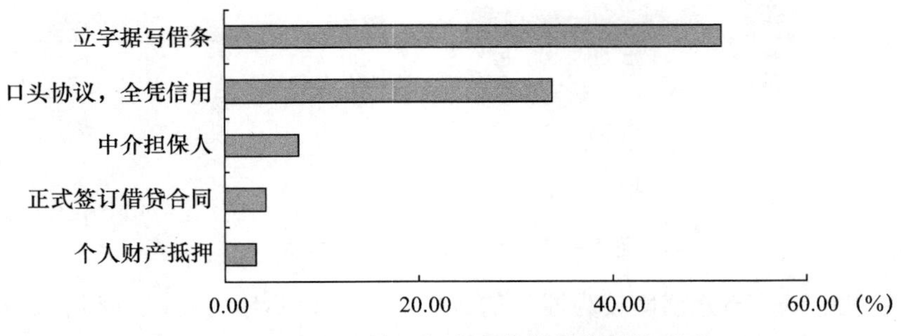

图2－11 牧民从民间金融获得贷款时的形式

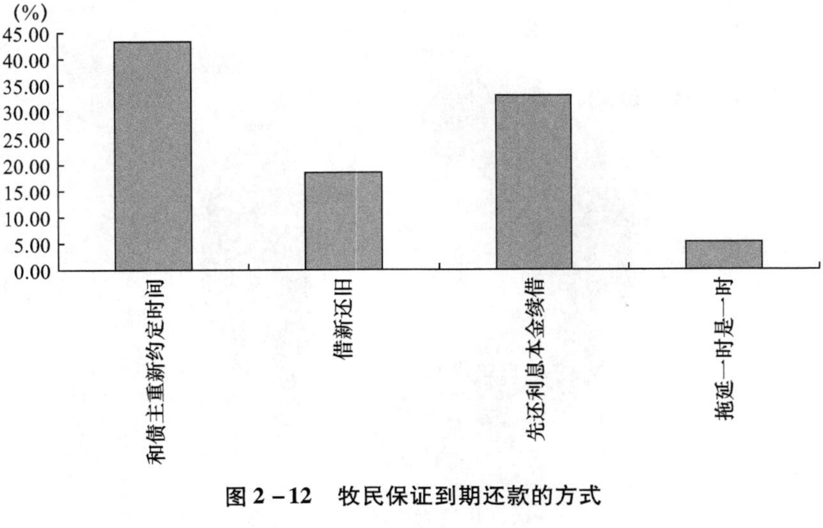

(%)
45.00
40.00
35.00
30.00
25.00
20.00
15.00
10.00
5.00
0.00
和债主重新约定时间
借新还旧
先还利息本金续借
拖延一时是一时

图2－12 牧民保证到期还款的方式

2.2.2 牧区对民间资金的供给

牧区相对封闭的经济及信息不发达导致了牧民对于盈余资金的处置更加单一，牧民无法实现分散投资。当问及有多余资金如何处置时，很多牧民选择了储蓄或者农牧业生产投资，如图2－13所示。

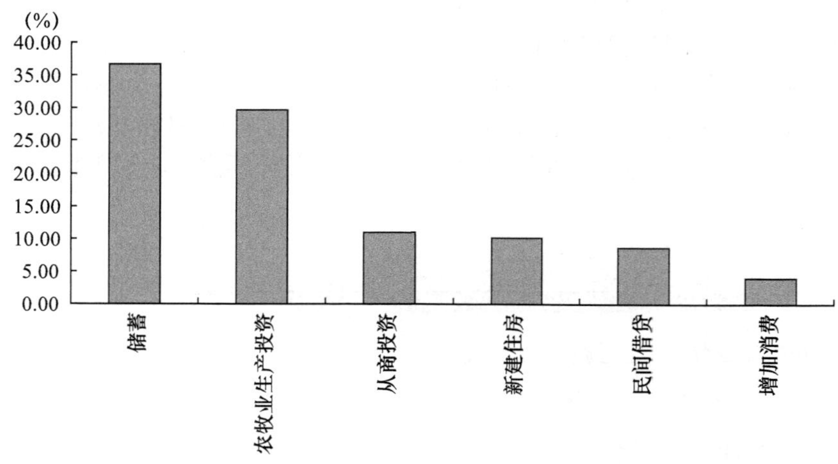

图2－13　若有盈余，如何投资

尽管如此，一部分家境较为殷实的牧民或者暂时不用资金的牧民，会将手中多余的资金以贷款的形式出让出去。这时候，他们通常会选择以下的借款对象，如图2－14所示。

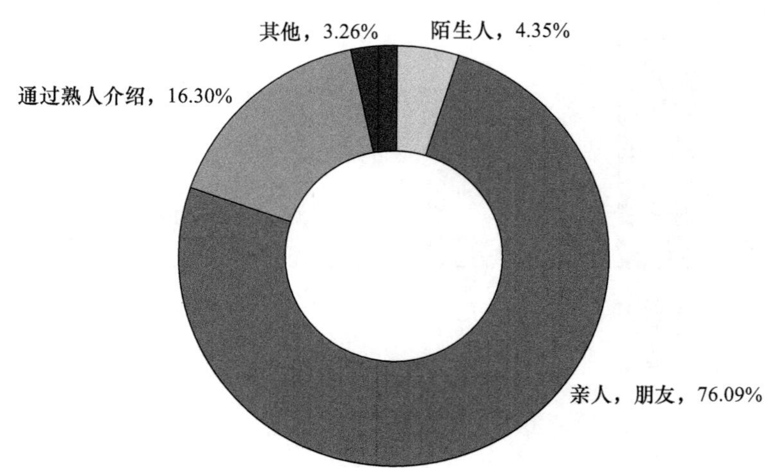

图2－14　牧民对借款对象的选择

很多牧民都表示，当自己的亲戚、朋友因为一些突发事件而有资金需求时，碍于情面，很多人会将自己的钱借给他们或者不收取利息或者只收取很低的利息。还有一部分牧民认为，通过借贷可以获得利息收入（见图2－15）。这说明，在牧区，更多的牧民是在他人需要资金时借出资金进行帮助，他们预期当自己有了资金匮乏时他人也会伸出援助之手。这种民间金融很大程度上是建立在牧区社会网络的基础上，这种网络是以亲缘关系为基础，这会使得牧民之间进入一个长期博弈，减少机会主义行为，使得彼此更加信任，更加容易得到贷款。同时，牧民借贷用途已经不是能否获得贷款的主要原因，贷方更多地会考虑亲缘关系的紧密程度，所以民间融资的用途会更加宽泛。在正规金融市场匮乏的牧区，以社会网络为基础的民间金融起到了很好的补充作用。

由于牧区生产具有较强的时节性，因此很多牧民在此时是资金需求者，在彼时就会变成资金供给者。还有一些牧民，由于生产经营一直都很好，所以资金较为充裕，就成为资金的持续供应者。很多牧民为了满足自身对资金的供需关系，自主自发建立起供给需求关系网，久而久之也就形成了牧区小范围的金融市场。如图2－16所示，一半以上的牧民既是资金供应者，又是资金需求者；只有一少部分牧民只是资金需求者或者只是资金供应者。

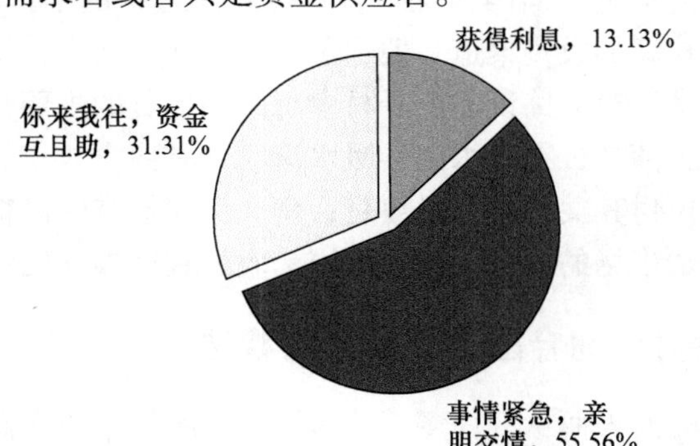

图2－15　牧民将资金借出的原因

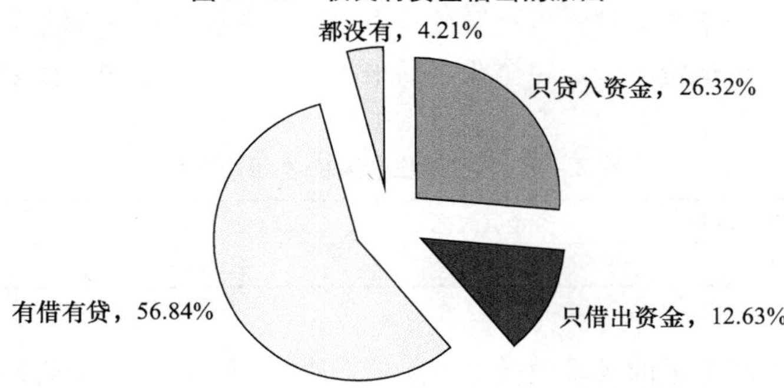

图2－16　牧民在资金供求中身份的转换

总体来看，民间资金的供给主要由以下三种构成：

第一种，地方有钱人即富裕的农牧户——这部分人参与民间借贷已多年，已成为当地固定的放贷者，并已获利很多。例如，在四子王旗大井坡乡，参与民间借贷的主体大多数为当地牧民，而且中等收入的牧户居多，这些牧户大多有羊200~400只，牛马20头左右，其受教育程度较低，实属纯牧户；而在清水河县小庙乡的泉子沟村、盆底青村以及杨家窑乡的暖水湾村，每个村都有三四户常年放贷者，他们以手中的积蓄或闲置资金作为放贷资金，并且放贷金额最高可达50000元，已成为当地的放贷大户。

第二种，正规金融机构的信贷工作人员——随着农村信用社改革的深入，银行职员的工资逐渐与效益挂钩，于是一些信贷员就想方设法通过各种关系从信用社、银行贷款，然后将资金投向民间借贷市场，从中赚取利差。据悉，这类参与者人数并不多，并且其行为都属于暗中操作，所以详细记录资料比较少，但从另外的角度反映出农村牧区民间借贷的主体正在趋向多元化。

第三种，乡村两级干部、个体工商户以及城镇职工——由于近年来储蓄利率持续下调以及存款利息税的征收，城镇居民在银行存款已没有很大的获利空间，所以在暂时没有新的资金投向的情况下，资金相对富裕的个体户和中小企业主，为了给闲置资金寻找新的投资渠道，便通过亲戚、朋友在农村地区放高利贷。在调查中发现，鄂尔多斯市大路镇前房子村参与民间借贷的主要是附近富裕的农户和准格尔旗的个体工商户；在清水河县暖水湾村，有两家放贷者的儿子在城里工作，把富裕的资金托付其父母在乡村放贷，赚取民间借贷的高额利息，这部分人为了能分享农村资金市场的利润，已成为当前农村牧区参与民间借贷的新群体。

2.2.3 牧民对民间金融发展前景的看法

对于民间金融的何去何从，很多人认为民间金融的风险太高，因而国家应该坚决取缔。但是，对于广大的牧区来说，民间金融主要发生在牧民之间，风险非常低，资金大多用于个人日常生活及放牧农耕生产需要。通过调查发现，在牧区的民间金融中，出现贷出资金完全收不回来的比例是非常小的。如表2-1所示。

表2-1 牧民贷出资金的收回情况 单位：%

全部资金按时收回	资金有过拖延	资金无法收回	其他
20.00	65.56	10.00	4.44

虽然牧区民间金融的风险较低，但是依旧需要相关的监督和管理。对于民间金融是否需要国家进行干预，是否需要限制牧区借贷范围等问题，牧民有不同的

看法。如图2-17所示。

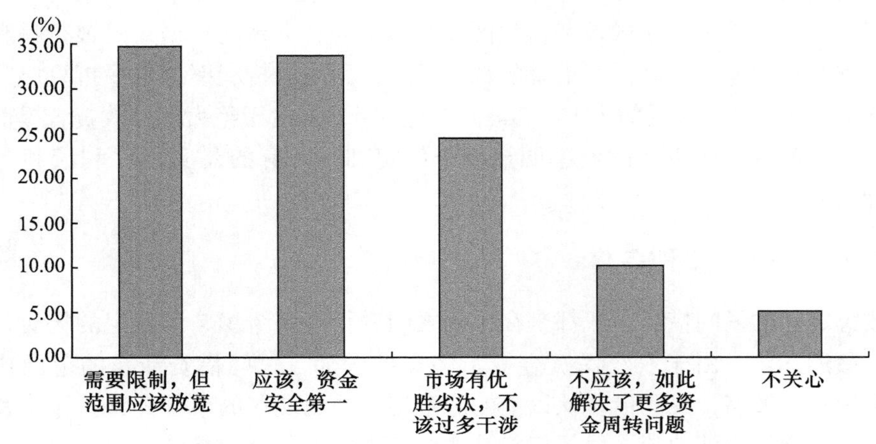

图2-17　牧民对国家是否应该干预民间金融的看法

民间金融作为一种资源丰富、操作简捷灵便的融资手段，在正规金融市场缺失的牧区，在一定程度上缓解了牧民的资金需求，促进了牧区经济的发展。但是，由于民间金融的随意性、风险性容易造成诸多社会问题。民间借贷大多是半公开甚至秘密进行的资金交易，借贷双方仅靠所谓的信誉维持，借贷手续不完备，缺乏担保抵押，无可靠的法律保障，一旦情况变化，极易引发纠纷乃至刑事犯罪。因此，牧区民间金融的发展亟待正确、合理地进行引导和规范。

2.3　牧区民间金融发展特征

内蒙古自治区是我国农牧业大区，从事农牧业生产的人口约占全区人口总数的58%。全区东西地区的地理环境、自然条件、经济发展状况相差很大，牧民的生产生活方式也存在很大差异。在广大牧区，正规金融服务并不充分甚至缺位，这就使得民间金融大量存在，并且近年来随着经济的发展趋于活跃。牧区民间金融有如下特征：

2.3.1　利率非常灵活

在牧区，民间借贷的利率一般都比较灵活，没有统一标准，据调查了解，对于信誉好又能按时还款的贷款人，放贷利率可适当降低，但最低不能低于银行同期利率；对于信用差又碍于情面的人，放贷利率一般比较高；对于靠借贷去赌博的人，放贷日利率竟高达 11%，甚至更高。由于牧区金融服务相对落后，融资渠道窄，越是经济欠发达的地区，牧区民间借贷的利率越高。据人民银行呼和浩特中心支行对内蒙古地区民间借贷的调查显示，民间借贷利率总水平折算成月利率平均为3%左右，最低的为1%，最高的达到6%，由于绝大部分放贷者提前扣收了牧户的利息，所以实际利率明显高于约定利率，有的还实行“利滚利”的复利计息方式。

2.3.2 形式多种多样

牧民之间的民间借贷一般都是在个人之间进行，无组织、无固定的场所，较分散。最近几年，由于农牧民资金需求多样性增加，民间借贷涉及的范围比较广，发生频率较高，民间借贷从以前的隐蔽型发展到现在的半公开型。在调查过程中，牧民毫不避讳地谈论民间借贷是他们解决急需资金的最佳途径。由于急需资金，如果到农业银行、信用社等正规金融机构贷款，申请贷款手续烦琐、用途受到严格限制，还需要有收入证明或是有收入保证的担保人，一旦贷款申请失败，不但耽误事还浪费时间，消耗财力、人力、物力。而民间借贷快捷方便又及时，所以愿意进行民间借贷。

牧区民间借贷形式主要有以下几种：

押贷借贷——即用固定资产做抵押获取现金的一种方式。如四子王旗大井坡乡某一牧民用自置农用小汽车抵押获取现金 2 万元，期限为 1 个月，合同规定到期不赎回汽车，放贷人员有权自行处理。

以借据或信用为依托发生的借贷——这种借贷有两种表现形式：第一种形式是亲朋好友之间的借债，常常是无息的，归还时间也不明确。第二种形式是借贷双方订立简单的借据，或直接以口头契约方式，约定借贷的金额、借款归还期、借款利率，贷方提供资金，借方到期还本付息。这种民间借贷形式在农牧民之间最为常见。

以“羊贷”“绒贷”形式的借贷——这种形式在牧区比较流行，即当地人俗称的“羊贷”“绒贷”，其基本形式：牧民向放贷人员借款时，放贷人员直接向牧民发放现金，而到期收取的却是一定数量的羊。如某牧民在 1 月 1 日借款 4 万元，还款日期是 5 月 1 日，经双方协商，借款人同意到期归还 100 只基础母羊，双方签订借款凭证。但由于这个时期的基础母羊都怀有小羊羔，所以借款到期日实际偿还的是 100 只基础母羊和 100 只羊羔，共计 200 只羊。而放贷人秋后出售大小两只羊的价格在 600 元左右，除去放牧费、预防针费和其他税费后，每两只羊即可净获利 500 元以上。“绒贷”与“羊贷”形式类似，只是到期收取的是

羊绒。

通过中介人进行的借贷——在调查中发现，为了防范与降低在牧民之间进行民间借贷的借款风险，有相当一部分民间借贷是通过中介人完成的。一般情况下，由于地缘关系，当地都有固定的人充当中介人，他们在当地有一定的威信，人数相对较少，每完成一次民间借贷活动会按借贷金额的一定比例收取手续费。

以赊销方式进行的借贷——农牧民日常进行民间借贷主要是以现金方式进行，但赊销方式也是常见的。例如，农民在购买种子时，现金购买一袋玉米种子需要支付 60 元，而以赊销方式购买时，除了要约定延期付款的时间，到期要支付 75 元，多支付的 15 元即作为利息。

2.3.3　合约欠规范

依据我国相关法律，借贷双方发生借贷关系时，应签订借款合同、违约合同、担保合同，以防止借贷双方引发经济纠纷。然而据被调查对象反映，农村牧区的民间借贷当事人往往只是通过简单的打白条或口头协议来完成，借条上一般标明借贷双方的姓名、金额、利率、借款日期以及借贷双方的手印。最重要的是要有担保人的签字和手印，而且接手现金时担保人要在场。这种只是民间的一种不完全契约形式的借贷关系，不具有任何法律效应。

2.3.4　地区分布广泛

内蒙古自治区锡林郭勒盟是以草原畜牧业为主体经济的地区，位于内蒙古自治区中部，是内蒙古自治区生活辖区内的畜牧业大盟。锡林郭勒盟从事畜牧业的人口为 49.6 万人，占全盟人口总数的 59.9%，拥有草地面积 17.84 万亩，占全盟土地面积的 90.5%。近年来，由于气候的变化，锡林郭勒盟受自然灾害的影响比较严重，牧民收入很不稳定，返贫现象比较严重，牧业生产和牧民生活所需要的资金得不到满足。据对锡林郭勒盟牧户的抽样调查表明，有 57.5% 的牧户家庭存在债务负担。负债户户均债务余额 8893 元，人均达 2269 元。在负债户中，有 23.5% 的家庭债务额在万元以上，户均达 23947 元，人均达 6109 元。在债务户户均 8893 元的债务额中，来自银行、信用社的贷款余额为 6148 元，占户均债务总额的 69.1%，来自民间借贷债务余额为 2745 元，占户均债务总额的 30.9%。此外，牧民债务负担呈现上升趋势。有 65.5% 的被调查户认为近年来家庭债务无太大变化，有 7.0% 的牧户认为债务负担明显减少，而有 27.5% 的牧户则认为近年来债务负担明显增加。

2.3.5　违约率低

在调查中发现，虽然农牧民之间的借贷合约不规范，且缺乏法律保护，但内蒙古自治区农村牧区民间借贷的偿还情况尚好，虽然有时也出现延期偿还的情况，但较少出现经济和法律纠纷，这表明借款人的信誉度较高。其主要原因在于农村牧区资金紧张和农牧民观念的转变。在一般情况下，借款人不会损害自己的信誉，特别是采取信用方式和担保方式的借贷，对信用要求很高，逐渐形成了特定的民间融资市场准入制度，这使民间借贷违约的现象比较少。例如，在清水河县杨家窑乡暖水湾村，全村共有 73 户农户，经常发生民间借贷的有 7 户，而且借款金额较小，这 7 户中能按时归还的有 5 户，其余 2 户也只是暂时性的拖欠。

2.4 牧区民间金融活跃的原因

根据调查，牧区民间金融活跃的主要原因如下：

2.4.1 金融宏观调控政策的影响

受金融宏观调控政策的影响，四大国有银行除农业银行外都试图撤并旗、县网点，上收放贷权限，这使得农村牧区几乎成了金融服务盲区。然而，由于现存的农村信用社资金实力薄弱，难以完成“支农支牧”的任务。因此，大部分农牧民只好选择民间金融的方式来解决资金急需的问题。此外，由于农村信用社贷款一般采取“年初发放，年底收回”的原则，这与农牧业的生产周期、季节性需求不同，特别是在农村信用社资金不足、农牧民信誉不高、抵押物价值较低的情况下，农牧民选择更加便利的民间金融方式来解决日常急需的资金问题。此外，随着内蒙古自治区金融体制改革的不断深入，许多商业银行的乡村网点已基本撤销，现存的信用社难以弥补农牧民所需资金缺口。因此，在金融服务不到位的情况下，农牧民的资金需求只能通过民间金融来解决。

2.4.2 信用社“支农支牧”力度不足

由于信用社经营状况不佳、资金大量流出农牧区市场等原因，造成部分农牧区信用社资金供应比较紧张，资金实力严重匮乏。信用社的发展通常要依靠中央银行再贷款政策，因此农牧区信用社发挥对农牧业经济发展的支持作用也是微乎其微的。信用社用于支持“三农”“三牧”的贷款与农牧民实际资金需求相去甚远，对农牧业的支持力度严重不足，从而使民间金融成为广大农牧民解决基本生产、生活所需的必经之路。

2.4.3 农牧业产业结构调整的影响

近年来，国家在支持农牧业经济发展，推进农牧业产业结构调整方面出台了很多政策，从各项政策中可以看出，国家要下大力气优先发展一些农牧业龙头企业，并通过龙头企业带动相关产业的快速发展，从而提高“三农”“三牧”经济的快速增长。但农牧业产业结构的调整离不开资金的支持，而农牧民发展生产所需资金又难以从正规金融部门得到满足。为了寻求发展，大部分农牧民只有通过民间金融的方式解决资金需求问题。正镶白旗是以牧业为主的半农半牧地区，近年来，随着农牧业产业化结构的战略调整，该旗实施“围封转移”战略，要求牧民以草定畜，集约化经营。部分牧民由于受多年来粗放经营方式的影响，观念一时难以转变，畜种更替换代一时不能满足集约化经营方式的要求，致使牧民收入明显下降，部分牧民开始返贫，以下牧户由于牲畜头数减少，生活难以为继，因而求助民间借贷勉强度日。

2.4.4　对牧区的财政投入不足

由于国家对牧区的养老、医疗、教育、基础设施等投入不足，因而也导致牧区民间金融的活跃。

（1）对牧区养老投入不足

在牧区，社会养老保险保障水平普遍比较低，牧民养老保险意识相对薄弱，而且受当地政府实行的“个人账户积累制”政策的影响，社会养老保险费完全由牧民缴纳，缺乏政府和集体补贴。政府实际并没有投入足够的资金，牧民基本上是个人缴费、自愿参保。但现实表明，社会养老保险制度实际上具有储蓄性商业养老金计划的特征。内蒙古地区的一些农村牧区在1992年、1993年就建立了农牧区养老保险制度，由于是农牧民自愿参加，养老保险范围只是覆盖少数有能力缴费的地区。然而，随着我国整体利率水平的不断下降，县级农村牧区养老保险经办机构的农保基金增值压力巨大，又不愿承担未来保证支付的责任，所以只能让农牧民退保。

（2）对牧区医疗卫生投入不足

由于政府在城镇与牧区医疗卫生经费投入方面存在差异，从全国来看，城镇人口平均每人享受相当于130元的政府医疗卫生服务，而农牧区平均每人享受相当于10.7元的政府医疗卫生服务。在调查中发现，许多农牧民由于收入水平不高，而药费与治疗费又不断上涨，使得许多农牧民成为有药不敢买、有病不敢医的生命弱势群体。农牧民有病未就诊、有病未住院、疾病未愈要求出院以及因病致贫、因病返贫现象都很普遍。调查结果显示，内蒙古农村牧区因治病无钱而求助于民间借贷的比例高达10.21%。

（3）对牧区教育投入不足

虽然内蒙古自治区政府在牧区实行了九年义务教育学费全额减免政策，但非义务教育的个人负担仍很沉重。由于教育观念的转变，许多农牧民不惜代价将子女送进高质量的学校。调查结果显示，内蒙古农村牧区民间借贷用于子女教育的比例高达24.68%。由于农牧民的收入水平较低，且受自然条件的影响程度大，近年来，高等教育收费标准的提高，使许多农牧民背负债务供养子女上学。

（4）对牧区基础设施建设投入不足

无论是中央政府还是地方政府，对牧区基础设施建设投入均不足。大型农牧用固定资产短缺，农牧业机械化程度低，大部分农牧民还是采用传统手工劳作方式。农田水利灌溉设施陈旧，年久失修，绝大部分设施利用率低，已丧失抗灾抗旱的基本功能。大部分农牧民仍然是靠天吃饭，灾害应急反应和快速处置能力低，农民缺乏抗风险的能力。受上述因素的影响，农牧民的收入没有保障，有时为了维持生活而不得不求助于民间借贷。此外，政府对农村牧区公共文化设施投入严重不足。在调查中发现，内蒙古地区的许多农牧民家庭连最起码的设施电视机都没有，所以农牧民在闲暇时间，把聚众赌博作为他们主要的娱乐消遣活动，为此发生的民间借贷也不在少数。

2.4.5 正规金融机构在牧区的缺位

由牧区信贷市场具有低盈利性和服务群体的弱质性等特点，牧业是一个特殊的弱质行业，受自然与市场双重风险的影响，牧民收入不稳定，社会和环境效益高而经济效益低。牧民借贷主体的弱势特征很明显，具体表现在：一是缺少抵押与担保物，由于土地与房产是最基本的生存保障，政府规定不能抵押，加之正规金融机构要求的资产抵押率较低，成为制约正规金融机构信贷发展的症结；二是牧区信用生态差，部分农牧户信用缺失，容易造成金融交易信息不对称性、逆向选择和道德风险，客观上制约了信贷的供给；三是居住分散，贷款成本高，贷款缺乏规模效应；四是经营信息难以掌握，牧民的主要收入来源于农牧业收益，受自然与市场双重风险约束，收入不确定；四是牧区经济的弱质性、牧区城镇化水平严重滞后、城乡二元分割等条件的影响，牧区缺乏获得商业银行支持的经济基础。

2.5 牧区民间金融的影响

牧区民间金融活动之所以频繁，一方面是由于牧区地理位置偏远、牧民居住分散等原因造成正规金融缺位，为民间金融提供了广阔的生存空间。另一方面与民间金融自身的优势是分不开的。民间金融相对于正规金融，获得借贷者信息的

渠道比较丰富，借贷双方信息比较对称，因此可以以非正式制度来保证借贷合同的实行。民间金融程序简单直接，资金到位及时，抵押品灵活或者没有抵押品，当牧民生产、生活方面，特别是婚丧嫁娶、子女上学、看病住院等方面的资金需求难以通过正规金融机构被满足时，通常会选择民间金融这种融资方式。因此，民间金融在一定程度上缓解了牧民、牧区资金压力，满足了牧民多样化的资金需求。民间金融在正规金融机构尚未覆盖到以及无法覆盖到的范围和领域内起到拾遗补阙的作用。

2.5.1　牧区民间金融的积极影响

牧区民间金融产生的积极影响如下：

（1）民间金融部分解决了牧民贷款难的问题

由于金融机构债权维护工作日益抓紧，其贷款手续也日益烦琐，如抵押、担保、资产评估等，这使得许多需要贷款的农牧民望而却步。因此，许多农牧民所需的化肥、农药、种子投资宁愿向个人借贷，也不愿意向银行或信用社借贷。加上许多金融机构经常面临资金供求的矛盾，很难为客户有求必应，民间金融便成了其“无奈”的选择。

（2）民间金融维持了农牧业简单再生产

由于国家没有专门为农牧民建立相应的社会保障制度，商业化的保险公司先于银行退出农业，导致亏损大的农牧业险种长期得不到承保。加上国家没有建立适应农村牧区的金融和保险制度，当再生产需要后续资金时只好进行高利息借贷。

（3）民间金融带动了民间投资业的发展

近几年，由于银行存款利率经历多次调整以及存款利息税的征收，使得存款利息不再对资金富裕户产生诱惑，而农村牧区经济及个体工商业的迅速发展，产生了巨大的资金需求。当银行无法满足牧民资金需求时，民间金融便成了其最好的融资渠道，从而也带动了民间投资业的快速发展。

（4）民间金融促进了农村牧区经济发展

国有商业银行改革后，其业务偏向大城市、大企业，这在不同程度上导致了许多欠发达地区的农村牧区缺乏金融部门的支持。因此，民间金融便成了农村牧区许多农牧民和个体私营企业生产发展的资金来源，特别是某些金融机构尚未涉足或退出市场的贫困落后地区，民间金融更成了支持牧区经济发展的主要资金渠道。

2.5.2　牧区民间金融的消极影响

由于民间金融具有高利息、高风险以及金融诈骗性、隐蔽性强、不可控制性等缺陷，其对农村牧区经济发展也产生了一定的消极影响，有时甚至会危及社会稳定。牧区民间金融产生的消极影响如下：

（1）影响国家宏观政策的实施

民间金融不利于国家经济政策的实施。民间金融具有分散性、随意性、自主性和盲目性等特点，就借贷双方而言，它是一种基于个人利益得失而产生的趋利性行为。对借款人来讲，在缺乏资金的情况下，其借入资金的目的不是为了国家利益、社会利益、集体利益或其他任何人的任何利益，而是为了其自身利益。对贷款人来讲，其配置资金不是基于国家的经济政策和产业政策，而是以盈利为目的，即使是国家限制的产业，只要效益好，贷款人也会全力支持。鉴于此，如果民间金融所占比重过大，将会影响金融对国民经济的宏观调控作用，甚至破坏地区经济的平衡与协调发展，从而削弱国家宏观调控的整体效果。

我国正规金融机构的利率一直是由国家统一制定的，各国有商业银行都执行统一的利率政策，而民间金融的利率则是根据资金市场的供求状况，由借贷双方自行制定，利率水平通常比银行同期利率高，有的甚至达到高利贷的利率水平。据了解，在国家利率多次调低时，内蒙古农村牧区民间金融的利率仍有走高的趋势。因此，国家的利率政策在农村牧区不能较好的发挥作用，农牧民只关心民间金融的利率变化，所以，在某种程度上民间金融的活跃严重影响国家利率政策的实施。

（2）影响社会安定团结

民间金融风险大，极易引起债务纠纷。民间金融是一种自发、盲目、分散的金融行为，其手续简捷、不拘形式、方便灵活，缺乏必要的管理和法律法规的支持。据了解，农村牧区许多民间金融的债权人碍于情面，通常不要求借款对象提供必要的证明手续或者是以获取高额利息为目的，缺乏对借款对象的审查和对借款用途的有效监督。借款人由于急于填补资金缺口，不管利率高低和承受能力，只管把钱借到手。这种以债务人信用为基础的借贷形式极易导致债权人的利益损失。同时，由于民间金融行为目前仍多以口头形式的合同为主，一旦债务人丧失还贷能力、丧失信用或是因其他种种原因出现了逃债行为，债权人不能按期或根本无法收回资金，从而引发债权、债务纠纷。此外，由于利益所致，民间金融很容易导致亲属怨恨，甚至酿成祸患，引发纠纷事件，不利于社会的安定团结。

由于赌博而发生的高利贷行为会严重影响社会的稳定。从调查情况来看，由于农村牧区文化基础设施落后，农牧民闲暇时除了赌博没有任何其他业余文化活动。因此，赌博进行的高息借贷也是导致民间金融活跃的重要因素之一。随着农牧民生活逐步富裕起来，聚众赌博的行为时有发生，因为赌博欠下的高利贷不在少数。大多数赌场的放贷者都与当地的黑社会势力有关，在债务人没有按期还款

时，债权人便上门讨债，有的债务人甚至还有因为家境贫穷、债务金额巨大无法还债而离家出走。有的债权人甚至还通过黑社会的势力来追讨债务，发生斗殴事件。高利贷引起的社会矛盾不利于农牧区社会和谐，对社会产生极大的负面影响。

（3）影响正规金融业的发展

民间金融加大了金融风险。一方面，民间金融承担了银行不愿意负担的部分贷款，从而分流了一部分金融风险；另一方面，民间金融的存在也一定程度上加大了金融风险。受民间金融高收益的诱惑，有些人在没有闲余资金的情况下，也会设法筹集资金去放贷。譬如，有些贷款人先从正规金融机构获取贷款，然后将贷款用于高利放贷以赚取利息。这种转贷方式导致银行存在较大的风险，一旦贷款人无法偿还债务，银行就可能要承担相应的损失，进而加大了金融风险，破坏社会信用环境。

民间金融扰乱了金融秩序。由于民间金融是一种自发的金融行为，其不受任何部门的监督和约束。民间金融的利率普遍不受约束，大部分都高于同期金融机构的贷款利率，有的甚至高出银行利率的几倍。高回报率的诱惑，使得许多资金富裕户不愿意将资金存入银行而选择冒险放贷，这将对经济欠发达地区的金融业发展产生很大的影响，其活动的蔓延不可避免地影响农村牧区中小金融机构的信贷市场，加大中小金融机构的经营压力。同时，民间金融在农村牧区扰乱了正规金融机构的信贷资金管理，影响正规金融机构正确地核算各项金融指标，进而也影响政府部门对当地经济发展状况的正确分析。

民间金融影响正规金融机构健康发展。民间金融获利快、收益高的特点，吸引了许多有富余资金的农牧民将资金投向民间金融行业，导致部分储蓄资源分流，削弱了正规金融机构筹集资金的能力。民间金融资金的“体外循环”不但极大地削弱了正规金融业的整体实力，而且由于银行和信用社存款下降，支付困难，导致重点项目贷款无保证，支农收购也面临困难。这些都不利于我国正规金融业的健康发展。

（4）加重农牧民负担、产生新的社会分配不公

民间金融增加农牧民的生产经营成本。由于民间金融的利率水平通常高于正规金融，使得原本就穷困潦倒的农牧民生活负担加重，最终导致借款人陷入债务泥潭中不能自拔，更有部分农牧民在高利贷、利滚利的重压下生活难以为继。对于普通的农牧民而言，民间金融导致其收入下降，如不能按期归还，则执行利滚利的计息办法，加快了农牧民的返贫步伐。据调查，阿巴嘎旗伊和高勒新宝勒格嘎查大约有 20 户原本条件不错的牧户，由于高利贷的利滚利而无法偿还，最终沦为贫困户。因此，民间金融加大农牧民的贫富差距，放贷者在利益的诱惑下逐

渐成为富有的阶层，而借款者受高额利息的压迫，生产经营成本逐年增加，生活越来越贫穷。

民间金融导致新的社会分配不公。高利息的民间金融是市场不正常运行的结果，市场不一定能产生公平的收入分配。高利借贷不仅加重了债务人的经济负担，而且可能让经济原本就不宽裕的借款人因高利贷利息支出而越来越窘迫，甚至陷入终身债务之中，从而产生富者更富、穷者更穷的社会分配不公平现象。

（5）造成国家税收的流失

由于民间金融具有隐秘性的特点，其活动难以监控。隐秘性使有关部门无法追查其真实的业务状况，无法准确地掌握放款人资金来源的合理性及利息收入情况，民间金融资金通过“体外循环”使之在个人利息收入所得税和银行利税等环节上逃避了国家税收。民间金融交易数量发生得越多，国家应征税款流失的现象就会越严重。

第 3 章

牧区社会结构变迁与民间金融发展

我国的四大牧区分别分布在内蒙古自治区、新疆维吾尔自治区、西藏自治区、青海省，其中内蒙古自治区的牧区是我国最大的牧区。它东起大兴安岭，西至额济纳戈壁，面积88万多平方公里，草原面积13.2亿亩，约占全国草场面积的1/4，全区生长着各种牧草近千种。大小牲畜4000万头，居全国首位，牛羊肉产量居全国第二，牛奶产量为全国第四，绵羊毛、山羊毛及驼毛产量居全国第一。

本章主要以蒙古族聚集的内蒙古牧区为研究对象，梳理牧区社会结构的历史变迁和家庭观念的变化，挖掘牧区民间金融产生的社会基础。

3.1 牧区社会结构的变迁

13世纪初，蒙古族作为一个民族共同体登上历史舞台。通过历史学家对13世纪统合欧亚大陆大部分地区的蒙古帝国历史长期的研究，发现所谓的全球化与蒙古族的兴衰发展是密不可分的。在历史变革中，蒙古族经历过鼎盛和荣耀，也戏剧性地经历过漫长的衰落。正是历史的兴衰起伏，造成了决定整个蒙古民族命运的游牧社会的结构变动，而正是在纯属外部因素所促成社会结构变动的结果，造就了当今蒙古族人民生存和发展的主要聚居模式——蒙古族村落群，同时也将其生产方式主体从游牧经济转向半农半牧。在对蒙古族社会发展阶段的划分上，大多数人采取原始社会、奴隶社会、封建社会、社会主义四阶段划分法。其中争论最多的是奴隶制与封建社会的划分，其主要原因就是按“欧洲中心论”来划分蒙古族社会发展阶段，这种划分方法忽视了蒙古族社会的自身矛盾和矛盾的特殊性。以下遵循中国历史发展阶段的划分法来对蒙古族社会的发展阶段进行划分。蒙古族社会从氏族社会过渡到封建领主制，从蒙古汗国建立到蒙古归附清朝为止的蒙古族社会制度应属于封建领主制阶段，清初直到内蒙古自治区成立为止是集权官僚制阶段，内蒙古自治区成立至今为社会主义阶段。

3.1.1 第一阶段：封建领主制阶段

众所周知，具有游牧特色的草原社会制度的基本形态是由匈奴民族奠定的。匈奴帝国的社会组织结构呈现出以下特征：其一，以最高统治者为中心的左右翼制；其二，以十进位制为基础的万户制度，十户为最基层的社会组织；其三，军政一体，各级官员统领军政事宜，民众平时生产，战时从军。这种社会组织形式显然与游牧生产生活是相适应的，因此成为此后大多数草原王朝所承袭的基本制度。成吉思汗建立大蒙古国后，也沿袭了该制度，分封了 95 个千户，4 个万户，也以十户作为最小的军事单位。北元达延汗分封六万户，万户之下设鄂托克，最基层的军事组织依旧是十户。准噶尔汗国共设有 24 个鄂托克，其首领称寨桑，其下设管辖数十户到数百户的得木其，最下级的官吏是阿尔班尼雅哈（十户长）。直到清朝灭亡，蒙古族的社会结构依旧是军政合一，仍然采取左中右翼制，十户依然是社会最基本的行政单位。

蒙古汗国建立后，成吉思汗诸子和功臣等领主拥有土地所有权和占有权，中小领主只得到了土地占有权，牧奴只有土地和牧场的使用权。千户长等大领主不仅有土地所有权，而且也有自己的属民，牧奴分别依附于不同的领主，同领主有隶属关系。所有的蒙古牧民都分属于各部之中，部民对所属部主贵族有严格的人身依附关系，严禁擅自离开所部，违者斩。因天灾、战乱而逃散的蒙古人，要被勒还本部。蒙古汗国建立后，蒙古族社会进入了封建领主制。经过代代分封，分地就一再被分割成越来越零碎的小块采邑。分地逐渐变小，意味着牧民能游牧的范围也越来越狭窄，封建主的分地就是他的独立王国。在蒙古汗国的汗权与诸分封领主的关系基础上，宗主（汗）等授予土地者有权向接受土地者征收贡赋（兵役），或者说，接受土地者（各级官吏到牧民）有向授予者缴纳贡赋和服兵役的义务。皇帝（汗）向诸千户征收，千户向百户征收，百户向十户征收。其最主要的目的是通过封建领主制强化了以皇帝为核心的国家的土地所有权。在权利体系中，所有权是最基本的权利，占有权是由所有权派生并从属于所有权的，但有时所有权和占有权是合为一体的，更重要的是授予土地者有收回土地的权利。成吉思汗建立蒙古帝国的主要目的之一就是控制被征服国家和地区的土地所有权，将土地以合法的形式掌握在以他为核心的家族手中。土地所有权名义上属于以成吉思汗为首的家族成员万户长、千户长的，他们不仅得到了土地所有权而且也得到了牧奴的劳动力所有权。这些狭小的分地，元代称为部，也称为投下，有时用它的蒙古音译称为爱马。如对某王分地内的牧民，即称某王部民。蒙古牧

民著籍某王的部中，这个部就成了他们世袭的监狱，永远不能离开他。成吉思汗创造了一种封地，把某个族、某个部分给某人作领主，作为对他忠实效劳的奖赏。蒙古的那可儿（亲兵）由于为军事首领冲锋陷阵，得到首领赐予的一定数量的游牧阿寅勒作为封地，于是就变成了这些阿寅勒的主人和统治者。与此同时，还得到了颇大数量的领土，供他们带着自己的人游牧和狩猎。作为封地的“忽必”由两部分组成：一部分是一定数量的游牧家庭，另一部分是足够用来赡养他们一定面积的牧地和狩猎。只有土地所有者才能有权根据一定的条件，把自己对该领土的所有权转让给另一个人。重要的还在于，得到这份奖赏的人也有权不受阻碍地占有所赐的领土，在奖赏有效的全部时间内是领土的所有者，他有权把自己的一部分财产转让给另一个人。广大牧民劳动者则只拥有从领主的土地（草场）上为领主放牧和牧养自己的少部分牲畜的土地使用权。蒙古游牧经济的生产关系简要地概括为，草场即土地归国家所有、领主占用、牧奴使用的制度和牲畜归私有的所有制。封建领主制时期的男性牧奴基本上具备上马则准备战斗，下马则屯聚牧养的双重身份。成吉思汗时期分封的四大汗国，即钦察汗国、察哈台汗国、窝阔台汗国、伊利汗国四个宗藩之国，到了忽必烈即大汗之后，逐渐脱离元朝中央汗国的控制。其主要原因就是他们拥有了土地和居民在内的土地所有权和劳动力的所有权，凭借这两个所有权，封国内部的政治、经济逐渐巩固，这也导致了封建割据局面的出现。北元末期，蒙古汗逐渐失去了对分封的各级官吏的政治统治权。一些较大的领主凭借土地所有权和牧奴劳动力的所有权，各自为政，经常为争夺整个北元的统治地位而发动内讧，最终各土绵（北元时期的较大的蒙古社会组织单位）纷纷归顺清朝。

自匈奴建立王朝之后，草原社会“自有君长，往往而聚者百有馀戎，然莫能相一”的历史便宣告结束。千余年间，不同民族先后建立了众多大大小小的政权。匈奴帝国是建构在部落联盟之上的政体，但其内部有严格的等级制度。社会结构由无数个同心圆构成，单于及其家族处在中心位置，呼衍氏、兰氏、须卜氏三姓处于圆心外的第一圈，地位极高；其他匈奴部族处在次外圈，地位次之；而诸如东胡、乌孙、大月氏、氐、羌等被征服民族处在最外圈，地位最低。各级军政官吏皆由本部落首领担任。匈奴帝国灭亡之后，新兴崛起的草原民族形成了两种发展趋势：其一，立足草原，扼守丝绸之路，保持互市与战争掠夺并举的传统，这一特征在以突厥、回鹘为代表的突厥语族民族中最为典型；其二，不再将权利空间局限于草原，如东胡系统的鲜卑人，总结历史经验，认为以战争手段获取经济补偿，损失太大，得不偿失。于是开始入主定居民族地区，与定居民族上层联合，将直接控制和占有农耕社会物资作为政权建设的目标。魏晋南北朝时期的匈奴、鲜卑、羯、氐、羌等草原民族开始逐鹿中原，建立了五胡十六国政权。

公元10世纪，契丹民族建立了辽国，与前辈民族所不同的是，契丹人走出了一条全新的国家建构模式，他们采取了固守本土、经略中原的策略，建立了中国历史上第一个农牧业经济形态并存的统一政体。

蒙古族的封建领主制比氏族制有着明显的优越性：一是打破了以各部落和部落联盟为单位的分散割据状态，建立了以成吉思汗为核心的统一王朝。这为蒙古族经济、政治、文化的发展创造了前所未有的良好环境。二是确立了自上而下的封建分封制的隶属关系，以此为社会关系的准则，明确了社会的等级，有利于社会的稳定。三是对氏族社会时期的游牧劳动者——奴隶的解放作用，原来氏族社会瓦解时期的奴隶或庶民变为牧奴，依附于各级领主。他们虽然依附于领主，但一般都有自己的牲畜、毡房等生活资料，能够满足简单生产和生儿育女等基本生活需要。也就是说，他们在领主的土地所有权和占有权范围内，具有为领主放牧和牧养自己牲畜的土地使用权和获得一定份额的劳动成果的权利。这些都为游牧经济的生产劳动者——牧奴的素质技能的提高创造了条件，也是牧奴为提高生存权利和改善生活条件而进行斗争的结果。

著名蒙古学学者亦邻真先生在《关于十一十二世纪的孛斡勒》[①] 一文中，从孛斡勒的来源、义务、财产以及当时的阶级隶属关系和文献史料的分析中得出以下结论："孛斡勒一词，才有权代表古代蒙古社会农奴式的隶属。随着孛斡勒制的产生和发展，蒙古社会揭开阶级社会历史的第一页，进入了游牧的军事父权封建制"。蒙古族封建领主制在政治上，以分封领主方式管理行政、经济、军事、司法事务，经济上采取土地国家所有，诸子、功臣和千户长具有土地所有权，即成吉思汗及子孙和功臣具有草场所有权以及占有权，小的领主只有土地占有权，牧奴只有草场使用权的土地制度，而且宗主具有收回土地的权力，臣民对国家有臣属关系。这样，在蒙古封建领主制里，领主虽然有这些权力，但土地没有变成私有财产。

蒙古封建领主制具有宗法社会的性质，它是依据宗法原则确立并维护既定的蒙古族封建领主制阶级与牧奴阶级的关系，以刑罚和武力来保证统治阶级的地位和利益。蒙古族封建领主制时期的主要社会矛盾，是领主即牧主与牧奴之间的矛盾。

从草原民族的历史可以清晰地感受到，不同时代的民族对国家的建构模式做过不同的尝试和探索。从公元四世纪开始，由草原向周边（尤其是中原地区）的扩张逐渐成为一种趋势，并且一浪高过一浪。但是，一直到成吉思汗统一蒙古高原，游牧王朝以氏族、民族为中心的国家政权构建体制从未改变，征服与被征

① 亦邻真．亦邻真蒙古学文集［M］．呼和浩特：内蒙古人民出版社，2001.

服民族之间的冲突始终伴随着每一个草原帝国。匈奴民族虽然借一时之强盛，曾与中原王朝分庭抗礼，但未能妥善解决内部的民族、部族之间的矛盾，一旦出现大的自然灾害、君主的更替，貌似强大的政权便会瞬间分崩离析。归根结底，从匈奴帝国到辽王朝，绝大多数草原政权都是以氏族、民族为中心建立起来的，国家形态未能完成从血缘型向地域型的历史跨越。

13世纪，以成吉思汗为代表的蒙古统治集团的国家观有了新的飞跃，他们将“天无二日，地无二主”作为政治理想，将建立“从日出之处到日落之处”世界帝国作为战略目标。为了实现这一欲望，蒙古帝王们发动了旷日持久的征服战争，将战火燃遍欧亚大陆。与此同时，他们在制度文化方面也进行了富有创造性的改革。在帝国内部分封过程中，成吉思汗试图打破草原社会所沿袭的氏族、部族和民族界限，将千户制转变为行政建制，确立地缘政治。人数众多的札剌亦儿部就被划分为若干千户，分别隶属于察哈台、窝阔台、拖雷、哈撒儿等诸王贵戚。像克烈、乃蛮、蔑儿乞等过去强大的部落也同样被化整为零分散到不同千户。在官员选拔方面，更注重能力和品性，一大批像木华黎、者勒蔑、哲别等异姓且地位卑下者，成为帝国的重臣。耶律楚材等大量其他民族的人士也被纳入决策层。蒙古高原民族、部族之间的隔阂逐渐被淡化，大部分以氏族、部族为依托的旧贵族阶级被淘汰，由平民崛起的新贵族成为汗国的中坚力量，数千年来困扰草原社会的内部矛盾被弱化。因此，当忽必烈与阿里不哥争夺汗权时，异性贵族已成为他最强有力的支持者。蒙古高原自此之后也再没有出现以血缘关系为纽带的、形成较大影响的共同体。

在被征服地区，蒙古统治者在实施政治军事压制的同时，采取了与其政治抱负相适应的思想文化政策，企望用开放包容原则建立一种跨民族、跨地域的大一统文化。成吉思汗所提出的“一切宗教信仰自由”的法规、忽必烈创造能够“译写一切文字”的拼音文字（八思巴文）的构想、合赞汗组织编写世界历史的行为，在当时的欧亚大陆都是绝无仅有的举措。其超越民族、地域狭隘性的政治、文化理念，为封闭、割据、思想文化禁锢的旧大陆带来了草原文化新的气息和冲击。上述制度、文化的形成，不仅标志着草原民族国家观的成熟，同时也将人类封建中央集权制推向了新的高峰。

“因俗而治”制度是草原民族在制度文化方面的一大创举，是中国古代处理民族问题的成功范例之一。受游牧经济单一性的制约，在手工业品和农业产品方面，草原民族对定居民族有较强的依赖性。为了满足这种需求，就必须处理好与定居民族的关系。经过长期的磨合，一些草原民族建立的政权，针对中国多民族并存的社会格局，采取了入主中原、统而分治的政策。如汉赵政权采取“胡汉分治”制度，秃发鲜卑政权南凉同样执行了“宜置晋人于诸城，劝课农桑，以供军国之用，我则习战法以诛未宾”策略。10 世纪的契丹人建立辽国后，同样采取了“以国制治契丹，以汉制待汉人”的政治策略，通过“南北院制”分别统治草原游牧民族和中原定居农耕民族。13 世纪崛起的蒙古人秉承并发展了草原文化的这一制度。随着版图的扩张，被征服区域的历史背景和文化背景更加复杂。蒙古统治者提出了“因其俗，柔其人”的分治政策，沿用被征服民族传统的社会结构，维持各民族文化，利用其传统观念羁縻其思想。如在中原地区实行“以儒治国，以佛治心”策略，在西藏地区实行政教合一制度，在云南地区推行土司制度，在蒙古地区则沿用传统制度等。毫无疑问，成吉思汗和忽必烈所推行的政治制度、文化制度，都是建立在历代草原民族历史经验基础之上，标志着草原制度文化已经超越了民族文化的范畴，具有进步意义。

草原民族制度、文化由匈奴到蒙古的形成、发展和演变，尤其是自魏晋南北朝“五胡”民族到辽—契丹、蒙古—蒙元的国家观的发展，对中国乃至世界产生了极其深远的影响。以中国古代历史为例，草原民族跨不同经济形态、不同民族文化形态，为国家政权观念的形成及其实践，为各民族之间在和平环境下进行经济文化交流创造了条件。更重要的是，它改变了两种经济形态下游牧农耕民族之间长期对峙的局面，使双方由经济互补关系延伸到政治、文化的依存关系，这种认同感的确立，在历史上为中华多民族国家的统一和稳定创造了坚实的基础，其意义和贡献是巨大的。

3.1.2 第二阶段：集权官僚制阶段

自清代起蒙古社会全面接受了农耕社会的政治、经济、文化，进入了集权官僚制。集权官僚制阶段的蒙古族经济仍以游牧为主的游牧经济，随着社会、文化、经济的变迁，逐渐演变为牧业、半农半牧、农业经济。其主要生产资料土地归国家所有，国家以均配土田的方式将一部分土地分给蒙古原来的领主，又以赐田、禄田、勋田等方式将一部分土地分归官吏占有，允许土地占有权的买卖。如此形成国家拥有土地所有权，官僚地主、官僚牧主、自耕农等拥有对土地的占有权，无地佃农和牧民从牧主或地主手里租用土地使用权。这三层权利关系也是基本的经济关系，从而也形成了集权官僚制下，由国家拥有土地所有权、官僚地主和自耕农拥有土地占有权、无地农民（佃农）向官僚地主租用土地制度的小农经济生产方式。在蒙古社会中，这种关系表现为集权官僚牧主与牧民的经济关系。牧民以艾勒—浩特为单位生产和生活，他们经营牧业生产除向国家纳税和向牧主交租之外，所剩产品可以自己消费。绝大多数牧民给牧主放牧，得到一些劳动报酬，维持生活。牧民比牧奴有了更多的人身权和劳动的权利，他们只要辛勤劳动，就可以维持生活，从而提高生产积极性。此时的商业和手工业虽然有所发

展，但在重农抑商政策的压抑下，始终处于农牧业的从属地位。鸦片战争后，由于清朝的封禁政策，蒙古族地区的商业具有了丰厚的利润，于是蒙古族王公和内地商人相互结合，控制了整个蒙古族地区的商业命脉。

集权官僚制下的政治是以中央集权统治下的行政区划和委任官吏治理为特征的，各级官吏只是代表皇帝行使权力。行政区划是官吏职务的对象和范围，而非其领地，且任期有限。官僚制是一个集权行政的大系统，它从中央（皇帝为代表）到基层的县，级别分明，等级严密。系统内层层相关，环环相扣，经过两千多年的演变、充实，形成了人类最为严密的政治体制。在集权官僚政治中，牧民是被统治的对象，是没有任何参政权力的，只有服从政权的义务，只能付出自己的剩余产品，以保证官僚的利和禄。

3.1.3　第三阶段：社会主义发展阶段

1947 年，内蒙古自治区政府成立，新成立的内蒙古自治区政府颁布了《内蒙古自治区政府施政纲领》。其中明确规定：保护蒙古族的土地所有权完整，保护牧场，保护自治区区域内其他民族的土地现有权利等。

3.2　牧区家庭及社会伦理的变迁

牧民家庭是牧区社会的细胞，是组成牧区社会的基础。随着牧区家庭结构的变迁，牧区社会伦理也发生了变化。

3.2.1　牧区家庭形式

在牧区，家庭与家庭之间的距离一般远达几华里，甚至十几华里几十华里，呈明显的散居形态。这相当于农村村庄与村庄之间的情形。在农村，家庭与家庭之间往往用一道界墙隔开，邻居就在东西两院或房前屋后，呈明显的集居形态。与此相联系，农民家庭各自承包的土地条块分割，与别家的紧紧挨在一起，却与家庭居所分开。牧民家庭各自承包的草场之间却有相对明确的界限，独立成片，与家庭居所形成一体。这种形态的家庭是一种扩大的家庭，但这不是传统社会和所谓血缘意义上的扩大，而是地缘意义上的扩大，将此种形式的家庭称为家庭小区。小型集居的形式使农民家庭能较多地进入邻居间的互助合作和村民间的集体活动，孤舍式的散居则使牧民家庭只能更多地在自己所辖的广阔天地里劳作和生活。所以，与农民家庭相比，牧民家庭一方面既具有极端的自给自足性，另一方面又具有强烈的对外依赖性，这是家庭的地域特点带来的奇妙而重要的差异。通常，一个家庭小区除了基本的住房院落外，还包括猪圈、鸡窝等牲畜棚圈、菜地、粮地、库房、车棚、雇工用房、打草场、放牧场等，稍微大一些的家庭小区还拥有自己林地。因此，从极端的自给自足性这方面来说，家庭小区具有更加复杂的结构和更加完整的功能。从家庭结构方面来看，家庭小区也更像一个大型家庭。

3.2.2 牧区社会伦理

牧区社会伦理观念在不断发生变化。蒙古族传统家庭观念中渗透着厚重的伦理道德思想观念。传统家庭观念不仅体现了蒙古人对故土、家园、亲属及国家的眷恋之情，而且是蒙古族一切美好道德之源头。蒙古族传统家庭观念中几乎包含了蒙古社会伦理关系的全部内容。具体来说，兄弟情分成为社会上朋友关系的观念基础，兄弟和亲戚关系中生长出团结互助和平等合作的美德。随着时代的发展，它又发展成为热爱同胞、热爱民族的感情基础。对家乡、故土的眷恋之情，后来发展成具有政治意识形态的爱国主义思想。

（1）关于土地

牧区蒙古族传统的家庭观念与他们从事的游牧畜牧业有着直接的关系。在蒙古高原的游牧畜牧业生产活动中，原野草场（草地）是牧人基本的生产资料，因而“土地意识”自然成为他们家庭观念天然的根基。传统的蒙古人一年四季游牧于草原上，草场和水源的变动决定了他们的家园在一定范围的草场里，而不是固定在某个确定地点上。他们的生存逻辑是：首先有能够游牧的一定范围的草场和水源，其次要具备一定数量的牲畜，最后才是他们安定的家园。因此，蒙古人的传统观念中具备一定范围的草场和一定数量的牲畜，他们才能依靠畜牧业产品生存。野生草料和水源变成乳制品、肉类和毛皮后，才能成为他们吃穿用品和毡房住处，蒙古人才能够在草原上繁衍生息。如果说农民注重的是土地的肥沃程度，牧民则更注重土地的实用面积。农民以家庭为单位在一定范围的土地上耕种粮食和其他农作物，以便获取他们的食物和其他农产品。土地面积太大了，他们力不从心，种不过来；土地面积太小了，可能吃不饱肚子。因此，农民更注重一定面积的肥沃土地。牧民则以牧业村落为单位，在一定范围的草牧场上以合作化和集合形式合群放牧，随季节迁徙。牲畜需要在走动中食草，只有不断更换草场，牛羊才能填饱肚子，才能生产出牧民需要的畜牧业产品。由于草牧场是牧民最基本的生产资料，蒙古族民间形成“丰美的草场，清澈的水源”的文学描述习惯和“马鞍垫子般大小的草场要比千万头牲畜更昂贵”“水是银子，草是金子”等的说法。与定居的经营农业的农民相比，牧民不可能只关注定居点和附近的小块耕地上，他们关注更加广阔的土地和草场。牧民的故土意识与其说是“乡土意识”，不如称为“水草意识”或者“大地意识”。

据观察，牧民传统的“土地观念”中贯穿着以下几种倾向：

第一，维护和保障现有土地与扩充和开拓新的游牧领地意识结合在一起。游牧人虽然有比较固定的游牧草场，但是由于季节和气候的变换以及战争和自然灾害等客观原因，在较为固定的草场范围之内或者更大范围内长距离迁徙、更换营地和居住点也是常有的事情。据《蒙古秘史》[①] 记载，曾经帮助过少年铁木真的赤剌温、沉白兄弟俩，他们向成吉思汗请求：“若蒙恩赐，我们希望领有篾儿乞惕人的牧地薛凉格河为自由自在驻扎［放牧］的营地。”这体现了他们想拥有自己族人固定牧场的心愿。成吉思汗曾有过“别让外人占据三河之源安营”的指令，更是直接表明他保留祖先故土的强烈愿望。此外，成吉思汗也曾对儿子们说：“你们何必一起效力？世界广大，江河很多。可以分封给你们地域辽阔之国，让你们各自去镇守。”这表露了统治者无限扩大领土的野心，也蕴含了一种开拓前进的精神。

第二，在土地意识中渗透着血缘和亲缘情结。事实上，游牧村落的组成单位是互为血缘亲属关系的亲近家庭。在蒙古民间有着这样的说法：“没有百年父母，却有百年邻居”，“同住一个营地，同饮一江水的亲戚”，这表明同一村落的组成家庭一般为同一个姓氏的亲属。在大草原上游牧的牧民很清楚，离开亲属和村落群的单一个家庭和牧户独自生存几乎是不可能的。对于他们来说，被其他临近牧户抛弃在营地上为最大的灾难。据记载，铁木真少年丧父，因族内权利争夺等原因而被族人抛弃在营地上，从此开始了他们孤儿寡母的悲惨生活以及神箭手合撒尔脱离王汗处后经历的“吃着生皮和筋”的窘境。

第三，水草意识是土地意识的本质表现。牧民看重土地的本意在于土地上的水和草。蒙古高原的水，一般是湖水和河水，草原和戈壁滩上几乎没有一泻千里的大江大河。高原地区地形平坦，年降水量少，河水弯弯曲曲，水源不充足。在牧民的观念里，水草具备才叫做草场。如果光有草而没有水，牛羊就无法生存。蒙古传说中没有关于“洪水泛滥”的故事，只有“豺狼猛兽”的危害。蒙古人对“草”情有独钟。因而有关“草”的概念，在蒙古语词汇中全是褒义词。这与汉语中的“草”的贬义完全不同。农耕文化中“草”是要“根除”的对象，而游牧文化中它是被保护的对象。这是他们不同的生产方式所决定的。牧民保护水草的实践，成为他们现代环保意识的基础。

（2）关于灶火

在牧民的家庭观念里，家和火的观念或者家庭与火种的观念紧密联系在一

---

① 余大钧．蒙古秘史［M］．石家庄：河北人民出版社，2007.

起，并且逐步发展成为真正凸显游牧人思想观念和思维模式的重要的社会意识。蒙古族的生活、思想和信仰均与火有着不解之缘。蒙古语词汇中关于“火”的专用术语很多，除了一般意义的“火”以外，还有“灶火”“野火”“篝火”等。在蒙语中，“灶火”和“家的主人”用同一个词来表达。按照蒙古族传统习惯，幼子与父母同住，直接继承父母家业，所以幼子也叫做“斡惕赤斤”。由于高寒地区的气候原因，蒙古族的生活离不开火。火不仅带来了熟食和光明，更重要的是它给蒙古包里带来驱逐严寒的温暖气息。这种温暖的气息，是他们所迫切需要的并且是性命攸关的。蒙古族对家庭与火种关系的理解表现：第一，火对人是非常重要的，人必须依靠火才能生存；第二，崇拜火就是祈祷子孙繁衍，兴旺发达。他们对来客和居家的规矩是“不愿意也要寒暄为好，不寒冷也要烧火为好。”这则谚语是说，居家保留火种的意义如同人活着应当说话交流一样重要。

草原上的人们历来就有崇拜火的古老宗教信仰和习俗，至今许多蒙古族家庭都坚持留传祭火习俗。牧区流传多年并逐渐成为蒙古族宗教信仰的藏传佛教更注重点燃香火和佛灯。蒙古族诸多有关宗教祭祀活动均离不开火，在民间至今还保留着烧“土勒失”（用干柴烧食品）的祭祀祖先的习俗。烧“土勒失”的固定时间为除夕夜晚（落日后不久）和清明节，腊月二十三是蒙古人祭祀灶火的固定日子。人们事先准备好肩胛肉、奶油、炒米、肉粥等祭祀必备的食品，举行祭火典礼。蒙古族传统的火种观念的主要意义不在于火种本身，而是它寓意着血脉的延续和兴旺。在牧民的观念中，旺盛的火象征着家族的兴旺和发达，而家中火种的灭亡意味着家庭人丁的灭绝。有文献记载：成吉思汗建国后，封赏各路豪杰，一一点名叙述其功德。其叔父答里台曾离开他而降服于其他部族，成吉思汗想要惩罚他，把他流放到眼不见的地方去。但是，近臣们却极力劝阻：“这样做如同自灭灶火，自毁其家。您贤父的遗念只剩您的叔父了。怎么忍心抛弃他呢？他这个人是不懂事，但算了吧，就让他住在您贤父幼时所居的营地上，升起灶火的烟吧。”这很像汉族祖庙灶火不断的观念。蒙古包里有人就有火，无人时也要用灰封火。在牧区的蒙古族聚居的地方，普遍存在着这样一种社会意识和心理结构：一个家族若灶火不断，则意味着后继有人；若是灶火灭绝，就意味着后继无人。蒙古语里“灶火灭绝”意味着一个家族的破灭，且逐渐变成特殊的咒骂语。《蒙古秘史》中记载的“险些弄得我风吹灰散般毁灭”的说法也是这种社会意识的体现。

（3）关于先祖

蒙古族传统的祖先崇拜观念不仅有人类共有的普遍特征，而且还具备了自身的特点。根据考古发现，在北方各民族丧葬习俗中，很早就有在埋葬死者尸体的坟地外另设祭坛、人们在此举行祭祀活动的习俗。在《蒙古秘史》中，有记录

“到祭祀祖先之地，烧饭祭祀”的景象。祖先崇拜还有民族共同体祖先和一家一户祖先的区别。延续至今的鄂尔多斯成吉思汗陵举行的四季祭奠活动是蒙古族对民族共同体祖先崇拜意识的现存证据。牧区民间延续至今的烧“土勒失”习俗，是典型的针对一家一户的祖先举行的祭祀活动。不管哪种形式，后代针对死去的先人举行祭祀活动一般有两种目的：一是通过祭祀活动，让年轻一代记住祖先及其他们曾经发生过的传奇故事，以此鼓励后辈；二是从已故祖先那里得到庇护。牧区有“古人的灵魂不死”的民间传说。人死之后，人的灵魂离开其尸体而转到另一个世界里继续生活，并能继续帮助和庇护其后代。

（4）关于家庭

在过去的蒙古族家庭中，由于每个家庭的社会地位不同，由此形成男性家长的家室和妻妾数量也不同，从而在同一个血统中还有主次之分、远近之别。例如，在贵族家庭中，男子的家室和妻妾较多，同一个父亲的儿子还要区分“妻生”和“妾生”，从而获得不同的身份待遇。

传统的蒙古族家庭观念可以理解为：

第一，注重父系血缘关系，牢记男性宗族世系。《蒙古秘史》中有一段记录：“孛端察尔的结发妻子所生的儿子，名为把林·失亦剌秃·合必赤。随合必赤·把阿秃儿的母亲从家来的妇人，被孛端察尔纳为妾，她生下一个儿子，名为沼兀列歹。沼兀列歹以前曾参加以悬肉祭天的典礼。”“孛端察尔死后，因为沼兀列歹的家里经常有阿当罕·兀良合惕部人来往，他遂被怀疑为他们的儿子，被驱逐出悬肉祭天典礼。”这里的表述很清楚：一是结发妻子所生的儿子被称为“把阿秃尔”（当时社会上层人物才具备的称号，意为“勇士”），意味着他继承了父亲的基业。二是妾所生的儿子最终被驱逐出祭祀典礼，这意味着他在兄弟间利益争夺中处于不利地位。

第二，强调“骨”和“血”的关系。血统观念的实质在于根据不同血统的互相比较，以血统的优劣来确定子孙后代的优劣。按照蒙古族的传统宗族观念，他们认为“骨”是父亲血统的延续特征；“血”是母亲血脉的存续方式。蒙古族的血统论不仅强调父系“骨”的延续作用，还把母系“血”摆在重要的位置。

第三，注重亲戚。兄弟和亲戚是家庭观念的扩展形式，也是人类伦理道德关系从家庭这个狭窄领域进入更广阔社会领域的雏形。兄弟关系与父子关系不同，与父母一同生活的年少兄弟们基本没有独立的社会交往能力和权利，他们几乎完全听从父母安排。兄弟间友好相处，协助家庭生计便是他们基本的行为规范和德行要求。终究有一天，他们自己成家立业后，开始与周围的父辈、兄弟以及舅父、岳家等亲戚交往。蒙古族社会历来就有注重亲戚关系的传统习俗。蒙古族民间谚语中，有“存念父亲要常顾及叔伯亲；想念母亲要常顾及舅父亲”的说法，这充分体现了儿女后辈等同样尊重父母双方亲族的重要性。少年都会听从父母教诲，遇到年长者（熟人或者陌生人）必须向他们问好，且根据他们与自己父母亲双方家族的血统关系，分别称呼为“叔伯”（姑姑）或“舅父”（姨娘）等，同辈人一般均以兄弟相称。这是蒙古族最基本的社会交往规则。蒙古族也有认“干爹娘”的习俗，还有“磕头认的爹娘”（嫁出去的姑娘在夫家附近找的干爹娘，当成第二个娘家）、“塞进的儿女”（把幼子象征性塞进干娘的大襟下，寓意此处出生）、“朋友结为兄弟”（拜把子兄弟）等多种习俗。干亲是血缘亲戚的扩展形式，认干亲的目的是扩大家庭的交往范围。《蒙古秘史》中有“生而有衣服的儿子”和“赤裸着身子生下的儿子”的描述，就是这种亲属制度的延续形式的真实存在。此外，民间谚语、熟语中，有“狗不认识其亲族而乱交，锉不知道同是金属而锉其他金属”“嫌弃娘家的姑娘，无视叔伯的儿子”等，都是谴责不看重亲戚关系的人，就如同机械物和禽兽一样不懂得情理。总之，亲戚意识是家庭观念的延续和演化形式，并且成为更广泛的社会关系的伦理道德观念基础。

3.3 牧区村庄与民间金融产生的社会基础

村庄一直是传统乡土社会中一个非常特殊的群落。从地理上来说，传统乡土社会的村庄具有比较清晰的地域，在不同的村庄中，经济活动和社会交往都是在相互隔绝的情况下独立进行的，因此我国的村庄具有独立的文化单元和社会单元的性质。

3.3.1 牧区村庄的社会特征

牧区村庄具有独立性和封闭性特征。村庄作为一个“共同体”，必须遵守两条基本的界定原则：

首先，村庄作为一个共同体的形成，其根本动力和根源在于在很长的历史发展中，每一个牧民都是生活在村庄的基本单元中。村庄承载和满足了村民多方面的需求，既满足了其经济需求，也承载着村民的其他需求。村庄既是一个牧民及其家族社会活动的主要区域，也是其社会声望得以确立的重要依托，在村庄这个共同体中形成的声誉、社会交往资源以及网络成为一个牧民及其家族延续的最基本的条件。

其次，村庄之所以作为一个独立的共同体，是因为居于其中的人们都在历史久远的共同交往中形成了共同的价值观念和行为准则。大家都承认这套规则，如果谁违背和践踏了这套价值体系，必将遭到共同体内所有成员的唾弃和鄙视。正是这套看来无形的价值体系和交往准则，世世代代维系着村庄的完整性和稳定性，使村庄作为一个基本的治理单元而保持相对的延续性。同时，从更广泛的意义上来说，村庄作为一个治理单元的稳定性是整个社会稳定性的一个有力支撑，正是因为有了村庄在价值观念和治理模式上的稳定性，整个社会才保持了稳定性。

“关系”在中国传统文化中具有一定的不确定性，它依赖于很多条件而存在，但同时又可以打破很多条件而存在。“关系”一般依赖于一定的地缘、血缘、族缘和业缘条件，一些有着共同血缘、地缘、族缘和业缘关系的人更容易形成一个共同体。但是，在中国的一些关系共同体中，有时可以不必依赖这些条件而存在。关系共同体很有可能打破原有的血缘、地缘、族缘和业缘关系而拓展出新的关系网络。因此，关系共同体有很强的可延展性。关系可以根据一定的秩序进行拓展，把一些本来不属于关系共同体的人纳入共同体范围，从而使关系的外延不断延伸。但是，不论怎样，关系共同体总是有一定限度的，超出一定的限度，共同的价值观和交往规则就很难维系，因而其保持共同体的成本就会上升，关系共同体崩溃的可能性就会增大。因此，关系共同体是一个开放的而不是封闭的系统，但是不可否认，关系共同体一方面具有一定的延展性和开放性，另一方面也同样具有一定的边界特征。假如超出了这个边界，在没有新的社会规则和价值体系支撑的情况下，关系共同体的过度延伸会带来灾难性的后果，民间金融的跑路事件即可说明这一点。

3.3.2 牧区村庄信任与民间金融的产生

村庄作为一个关系共同体，对于牧区民间金融组织的形成和演进有着非常重要的影响。在民间借贷形式中，人际关系的亲疏程度和相互信任程度成为决定民间金融组织是否有效率的最重要因素。村庄信任成为维系整个村庄稳定性与和谐运转的重要条件，也是民间的各种借贷关系和金融组织得以维持的内在力量。村庄信任是指“在村庄共同体框架下，村庄里的每一个个体通过一定的与当地文化紧密相联系的社会规范与社区规则嵌入（Embedded）到村庄系统之中，并因此互相之间产生对于彼此的积极预期的一种社区秩序”（胡必亮，2004①）。村庄信任是在传统村庄这样一个相对封闭的关系共同体中孕育和发展起来的。地方性习俗以及地方性的习惯法和社区规则、会意性知识（Tacit Knowledge）、地方传统以及信任等都构成了村庄信任的重要内容。正是由于这样一个体系在牧区的现实存在与共同作用，民间金融才得以在这块土地上出现并历经如此长久的历史发展而不衰。

---

① 胡必亮．村庄信任与标会［J］．经济研究，2004（10）．

由于传统村庄的封闭性和治理结构的非正式性，使村庄信任在较长的历史时期中很容易得到培育和维持。牧区村庄本质上属于一个小型的、比较传统的社会，在这样的社会里，道德的力量和影响力通常比较大，习俗以及相应的习惯法对于人们的制约仍然是比较强的。这些制约部分地来自传统伦理道德的影响，部分来自家族及牧民之间制度化了的行为规范。双重制约的结果就是牧民们都很清楚自己在这块土地上的地位与分量。在这样的环境中，牧民们不仅共享他们之间的各种信息，而且基本上能根据自己的判断实施自我监督与管理。在传统社会伦理框架下，习俗、社区规范制约所形成的信息共享特征与社区合作精神的存在以及受地方传统影响所拥有的商业文化等因素，共同形成了牧区特有的信任模式。信任是一种非契约性因素，由于牧区村庄的市场化程度与社会开放程度都比较低，所以信任更容易在这样的环境中生存与发展，并且信任的力量非常强大。

基于“村庄”这个较为封闭的关系共同体而建立起来的信任关系，由于其信息的基本对称性与完备性、惩罚机制与监督机制的有效性，使村庄信任的维系成本极低。形成村庄信任需要具备一定的前提条件：

第一，村庄信任有比较严格的地域限制，村庄信任的范围一般局限于一个村庄，超越村庄的非正式信任关系一般较为罕见，即使有也比较脆弱。

第二，村庄信任依赖于较低的社会流动性与较简单的社会网络，一旦人口流动性增强，超越一定临界点之后，就会使村庄信任难以维持，最终归于崩溃。

第三，村庄信任一般存在于市场化水平相对较低的区域，而且一般来说，越是市场化水平较低的地区，基于村庄信任所形成的关系共同体越牢固，村庄信任的维系成本越低，从而村庄信任也就越有效。在市场化程度较高的地区，一些正式的契约化信任关系比较容易在一定程度上替代非正式的认同型信任关系。

第四，村庄信任有赖于社会制度的稳定性与社会结构的稳定性。在一个社会制度与社会结构激烈变迁的时代，村庄信任会受到极大的扰动，信任关系的脆弱性也会相应增加。因此可以说，村庄信任是一定市场化水平下的村庄共同体中所培育的特殊的认同型信任关系，它将随着牧区社会变迁与市场契约社会的发展而不断演进。

此外，在传统的牧区村庄中，由于牧民之间通过几代人的重复博弈已经形成了较为稳定的和谐的合作关系，同时由于空间的封闭性和有限性，导致牧民间的信息基本上是对称的和充分的。因此，在民间金融组织的组建过程和运转过程中，来自成员违约的道德风险是非常罕见的。成员之所以珍惜自己的信誉，乃是因为在村庄共同体中已经形成了共同的价值观念和交往规则，这些规则千百年来一直发挥作用，如果谁违反了这些价值观念和交往规则，就会受到村庄共同体中所有成员的鄙弃，其代价可能不仅由犯规者自己承担，而且还会殃及自己的后辈和亲戚。村庄共同体的成员通过日常的“闲言碎语”来评价成员的行为，也给予那些违规者以舆论惩罚。可以说，在一个村庄共同体中，惩罚机制和监督机制都是非常有效的。正因为如此，才保证了民间金融合会违约率通常都是被控制在相当低的水平内。

基于社会学的视角，民间金融以血缘和地缘为基础，其对特定的文化具有契合性和嵌入性。亲情、道德观念、价值信念、伦理规范、风俗习性、意识形态、社会资本等非正式制度对违规借款人的行为起到强烈的硬性约束，并成就了民间金融的产生和发展。依据社会交换理论，人们在社会交往中所遵循的行为范式有两种，即特殊主义的行为范式与普遍主义的行为范式，而不同的行为范式决定着不同的社会信任结构。通俗地讲，特殊主义信任结构是指信任关系的确立是以特殊的关系亲情、血缘、地域等为基础，而普遍主义的信任关系则是以信用契约和法律准则为基础和保证的。前者以特殊关系的集合，如宗族、同乡、同业等来约束人的行为，后者则以个人的信用和履约能力作为人们交往的前提。具有特殊主义取向的人们更重视已经存在的各种关系，他们倾向于与自己有特殊关系的人们进行交往，而这种交往又会使他们原有的关系得到加强。这样，特殊主义在一个社会中划分出了许多的“圈子”。在“圈内”的是自己人，相互信任，易于合作，交往频繁。对“圈外”的人则充满疑虑，不易合作，交往较少。这种集团内部的强烈信任与集团外部的强烈不信任形成鲜明的反差。在特殊主义盛行的社会或组织中，关系成为一种重要的既存资源，以至于任何一位与之相关者都不愿意失去它。无论是熟人、朋友圈子，还是亲缘性关系网络所执行的交往和信用规则，都是以特殊主义为原则，具有互利互惠、真诚相待、讲信用等行为特征。

在以乡土社会为基础的传统社会中，特殊主义的取向更为盛行。由于人们较重视亲缘、人情和面子，借贷风险的保障机制也就体现在亲缘和熟人关系上。以家庭为核心的亲缘网络或熟人圈子，具有安全可靠、风险共担、互惠互利等综合功能，以亲缘、地缘为中心的人际关系网络成为民间经济活动最根本的信用基础。而现代金融规则、技术化的融资工具、信息化的信用方式，使社会成员之间的市场交易半径大为扩展，交易主体的广度得到空前的扩展，甚至扩展到与自己根本没有任何接触的人群，这些与乡土社会、传统风俗和人们的交易观念严重疏离。人们更偏好于直接的利益兑现、更稳妥的投资和生息方式、熟悉的交易对象和习惯，倚重熟人社会的人身信任和宗族纽带等关系。据调查显示，即使在打击金融“三乱”的活动之后，互助性质的合会仍然非常普遍，一方面这是地区文化传统习惯的原因，另一方面也充分反映出利用人际关系的融资方式和人情放贷在中国具有广泛和深厚的市场需求和生存基础。这些带有浓厚中国文化印记的伦理传统和乡土社会中的信用关系在我国转型社会某些地区仍将长时间存在。

第 4 章

牧区草原文化与民间金融发展

本章首先从文化的定义与特征入手，其次介绍牧区草原文化的起源、内涵及现代意义，最后分析了牧区草原文化对民间金融发展的影响。

4.1 文化、乡土文化的定义及特征

4.1.1 文化的定义与特征

文化是指人类在社会实践中所获得的能力和创造的成果。文化有狭义和广义之分。广义而言，文化包括人类在社会发展过程中所创造的物质和精神的生产能力以及物质和精神的全部产品，即人们常说的物质文化、制度文化和精神文化三个方面。狭义而言，文化指人类的精神生产能力和精神产品，包括知识、信仰、道德、价值观念、习俗、教育、科学、艺术、卫生、体育以及个人作为社会成员而获得的能力和习惯在内的复杂整体。物质文化代表的是“器”文化或“硬”文化，而制度文化和精神文化属于“软”文化。

从文化生成和发展的历史来看，其内在特性有以下几点：

第一，习得性。文化是后天习得的，是通过与他人的相互作用而学习到的，人类都是从自己的父母亲以及自己所在社区的其他人那里学到文化的。文化通过代代相传的社会化学习过程而得以传承。对于文化的学习不但使社会文化得以延续，而且通过提供学习的社会环境和人文环境，使个体在学习的过程中得以适应环境。

第二，共享性。文化是可以共享的，它不单单是一种个体特征，在某种意义上，它是为某些群体所共有。当将一种思想、一种行为或一件事情定义为文化现象时，它肯定被群体中的人们所共同接受和分享，被这一群体倡导和实践。

第三，约束性。文化通过一定的载体形成后，就会不依赖于某个人而独立存在。在特定的社会情境中，文化会直接影响甚至决定人的行为。一般来说，文化会提供相对宽松的环境，个体在其界限之内有发展的自由度，只有在超越这个界限时，才会感到其约束力。但是，人类并不是被动地受到文化的制约，人在学习文化、适应文化的同时，还在积极地发展和创造文化。

第四，差异性。文化的差异性，也就是文化的个性。由于社会条件、自然环境、经济水平、社会制度等的差异，形成了世界上丰富多彩的文化种类。在生活中我们随时随地可以感受到不同文化群体的文化差异，可以表现为宗教信仰、语言、家庭结构、教育模式等的不同。这种文化的差异性不仅存在于不同的文化单元中，也存在于同一文化单元中。由于个体的教育水平、生活经历、人际关系的不同，个体所接受的文化的整合和强化程度也不尽相同，对文化的了解和理解就会不同，文化在每个人身上的表现和发展也不一样，因而在同一文化单元内，会呈现出各种各样的性格和行为等。

第五，共同性。文化的差异性并不否定文化的共同性，文化既有个性也有共性，人类文化共同性的基础建立在人类生存环境的有限及人类在生理构造的相似上。所有的社会人都有相同的最基本的生理需求和相近的社会需求，都以生存、繁衍为社会最基本的功能。人类在其进化和发展的过程中，都具有在不同的文化之间寻找文化普遍性的内驱力。

4.1.2　乡土文化的定义与特征

乡土文化也称为“地域文化”，主要是指一个地区长期积淀形成的群体意识、价值观念、精神风貌、行为规范和管理方法等非物质性因素的总和。乡土文化是以空间为前提的复合文化的分布，是类型文化在空间地域中的凝聚和固定，是研究文化原生形态和发展过程的、以空间地域为前提的文化分布。文化可以划分为三级：文明范式—文化类群—文化区间。文明范式是地域文化中最大的类型，如中华文明、西方文明、伊斯兰教文明等。文化类群的范围和规模小于并从属于文明范式，如齐鲁文化、巴蜀文化等，均属文化类群的范围。最小类别的是县域文化，基本上归于文化区间的范畴。

乡土文化属于文化区间的范畴，它影响着人们的行为活动、情感思想、思维方式、价值取向，风俗习惯、生活关系、制度安排等，它对经济社会发展的作用不可估量。乡土文化具有以下特性：

第一，时空上的传承性和兼容性。不同区域之间的文化之所以有差异，首先是因为他们在历史长河中承继了不同的传统文化，或在承继相同传统文化的过程中各自吸纳了不同的其他文化，因为没有哪一种乡土文化是完全排外的。乡土文化就是在这种既继承传统文化又吸收新文化的过程中发展的。

第二，本质上的地域性和同化性。正所谓“一方水土养育一方人”，这就是乡土文化的地域性和同化性表现。例如初次踏上异地他乡，也许会强烈感觉到一种不同的文化氛围。无论是从看到的街道建筑，还是从听到的方言土语，都有一种从未有过的新鲜感。中国人含蓄内敛，美国人开放热情；北方人豪爽大气，南方人细致精明。这些其实都说明了乡土文化的地域性。此外，如果离开家乡到异乡工作学习或生活，久而久之，就会受到当地文化的耳濡目染，学会说当地的方言，习惯当地的菜肴和生活方式，逐渐改变过去的语言、习惯和生活方式，所谓“入乡随俗”，这就是乡土文化的同化性。

第三，内容和形式上的可塑性和创造性。任何一种乡土文化其实都是在不断地发展，在发展的过程中，表现出文化的可塑性和创造性。从物质文化领域来看，这种开放性表现为形式的日益丰富，内容的不断充实；从制度文化领域来看，这种开放性表现为制度的不断拓展，内容的日趋合理；从精神文化领域来看，这种开放性表现为思想的不断深化，理念的不断升级。正是由于乡土文化的这种开放性，产生了乡土文化的可塑性和创造性。事实上，任何一个区域的文化都不可能是完全封闭的，在文化的交流和互动当中，乡土文化与乡土文化之间，乡土文化与民族文化之间，乡土文化与国家文化之间，总是进行着精神和物质的交换，这种交流和互动促使文化从形式到内容上进行着重塑和创造。

4.2 草原文化的起源与发展

草原文化是中华文化的主源之一。关于中华文化起源问题，学术界已有很长一段时间的研究，并经历了一个不断完善、深化的过程。起初，学术界大多坚持“一元说”，即认为中华文化起源于黄河流域，然后渐次向四周、特别是向南北扩散的，这就是影响深远的“黄河文化说”。这一学说认为，黄河文化是中华文化的唯一源头，其他文化无非是黄河文化的延伸或支系。但随着研究的深入，特别是随着大量新的考古发现，人们逐步认识到黄河文化并不是中华文化的唯一源头，在广袤的中华大地，还有一些地方同黄河流域一样，也是古老中华文化的发祥地。由此，中华文化多元一体说开始兴起并逐步成为学界的重要共识。在这种多元一体说中，黄河文化、长江文化是最被看重的中华文化两大源头，而其他文化很难与这两大文化相提并论。事实上，丰富的考古资料和已有的研究表明，在草原文化发祥地的我国北方，不但分布着丰富的早期人类活动的印迹，如大窑文

化、萨拉乌苏文化、扎赉诺尔文化等，而且拥有很多可以认证中华文明起源的文化遗存，如兴隆洼文化、赵宝沟文化、红山文化等。这些文化遗存，以其丰富的内涵一再向人们传递着这样一个信息，即中国北方草原是“中华文明曙光升起的地方”①。第一个敏锐捕捉到这一信息并做出系统解读的是著名考古学家苏秉琦。苏秉琦当时虽然没有使用草原文化这一概念，但他对西辽河流域文化的阐述，同今天所指的草原文化是完全一致的。苏秉琦指出：在史前时代，北方地区氏族社会在当时居于领先地位。距今 8000 年的赤峰兴隆洼文化，已到了由氏族向国家进化的转折点，其文明起步超过了一万年。在距今 7000 年的赵宝沟文化遗址，发现刻有猪龙、凤鸟和鹿的龙纹陶尊，说明社会分化已达到一定程度。而在中原地区所发现的这类最早的艺术神器，是距今 6000 年的河南濮阳西水坡的龙骨堆塑，要比前述文化约晚 1000 年。距今 5000 年的红山文化，则标志着这里已率先由氏族社会跨入古国阶段，以祭坛、女神庙、积石冢为标志，产生了我国最早的原始国家。在距今 4000 年前，我国中原、关中、山东、西南、江南等地区，也逐步相继进入古国时代，中华大地上出现了万国林立、满天星斗式的局面。在苏秉琦之后，随着研究的深入，人们还相继确认了孕育“红山文化”的北方地区还是中华“玉文化”“龙文化”“礼仪文化”的发祥地之一。通过兴隆洼遗址浮选，有人还提出，黍、粟的起源不在中原地区，而很可能在中国的北方，即现在的内蒙古地区。

草原文化是中华文化的重要组成部分。草原文化在中华文化中的地位，不仅体现在它是中华文化的主源之一，而且体现在它是中华文化的重要组成部分。从地域文化的角度来讲，中华文化大致上是由三大地域文化组成的，即黄河流域文化、长江流域文化和草原地区文化。其中，草原文化区域分布之广，是其他两大区域文化不可比拟的。关于草原文化的区域分布问题，目前学术界还没有统一的界定。泛指的草原文化是世界范围内的概念，大致分布在北纬 40 度至 50 度的广大地区。而本文探讨的草原文化，是一种特指的草原文化，是作为中华文化重要组成部分的草原文化。这种特指的草原文化，主要分布在中国的北方地区，历史上包括整个蒙古高原。对这种草原文化的分布，也有几种说法：一种意见认为，草原文化主要分布在东起大兴安岭，西至阿尔泰山的整个蒙古高原地区；另一种意见认为，从东北沿蒙古草原到西北的宁夏、甘肃北部、新疆以至藏北高原，即长城以北的广大区域，通称为北方草原地区。也有人认为，以 400 毫米等降水线来划分，降水线以北的地区为中国北方草原地区。总之，从区域构成来看，草原文化分布的区域毫无疑问是中华文化分布最广的区域。从文化类型上讲，中华文

① 苏秉琦．中国文明起源新探［M］．沈阳：辽宁人民出版社，2009.

化由三大类型文化组成，即北部的游牧文化，中部的农耕文化、南部的游耕文化；或者，中部的粟作文化、南部的稻作文化。其中，北部的游牧文化独具特色，也是草原文化的主导文化。而中部、南部的两大类型文化，说到底还是农耕文化。因此，草原文化在中华文化组成中的地位是显而易见的。如果中华文化之中只有黄河文化、长江文化，或者只有农耕文化和游耕文化，而没有草原文化和游牧文化，那将是很不完整的，也不符合中华文化建构历史。

草原文化是中华文化发展的重要动力源泉。中华文化源远流长、长盛不衰，自建立编年史以来，其历史的延续就从未中断过，这在各文明古国中是绝无仅有的。造就这种独特而伟大的文化发展现象的重要原因之一，就在于它多元一体的内在建构。因为只有“多元”而没有“一体”，就会出现四分五裂、一盘散沙状况，而只有“一体”而无“多元”，就会缺失生机与活力。辩证法则和历史逻辑就这样统一于中华文化生命机体之中，使之永葆青春和活力。而在这“多元一体”的内在建构中，草原文化以游牧民族特有的豪迈、刚健的气质和品格，不断为中华文化的发展兴旺增添生机与活力，一次又一次地实现新的变革与发展。因此，从这个意义上可以说，一部中华文化发展史，差不多就是北方草原游牧文明与中原农耕文明交互作用、融会贯通、共同繁荣的历史。草原文化和黄河文化的碰撞与交融，主导了中国古代历史发展的进程。从秦朝统一到鸦片战争的 2000 多年间，中国古代历史的每一个重要发展时期，都伴随着草原民族的身影。草原民族在中原地区建立的割据王朝和统一王朝有 20 余个，统一时间累计 1000 余年。在中国古代历史上，真正结束王朝割据时代的是北方草原民族，即蒙古民族建立统一的元王朝之后，中国历史上再也没有出现大的王朝林立时代。这也是北方草原民族对中国多民族统一的历史进程做出的最杰出的贡献之一。

4.2.1 草原文化的起源

草原文化是中华文化的重要组成部分，主要分布在我国的北方地区，是中华各区域文化中分布最广的区域文化。历史上，在中原地区建立统一农业区政权的同时，北方草原上的匈奴、鲜卑、柔然、突厥、契丹、蒙古等游牧民族也相继建立了统一游牧区的政权。自战国时代到秦汉时期，匈奴族在北方草原崛起，建立了统一北方草原的强大政权。西晋以后，北方草原民族向中原内地迁移并建立政权，我国进入了“五胡十六国”时期。在东晋时期，鲜卑族逐渐壮大，入主中原，建立了北魏政权。五代之际，契丹族统一北方，建立了辽政权。此后女真人在北方崛起，推翻了辽、北宋政权，建立了金。在元、清两朝，蒙古族、满族不仅统一了北方草原地区，而且建立了包括大江南北、长城内外的疆域空前广阔的

统一政权，巩固了统一的多民族国家。在此期间，草原文化通过与中原文化长期碰撞、交流、吸收、融合，今天已经演变成为以内蒙古自治区为主要集聚地、蒙古族文化为典型代表、历史悠久、特色鲜明、内涵丰富的文化体系。在文化类型上，这个以北方游牧文化为支撑的草原文化体系，与中部的农耕文化和南方山地游耕文化一起构成我国三大类型经济文化区。草原文化不断参与中华文化的构建与发展，积极地融入博大精深的中华文化体系之中，三大文化相互交融辉映，使中华文化成为一个多元一体、丰富耀眼的文化体系。

中国的许多学者认为，北方长城地带游牧文化的出现，或者游牧专业化的转型应该是在春秋战国时期。王明柯[①]认为，春秋晚期，鄂尔多斯地区部分从事混合经济的人群开始向游牧专业化转型，其原因有可能是他们已经从阿尔泰地区的游牧民族那里学习了游牧观念和技术，到了战国时期，已经形成游牧的生计方式。王明珂还以大量考古学上的证据，论证了在新石器时代到青铜器时代，鄂尔多斯及其邻近地区受到青藏高原抬升运动的影响，形成了这一地区的干旱和半干旱气候。气候的变化导致这一地区生态环境的变化，缺少水资源或水资源不稳定是游牧流行地区的主要环境特征，中国北方的游牧地区也不例外。可以推断，生态的变化即水的减少导致干旱地区和半干旱地区的形成，这是草原游牧文化形成的外部原因。

乌恩岳斯图[②]认为，中国北方游牧业的形成是在春秋中期偏早，而且有可能是在中国境内独立产生的，甚至在整个欧亚草原也是游牧业发生的最早中心之一。进入青铜器时代，我国中南部和东南部分别出现了朱开沟文化和夏家店下层文化。此后气候向干冷期转变，尤其是西部地区的变化最为明显。人们不得不减缩农业生产并逐渐转向畜牧业，一些具有游牧特征的器物开始出现。这些从半农半牧状态中分化出来的游牧民族大批进入北方大草原后，当地原有的居民也迅速由狩猎转为游牧经济。

林沄[③]认为，北方长城地带的游牧文化的最终形成是在战国中期，与游牧的北亚蒙古人种的大批南下有关。我国北方边疆的游牧民是随着中原势力的扩张被驱逐到草原地区的戎狄的后代，他们在草原上由狩猎——农业混合经济转向游牧经济。因此，最早出现的不是游牧部落，而是以牧为主、农牧结合的畜牧民族。随后，整个社会经济的发展为进一步扩大分工创造了条件，才出现了专以畜牧为主、逐水草而居的游牧民族。草原游牧文化的形成与当时的社会政治背景、农耕

① 王明柯．游牧者的抉择：面对汉帝国的北亚游牧部族［M］．桂林：广西师范大学出版社，2009.

② 乌恩岳斯图．北方草原考古学文化研究：青铜时代至早期铁器时代［M］．北京：科学出版社，2007.

③ 林沄，林沄学术文集［M］．北京：中国大百科全书出版社，1998.

文化在长城地带的进退消长有关。可以推断，草原游牧文化的兴起应该是在游牧混合经济时期，也就是说，游牧经济是从农牧混合经济中分离出来的。凿刻在山巅危崖或幽谷陡壁上的古朴的阴山岩画向人们展示了牧人的生活图画：牧马、牧羊、牧牛，动物排列有序，这是描述游牧文化的活化石。在内蒙古自治区以及陕西省神木县境内，出土了战国晚期到汉初的墓葬的以动物为文饰的青铜器、青铜武器以及车马器。游牧养畜业的兴起是在青铜文化的背景下展开的。马被认为是草原游牧民族的象征，马的驯化和传播是欧亚草原游牧业兴起的关键。墓葬中多有马、牛、羊骨随葬，而不见猪骨。夏家店上层文化是典型的北方青铜文化，年代相当于西周到春秋战国时期，出现了大量的马、牛、羊骨骼，表明蒙古草原开始进入游牧时代。已经发现的大批墓葬中的辛店文化和卡约文化都有驯牲的习俗，以牧羊为主。在青海湖以西的诺木洪文化遗址中，出土了大量兽骨和毛皮制品，晚期还发现了大型的圈栏和牦牛骨骸。经考古学分析，当时的先民已经具有长期流动实践和熟练的游牧技术。

4.2.2 草原文化的继承与发展——蒙古族文化

（1）蒙古族的产生

自匈奴兴起至成吉思汗的1400多年间，蒙古地区的历史大抵可分为四个时期：公元前3世纪至公元1世纪是匈奴兴盛期；2～6世纪是鲜卑和柔然称雄时期；6～9世纪是突厥和回鹘时期；10～12世纪是契丹、女真统治时期。蒙古族始源于额尔古纳河流域的一个部落，以“蒙兀室韦”之名初见于《旧唐书》。公元840年，回鹘汗国崩溃后，这个部落大部分向西迁移，逐渐和留在蒙古高原的突厥族居民相融合。语言方面，受突厥语的影响开始向蒙古文字发展，经济生活也受突厥族的影响，从游牧过渡到以游牧为主。

12世纪，这部分人子孙繁衍，氏族支出，逐渐分布于今鄂嫩河、克鲁伦河、土拉河三河上源和肯特山以东一带，组成部落集团。其中较著名的有乞颜、札答兰、泰赤乌、弘吉剌、兀良合等民族和部落。当时与他们同在蒙古高原上的有游牧在今贝加尔湖周围的塔塔儿部，住在贝加尔湖东岸色楞格河流域的蔑儿乞部，活动在贝加尔湖西区和叶尼塞河上游的斡亦剌部。这些部都使用蒙古族语言。另外，还有三个信奉景教的突厥贵族统治的蒙古化的突厥部落，即占据回鹘汗庭故地周围的克烈部，西面的乃蛮部和靠近阴山地区的汪古部。这些部落按其生活方式和发展水平，大致分为“草原游牧民”与“森林狩猎民”两类：第一类包括久住原地过游牧生活的突厥诸部，还有后来迁入接受突厥影响、完成向游牧生活过渡的蒙古诸部；第二类是留居森林地带，主要从事狩猎的诸部。

随着畜牧业生产的发展，出现了阶级分化。阶级对立代替了氏族的平等关

系。富裕者从氏族中分离出来，称为“那颜”的游牧贵族，他们占有众多的牧畜，握有支配牧场的权力，一些强有力的游牧贵族还在身边聚集一批称为“那可儿”的军事随从。一般牧民称为“哈剌出”，由原来有平等权利的氏族成员变为向贵族纳贡服役的依附者。此外，还有因被俘掠或其他原因沦为奴仆地位的人，他们被称为“孛斡勒”。

1206年，铁木真在斡难河畔举行的忽里勒台（大聚会）上被推戴为蒙古大汗，号成吉思汗，建立了蒙古国。蒙古国的建立，对蒙古族的形成具有很大意义。从此，中国北方第一次出现了一个强大、稳定、统一的民族，即蒙古族。他们统辖的漠南地区、漠北地区，统称为蒙古地区，此地区各个部落的居民，统称为蒙古人。蒙古族开始从辽、金时期（916～1234年）的被统治的民族成为统治民族。在成吉思汗的率领下，1219～1260年，蒙古族三次西征，先后建立横跨欧亚的窝阔台、察合台、钦察、伊儿四大汗国。在西征的同时，又挥师南下。从成吉思汗到忽必烈，历经70余年征战，统一了中国，建立元朝。其疆域北至西伯利亚，南至南海，东北至乌苏里江以东，西南包括云南，都纳入元朝国家的行省建置。元朝设置宣政院，首次对西藏进行直接管辖。又设澎湖巡检司管澎湖和台湾。元朝对确立现代规模的中国版图做出了巨大贡献。

13世纪，蒙古高原的统一彻底打破了原有的民族、部族格局，结束了蒙古高原数千年民族、部族纷争的历史，同时也促进了草原文化的大融合，使整个草原文化的发展成为一个整体。蒙古族由最初的一个弱小部族发展壮大成包括大量不同氏族、部族和民族的共同体。与此同时，蒙古族也将草原各民族的文化融合为一体，吸收、消化了以往草原民族文化的全部精华，浓缩了草原文化的基本特征，在此基础上形成了既具有民族特色，又具有时代特征的文化形态。自元朝之后，蒙古高原在其后的封建社会时期内，蒙古族再没有出现大的分裂。13世纪形成的蒙古族文化，吸纳整合了以往草原文化的全部历史积淀和精华，形成了较强的凝聚力。正是因为蒙古族在草原历史文化中的典型性和代表性地位，13世纪之后的“蒙古”一词，已经成为国际上表述草原人及其生活方式、地理空间、动植物种属和草原文化的基本概念，蒙古马、蒙古包、蒙古高原、蒙古草原、蒙古人种等，表明蒙古族在世人的观念中已成为草原和草原文化的代名词。

由于南下和西征，蒙古族民众被征调各地，因此，蒙古族的分布遍及全国。元至正二十八年（1368年），元朝灭亡，残余势力退居蒙古草原。蒙古分为东西两部，东部蒙古游牧于漠北和漠南，其首领为元室后裔，被视为蒙古的正统。游牧于漠西的瓦剌部（即原斡亦喇部）被称为西蒙古，与东蒙古有姻亲关系。15世纪，蒙古南北被达延汗重新统一。明末清初，蒙古处于分裂割据状态，以大漠为界，分为漠南蒙古、漠北（喀尔喀）蒙古、漠西（厄鲁特）蒙古三部分。漠南蒙古西部的俺答汗与明朝修好，发展贸易关系。俺答汗驻地库库和屯（今呼和浩特）修建城郭，商旅发达，成为漠南蒙古地区政治、经济、文化中心。清朝为了扫除后方的威胁，大举用兵，花了一个半世纪的时间统一了蒙古各部，实施盟旗制度，加强了对蒙古族的统治，保证了蒙古族地区的稳定与发展。

自元代以来，蒙古族在中国的政治、军事、经济、科学技术、天文历算、文化艺术、医学等各个方面都做出了重大贡献。畜牧业是蒙古族长期赖以生存发展的主要经济。此外，他们还从事加工业、农业和工业，现在很多蒙古族以农耕为主。蒙古族善于歌舞，民歌分长短调两种，主要乐器是马头琴，喜爱摔跤运动。蒙古包和勒勒车是他们游牧生活的伴侣。蒙古族有自己的语言文字。蒙古语属阿尔泰语系蒙古语族，有内蒙古、卫拉特、巴尔虎布利亚特三种方言。现在通用的文字是13世纪初用回鹘字母创制，14世纪初，经蒙古学者却吉斡斯尔对原有文字进行改革，成为至今通用范化的蒙古文。

1947年5月1日，内蒙古自治区成立。蒙古族现在大部分分布在内蒙古自治区，其余分布在新疆、青海、甘肃、辽宁、吉林、黑龙江和蒙古国等。其中云南有1.3万人，聚居在通海县新蒙乡，分中村、下村、白阁、交椅湾和陶家嘴5个自然村，是元朝初年随忽必烈征战遗留在云南的蒙古族后裔。通海蒙古族从祖国西北大草原来到云南高原的通海杞麓湖畔、凤山脚下，已有740多年的历史。700多年来，与各族人民和睦相处，友好往来，凭自立自强的精神和民族凝聚力，战胜各种艰难险阻，把杞麓湖之滨、凤凰山之麓建设成了“鱼米之乡”。

（2）蒙古族文化的产生与发展

蒙古高原及其周边地域，自古以来就是阿尔泰各民族生息繁衍的空间，历史上曾经涌现出大大小小数十个民族。共同或相近的生产生活方式，决定了他们之间有着相同或相近的文化基因，从而使他们创造了以相同或相近的价值取向、审美尺度为基础的文化类型——以游牧为典型特征的草原文化。草原文化成为他们相互认同和交流的天然纽带，并为他们奠定了文化交融和继承的基础。

草原文化在蒙古高原各民族间的传承主要通过两种方式完成的：一种传承方式是相互间的文化传播。一些曾经占统治地位的民族文化往往成为一个时代的主流文化，对于弱小、落后民族产生极其深远的影响。匈奴人的制度文化在草原上延续数千年；柔然人发明的可汗称号，成为此后所有草原政权最高首领的称谓；突厥人的基督教信仰、回鹘人的摩尼教信仰在蒙古族文化中得到积淀；回鹘文字成为蒙古文字的模板。另一种传承方式则是民族融合。民族是一个历史范畴，是文化共同体，而非单一的血缘统一体。在历史上，蒙古高原各民族间融合的现象十分频繁。

历史上以蒙古高原为中心所形成的草原文化是一个整体，是世代生息繁衍在这一区域的各民族共同创造的，每个民族都对其丰富和发展做出过贡献。因此，对草原文化的研究，绝不能割裂各民族文化与草原文化之间的传承关系。之所以说蒙古族是草原文化的集大成者，主要基于两个基本原因：其一，蒙古族文化浓缩了自匈奴以来所形成的、以游牧为典型特征的草原文化的所有基本要素；其二，蒙古族文化的形成是草原文化发展到特定历史阶段的必然结果，是草原文化逻辑进程的延续。如果将13世纪前的各个草原民族文化比作条条支流，那么，草原文化在13世纪则汇成了滔滔江河，而这一历史性的使命是由蒙古民族完成的。这里既有的量的积累，更有质的飞跃。它在精神文化层面具体体现为：

第一，蒙古族恪守并发展了草原文化的基本精神。在人类发展史上，每一个地区、每一个民族都会根据自己对大自然和人类社会的理解和认识，形成以宇宙观、价值观、审美观和道德观为核心的文化精神。文化精神一旦形成，就会具有较强的稳定性，犹如儒学在中原、基督教在欧洲，都会长期影响和指导人们的思想和行为。如果从这一角度理解，文化传承主要指某种文化内在的精神及其诸要素在特定区域和民族中的继承和发展。

第二，古代草原文化精神体系中最稳定的要素之一，就是以“腾格里”概念为核心的宇宙观。在自然领域内，它代表了草原民族对宇宙、日月星辰、四季轮回等自然规律的认识，其中不乏人们对大自然的感恩情节。在意识形态层面，它反映了人们对社会秩序的理解，从匈奴帝国开始，“撑里”—“腾格里”—“天”成为草原民族意识的支撑点。虽然各个民族在不同时期信仰过不同的宗教，但每一个草原王朝的最高统治者们都把自己视为“天之子”。在以成吉思汗为代表的蒙古君王的诠释中，“腾格里”与数千年来草原民族沿袭的观念既有外在的共性，也有内涵上的差别。它已经不仅被看作是民族神或国家神，而是普世之神，这说明“腾格里”概念已经超越了狭隘的民族的、血缘的局限性，已成为世界新秩序的代名词。蒙古族不仅继承了草原古老的“腾格里”思想，更为之赋予了时代的内涵，产生了质的飞跃。

第三，英雄主义也是草原文化一以贯之的人生观、价值观和审美观的浓缩，是草原文化的典型特征之一。草原民族敬仰英雄，在古代草原民族中，英雄被视为个体价值与社会责任的统一体，是公共道德的化身。英雄在草原民族中享有极高的社会地位，受到人们的普遍拥戴。蒙古族汇集了草原民族的英雄文化，并使之更加完善。成吉思汗提出英雄“在平时应像牛犊般地驯顺，战时投入战斗应像扑向野禽的饿鹰”。他们认为：英雄不是力量出众的莽汉，也不是独善其身、恃才傲物的众叛亲离者，英雄必须是顾及群体利益、与群体休戚与共的人，是不畏强暴、知难而进者，直到为理想献出生命者。“英雄”在蒙古民族中已经成为具有普遍意义的道德范畴。

今天的蒙古族仍然传唱着500余部英雄史诗，在世界各民族中，这是一个十分罕见的现象，足以证明蒙古族对英雄文化的敬重。如此众多的英雄史诗应当是历史上不同时期、不同民族和部族史诗在蒙古族中间的积淀，近年来一些学者已经尝试在史诗中寻找乌孙、柔然等民族历史的痕迹。正如史学界通过荷马史诗印证了希腊早期历史一样，在蒙古史诗中，也一定保存着大量早期游牧民族的历史记忆。许多研究成果都从不同方面证明了蒙古族是草原文化的集大成者。草原文化的核心理念在蒙古族文化中不仅得到了完美的体现，而且得到了全面的升华。例如，崇尚自然的生态观是伴随着游牧生产而诞生的，但蒙古族是第一个将生态保护意识由民间习俗禁忌转变为国家系统的法律法规的民族。开放是草原民族文化的基本特征，元朝所实施的宗教信仰自由、各民族文化平等、不以种族和文化背景为标准使用人才、符合中国多民族共存实际的历史观等系列政策，说明了草原文化的开放。开放是元朝草原文化时代精神的显著特点，这标志着蒙古族将古代以游牧为特征的草原文化推向了发展的顶峰。

蒙古族将草原历史文化、区域文化和民族文化融为一体。自匈奴至成吉思汗统一蒙古高原，在1000余年的历史进程中，草原及其周边区域先后涌现出了匈奴、乌桓、鲜卑、柔然、吐谷浑、铁勒、羌、羯、突厥、回鹘、党项、契丹等数十个大大小小的民族，他们作为草原文化的创造主体，都为草原文化的丰富和发展做出过自己的贡献。由于历史的原因，有些民族消失了，有些民族则放弃了传统的生产生活方式，融入了其他文化体系，但他们所创造的精神文化却沉淀于蒙古族文化之中，通过蒙古族得以延续。以语言为例，13世纪的蒙古语是以原蒙古语为基础，融合了阿尔泰各语族语言而形成的。由于阿尔泰各语族早期经济形态的差异，突厥语族语言中畜牧业词汇较为发达，蒙古语族语言中畜牧和狩猎业词汇均丰富。早期蒙古语言受到了突厥语族的语言文字的极大影响，也与通古斯语言有过融汇的过程。从事阿尔泰民族语言研究的学者指出：蒙古语族与突厥语族之间共用词汇达到40%，蒙古语族与通古斯语族之间的共用词汇达到30%。虽然目前还不能断言各语族语词相互之间的借用关系，但事实证明，历史上各语族之间发生过语言交融过程。一直到13世纪前后，蒙古人在佛经翻译时，还大量借用了畏兀儿词汇。语言的融汇本身就是文化融合的结果，因为每一个词汇的传递和接纳，都与该词汇所表达的生产技术、风俗习惯和思想观念有着必然的逻辑联系，各语族共用词汇在蒙古语中的大量积淀，说明与之相关的多民族文化要素也自然融汇于蒙古族文化之中，而该现象在其他阿尔泰语系民族中是没有的，这又证明了蒙古族文化是草原文化的汇集点。

在其他领域内也可以看到相关的例证。长调牧歌是蒙古族具有代表性的艺术形式，这种极富特色的歌唱形式至少在高车民族那里就已形成。元代蒙古族男人

的发式显然与东胡系统各民族的髡头习俗有着继承关系。鲜卑人、契丹人将正月初一至初七分别确定为一鸡、二狗、三豕、四羊、五马、六牛、七人的习俗，至今仍然在蒙古族民众中流传。盛行于匈奴、突厥、回鹘、契丹民族的“随日右旋之礼”“东向而拜”“朝拜日，夕拜月”“举事而候星月，月盛壮则攻，月亏则退兵”等习俗，同样也被古代蒙古人所恪守。此外，蒙古族对火的神秘功能的宗教阐释、以颜色确定方位的习俗与匈奴、突厥民族也存在着惊人的共性特点。总之，在蒙古族文化中可以看到大量早期草原各民族文化的影子，可以肯定地指出，13 世纪的蒙古族文化是草原文化经过再融合后形成的新型文化。当然，一些在草原上曾盛行的习俗，如突厥人的墓前立杀人石等，已被蒙古人逐渐遗弃。这说明蒙古族在继承传统草原文化时是有选择的，它超越了地域性和民族性，是对草原文化的全面升华。

从匈奴民族建立第一个统一的草原帝国的时代起，草原的历史文化就已经成为一个整体，那种隔断草原文化历史发展的连续性，将各民族历史文化与整个草原历史文化相互割裂的观点，显然是缺乏科学性的。可以肯定地指出：没有早期草原各民族文化作为基础，蒙古文化将是无本之木、无源之水，其辉煌的历史或许只能借助神话阐释。另外，如果没有蒙古族的继承和发扬，草原文化或许像历史上的匈奴文化、鲜卑文化、柔然文化、突厥文化、契丹文化一样，只是天际划过的一颗流星，只能在故纸中、博物馆里被人联想，难以光大并与时俱进。草原文化的典型特征通过蒙古族得以体现，草原文化的发展规律通过蒙古族得以延续。由于蒙古族对草原文化的继承和发展，使世人更深刻地感受到草原文化的价值，全面感悟到草原文化的生命力，系统体会到草原文化的发展规律。

4.2.3 继承草原文化的意义

草原文化是中华文化的重要组成部分。在我国长期的历史发展进程中，在历史发展的每个重要时期，草原文化都以其富有历史意义的内涵和精神特质，为中华民族的进步和中华文化的繁荣提供新的滋养，成为其繁荣发展不可或缺的内在因素。

（1）草原文化是现代文明建设的重要资源

中华文化是多元文化的统一，是中华民族智慧的结晶。作为中华文化重要一元的草原文化，是我国北方游牧民族适应草原生态环境创造的一种文化形态，是草原游牧民族在漫长的社会历史过程中逐步创造和积累下来的宝贵财富。近年来，经过考古发现和文献研究，越来越多的专家认为，草原文化与黄河文化、长江文化都是中华文化的重要源流，三种文化的相互碰撞、交流、吸收、融合，共同造就了光辉灿烂的中华文化。草原文化具有悠久的历史、丰富的内涵和独特的风格，蕴含着现代文明赖以传承的优秀文化遗产、精神资源和思想源泉，为现代文明建设提供肥沃的土壤、滋养和启示，对进一步增强中华民族的民族自信心和自豪感，增强中华民族的民族向心力和凝聚力，推动各民族的团结进步，实现中华民族的伟大复兴，都具有重要意义。

人类文明的发展是一个不间断的历史过程。由多个民族相继创造、具有悠久历史的草原文化，为现代文明建设留下了丰厚的历史文化遗产。在草原文化发祥地的北方草原，从远古开始就有早期人类活动的印迹。进入新石器时期，这里相继产生了拥有“华夏第一村”“中华第一龙”的兴隆洼文化、赵宝沟文化、红山文化等许多昭示中华文明起源的文明结晶，使草原文化在新石器早期近千年的历史时段，一直处于“先行一步”的前导地位，被誉为“中华文明曙光升起的地方”。人类步入文明社会之后，草原文化又积极进取，在建立政权、创制文字、建设都市、繁荣文学艺术等方面取得了一系列非凡的成就，涌现出了成吉思汗、耶律楚材、明安图、曹雪芹等一批举世闻名、迄今为止仍有广泛影响力的政治家、军事家、科学家和文学家，为丰富中华文化、推进中华民族发展进步做出了重要贡献。文化和文明具有传承性。草原文化留下的丰富遗产和文明积淀，不但曾在历史的天空光辉耀眼，而且时至今日，其积极、进取、优秀的特质仍然显示出智慧之光，成为中华现代文明建设的宝贵历史资源。

集中体现北方游牧民族性格和气质的草原文化是现代文明建设的宝贵精神资源。古代北方游牧民族，长期生活在“地涸泽碱卤，不生五谷”“木皮三寸，冰厚六尺”的干旱、寒冷气候条件下，又常常相互征战。这种特定的自然、人文环境，造就了草原民族吃苦耐劳的品格和自强不息、豪迈刚健的民族精神。而这种民族精神的内核和精华，时至今日，依然是包括草原民族在内的整个中华民族建设现代文明、实现民族伟大复兴的重要力量源泉。与此相应，游牧民族“逐水草而居”的生产生活方式，还培育出草原人民的豪放大气、宽容大度和博大胸怀，形成很有自信力的开放型文化心态。他们不但敢想敢做，还善于“走出去，请进来”，积极吸纳一切有益的新质文化，以推动民族发展进步。例如，在元时期以国家政权形式与世界交往的蒙古族，几乎将亚洲全部联合起来，开辟了洲际通路，不仅有力地推进了中国同中亚、南亚和意大利、法国等西方文化的交流，而且以世界历史舞台为背景，展示了草原文化兼收并蓄的开放特质。草原文化除上述自强不息、开拓进取的民族精神和开放胸襟外，还有诸如崇尚英雄、注重诚信、团结互助等多种有益于现代文明建设的宝贵精神资源，需要认真挖掘汲取，进一步发扬光大。

凝聚北方游牧民族智慧的草原文化是现代文明建设的重要思想源泉。草原文化是由生活在草原地区的匈奴、鲜卑、突厥、契丹、女真、蒙古等许多民族在不

同历史时期共同创造的。在这些民族的政治、军事、科学、艺术文化观念和体系中，蕴含着丰富的思想内容，反映出这些民族认识和对待人与自然、人与社会、人与人之间关系的基本态度和准则。其中，许多优秀思想和观念仍闪耀着人类智慧的光芒，依旧是推进现代文明建设的重要思想源泉。草原文化集大成者蒙古族，就一向重视“以法治事”，一方面，非常注重遵从各种习惯法，违背习惯法的人要受到严厉的惩罚；另一方面，又十分重视成文法，在制定实施成文法领域取得了很高成就。成吉思汗在登临汗位之际，即颁行《大札撒》法典，树立了“以法治事”的典范。再如“天人合一”的思想，应当说，“天人合一”是整个中华民族的思想结晶，是中华民族最完美的生态智慧。但作为草原文化的“天人合一”思想与中原文化的“天人合一”思想相比，又有着明显的特点。草原文化的“天人合一”观念，不仅把人当作“天”（自然）的一部分，而且把“天”（自然）当作敬奉的对象，以一种敬畏和爱慕的心情崇尚自然、爱惜自然。这一特点直接导致在处理人与自然的关系上，草原文化天然地把“天人合一”的理念变为行动的准则，将人与自然和谐相处发挥到极致。因此，在当代世界人类生产发展普遍面临日益严峻的生态环境的形势下，历史上以游牧文明为基础的草原文化这种固有的先进生态理念，更彰显出新的生命力和价值，实为不可多得的思想源泉。

（2）草原文化是现代文明建设的重要内容

深深植根于草原民族生产、生活实践的草原文化，既具有深厚的历史底蕴和古老的民族传统，成为迄今为止我国现代文明建设取之不尽、用之不竭的宝贵的历史文化资源，同时又以饱含现代文明内涵的丰富内容，融入我国现代文明建设的时代潮流。

在我国社会主义物质文明建设中，草原文化所蕴含和揭示的生态文明意义是十分突出和显而易见的。草原游牧民族由于生存的需要，崇尚自然，顺应自然的选择，珍爱草原和生灵，重视对草原、森林、山川、河流的生态保护，对生态保护积累了丰富而宝贵的经验。例如，为了防止草场的超载使用，将可利用的草原划分为四季营盘，以减少对草原原生态的破坏。传统的游牧、轮牧、休牧，实际上是一种对草原的自然的生态恢复的科学理念和做法。历史上还形成过一系列依法保护生态的法典。再如，牧民对河流的爱惜和保护，也有一套很好的做法和习惯。游牧民族对自然生态的良好观念和做法，对当代人如何处理好人与自然的关系，加强生态文明建设有深刻启示。近年来，我国北方草原、森林正在恢复，这是我国北方的一道绿色天然生态屏障。当今北方各族人民实践和创造的“围封转移”“轮牧休牧”“生态移民”等做法，无不都是优良历史传统在新条件下的继承和创造。

当今，草原文化在我国物质文明建设领域的作用越来越凸显，为我国地区经济和民族经济的发展注入新的活力。特别是在人们崇尚生态文明、绿色文明，重视提高生活质量的社会潮流的驱动下，以无污染、纯天然绿色产品大受欢迎。来自内蒙古草原的伊利、蒙牛、鄂尔多斯、鹿王、小肥羊、草原兴发、河套面粉等知名企业和产品，就是依托深厚的草原文化底蕴走向全国、走向世界的。更引人注目的是草原文化作为产业发展的前景更为广阔，草原文化已寓于草原地区文化旅游业、文艺演出业、文化娱乐业、新闻出版业、广播影视业、文博会展业、餐饮服务业等产业之中，成为草原地区经济社会发展新的亮点，表现出巨大的魅力、潜力和优势。

草原文化对社会主义先进文化建设有着深远影响。我国是统一的多民族社会主义国家，中华民族由56个民族共同组成。在当代中国，反映中华民族精神的先进文化，实质上就是民族的科学的大众的社会主义文化。草原文化作为重要的民族文化和区域文化，是中国先进文化的有机组成部分，是我国社会主义文化百花园中的一朵奇葩。作为今日草原文化创造主体的蒙古、达斡尔、鄂温克、鄂伦春等民族，是在中国共产党的领导下实现翻身解放的，也是在中国共产党的领导下走上了唯一能够给他们带来富强文明、繁荣进步的社会主义道路。因此，歌唱党的领导，歌唱社会主义，始终是当代草原文化高昂的主旋律，是草原各族人民的共同心声。同时，草原文化始终坚持以满足各族群众不断增长的精神文化需求为宗旨，坚持面向基层、面向农牧民，把丰富群众精神生活，提高民族文化素质，为群众喜闻乐见作为出发点和落脚点。一部草原文化史本身就是一部多民族相互依存、相互交融、共同繁荣、携手进步的历史。向来以“歌海舞乡”著称的草原文化丰富多彩的艺术形式和广泛深入的群众基础，为振奋民族精神、鼓舞团结进步，增强中华民族的凝聚力、向心力，发挥着特殊的、浓厚的熏陶力和感染力。

草原文化的现代文明意义，还表现在构建社会主义和谐社会的伟大实践中。历史和现实都证明，草原文化对于构建和谐社会的积极影响是广泛而深远的。以天人和谐相处为根本特质的草原文化，不仅包含着丰富的处理人与自然和谐相处的思想，而且有着具体的实践活动和实际经验。当以历史的目光审视辽阔的草地、森林千百年来对我国北方生态保护的巨大贡献时，人们不能不对草原文化中人与自然的和谐内涵有更深刻的历史感悟。草原文化对构建社会主义和谐社会的重要意义还在于它在认同和促进中华民族文化的历史进程中，那种博大、开放、吸收的精神和姿态对中华文化和自身文化有着深刻的影响。同时，中华文化对少数民族文化的不断延续和光大也起着推动作用。曾被周恩来总理誉为“模范自治区”的内蒙古自治区，民族团结，社会稳定，经济繁荣，人民安居乐业，呈现出

一派繁荣和谐的景象，为祖国建设和边疆安宁、社会稳定做出了重要贡献。这既是内蒙古各族干部群众在党的领导下，贯彻党的民族政策，坚持改革开放，不断开拓进取的结果，也是内蒙古作为草原文化的主要发祥地和传承地，受到草原文化长期熏陶的结果。

（3）草原文化是现代文明建设的重要形式

我国的现代文明建设，在坚持社会主义基本制度、基本政策和方向上是一致的、统一的，但由于各地的地理、资源、历史、文化、习俗等方面的条件不同，必然表现出形式上的多样性。从我国民族众多和经济社会发展不平衡的实际出发，我国现代文明建设，既要发挥沿海发达地区“先行一步”的示范和带动作用，又要加快中西部和边疆少数民族地区经济社会发展，推动人口占多数的汉族和地域分布广的少数民族共同实现现代化。这是社会主义现代文明建设的本质要求，也是全面建设小康社会、实现中华民族伟大复兴的必然结果。在我国民族地区和广大少数民族之中普遍实现现代化，就必须从所处的地理环境、资源条件、历史文化、民族特点等实际出发，依托和借助于地域的和民族的载体和形式，使我国现代文明建设既坚持社会主义的共同本质特征和方向，又具有地域和民族形式上的多样性。从这个意义上说，草原文化以其特有的风格，为我国现代文明建设提供了一种重要形式。例如，这些年我国北方的草原地区，正在开拓出一条既重视生态建设，又加快地区繁荣发展；既坚持开发建设，又促进民族和谐的发展道路和建设形式。

经济全球化和文化的多样化是当今世界发展的显著特征和趋势。经济全球化的趋势、各种文化相互交融的现状，促使人们不得不思考不同国家、不同民族文化的发展趋向问题。历史经验证明，清醒地把握现代文明发展的趋势，深刻认识多样化的文化交流互动，不同民族文化的相互吸纳，从而增强文化的创新能力，是人类文化发展的必然走向。文化多样性符合各民族发展自身文化的意愿，符合人类发现和选择多样性生存方式和发展道路的取向，合乎人类生存的基本原则。草原文化对于人类文化多样性做出了巨大贡献，其所特有的自然辽阔、雄浑奔放、委婉舒展的形式，经过长期的历史发展，具有相当的稳定性。保持和弘扬草原文化，不仅为中国特色社会主义先进文化建设增添了一份活力，而且也为有效抵御文化“西化”倾向，抵御“文化霸权”提供了有力支持。

我国北方草原的先民和许多民族经过数千年的不断创造和积累，形成了草原文化独有的特征。逐水草迁徙的游牧生产方式，穹庐顶的建筑，粗犷质朴和厚重协调的鄂尔多斯青铜器造型，简洁畅达的辽墓壁画笔法，展现天高地阔的《敕勒川》民歌，神奇的蒙古族长调、呼麦，以抖肩、揉臂和各种马步的蒙古族舞蹈，无不都是草原文化鲜活、生动、优美的基本形式。这些深受各民族人民喜爱和欢迎的艺术形式，是建设和创新社会主义先进文化需要的一部分，是繁荣和发展56个民族共同培育的中华文化百花园的重要组成部分。

草原文化的民族形式具有鲜明的时代性。以草原上千百年来盛行的那达慕来说，如今的那达慕已经被赋予了时代内涵，它所要展示的、表达的已经不单是草原人民的娱乐竞技，而是增强了文化与生产、商贸、旅游等经济生活的联系，增强了民族的团结与进步，实现了草原文化与现实生活的对接，凸显了民族、地域特有的文化。在现实生活中，草原文化中的节庆、祭祀、娱乐、餐饮、服饰、工艺、歌舞、文学艺术、历史遗迹、民俗等都实现了与现代文明的有机结合。草原文化以特有的方式吸纳了现代文明的成果，不断进行发掘、更新、重构，在更广泛的领域落地生根。草原文化与现代文明的紧密结合，使得传统内容得到了延伸、升华，原有的形式具有了品牌价值，实现了文化功能的提升，展现了草原文化作为现代文明重要载体的时代风貌。近年来，内蒙古自治区创办的“中国·内蒙古国际草原文化节”就是适应这一历史新趋势诞生的一种新的草原文化形式。

民族的也是世界的。不同文化的接触和交流，是文化发展的必要前提和重要动力源泉。新中国的成立，特别是我国的改革开放，为草原文化与国内外不同民族、不同地域的文化接触和交流开辟了广阔的舞台。多年来，草原文化的丰富内容和多姿多彩的形式受到世界的注目、赞叹和欣赏。草原歌舞在各地风靡，草原风情吸引了众多的目光。红山文化等历史文化遗址见证了草原文化也是中华文化的源头之一的事实，蒙古族无伴奏合唱和民族歌舞摘得国际乐坛上的金奖，乌兰牧骑走遍中国大江南北，草原的乳、肉、绒等产品享誉国内外。草原文化的对外交流，展示了草原文化蕴含着的无穷魅力，增强了对于草原文化重要性和深远影响的理解和认同。草原文化也是在不断地吸收升华中成就了草原文化的现代文明意义。

4.3 草原文化的内涵与特征

文化是一个特定社会中代代相传的一种共享的生活方式，这种生活方式包括技术、价值观念、信仰以及规范。人的生命是相对生物性而言的，而人的生活是相对社会性而言的。生活维持生命的延续，从生到死是生物必经的过程，但是生活却是从生物机体遗传下来的机能，是通过向别人学习而得到的生活方式。人刚刚脱离自然界的时候，他只是一个纯粹的自然物，后来在历史和文化的共同作用下逐渐转变为复杂的社会人。草原游牧文化是由草原游牧人创造并且世代传承和共享的生活方式，既包括他们创造的草原牧业的技术、整个生活方式及其所折射

出来的价值观、信仰观、审美观、哲学观等，也包括他们的人格精神。

文化生态学探讨环境、技术以及人类行为等因素的系统互动关系，以社会科学的方法分析特定社会在特定环境条件下的适应与变迁过程。美国文化人类学家朱利安·史图华阐述过生态学在人类学中的重要价值和地位。他认为："人类是一定环境中总生命网的一部分，并与物种群的生成构成一个生物层的亚社会层，这个层次通常被称为群落。如果在这个总生命网中引进超有机体的文化因素，那么在生物层之上就建立起一个文化层。这两个层次之间交互影响、交互作用，在生态上有一种共存关系。"[①] 这表明，文化层是通过生物层建立起来的，生物层和文化层这两个层次之间构成互动互存的关系。文化生态学家把文化纳入生态学的理论和概念之中，但是创造文化的是人，人既是生物的人，又是社会的人、文化的人，所以要把文化置于整个环境中去考察它的形成、发展的过程。在《中国·内蒙古第三届草原文化研讨会》上，与会学者经过讨论一致认为：草原文化是世代生息在草原地区的先民、部落、民族共同创造的一种与草原生态环境相适应的特有文化，这种文化包括草原人民的生产方式、生活方式以及与之相适应的特有风俗习惯、社会制度、思想观念、宗教信仰、文学艺术等。草原文化是一种从生产方式到生活方式，从观念领域到实践过程，是同草原生态环境相适应的一种文化现象，在文化类型上可以说是一种生态型文化。

4.3.1　草原文化的内涵

概括来讲，草原文化的内涵包括：

（1）草原文化是地域文化与民族文化的统一

作为地域文化，草原文化是指形成在我国北方草原这一特定历史地理范围内的文化。从古至今，不同民族、不同时期所形成的文化虽然不尽相同，但都是以草原这一地理环境为共同的载体，并以此为基础建立起内在的联系与统一性，形成统一的草原文化。这里的草原既是一个历史地理概念又是重要的文化地理概念，蕴含着特有的普遍象征意义。作为民族文化，草原文化是生活在这一地区的部落联盟、民族族群共同创造的，他们在不同历史时期创造了不同的民族文化形态，诸如匈奴文化形态、鲜卑文化形态、契丹文化形态等，但由于这些民族相互间具有很深的历史渊源和族际承继关系，因而草原文化从本质上讲是一脉相承的，是同质文化在不同历史时期的演变和发展。草原社会及其历史具有其固有的连续性和统一性，这种连续性和统一性表现在草原社会整合和一体化进程之中。草原上每一个游牧政治体、每一民族迁徙浪潮、每一场部族冲突，都是这个一体

---

① 朱利安·史图华．文化变迁的理论［M］．台北：台湾远流出版事业股份有限公司，1989.

化历史运动的部分。

（2）草原文化是游牧文化与多种文化的统一

草原文化是以草原自然生态为基础产生的，而在草原自然生态环境中，从古至今相继产生采集、狩猎、农耕、游牧、工业等多种文化形态。这些文化形态在不同历史时期从不同角度为草原文化注入新的文化元素和活力，使草原文化一开始就成为以多种生产方式为基础的多种文化集合，即游牧文化、农耕文化及其他文化的统一。其中，建立在游牧生产方式上的游牧文化是草原文化的主导文化，是草原文化区别于其他区域文化的主要标志之一。

（3）草原文化是传统文化与现代文化的统一

传统与现代既有互相对立、相互排斥的一面，又有借鉴和承继的一面。传统不走向现代，不吸纳现代性就没有出路；现代性不借鉴、承继传统，就缺失历史和文化的根基。在现代性的冲击和挑战面前，任何有生命力的传统文化，都必须做出自己如何存在与发展的回答。草原文化，作为中华文化中最具古老传统的地域文化之一，在吸纳现代文明因素、走向现代化的历史过程中，为各个地域文化做出新的样式。在草原文化各个领域，从生产方式到生活方式，从物质文化形态到精神文化形态，从思维方式到认知体系，从生活习惯到制度规范，传统和现代的东西无不在碰撞、冲突、相互吸纳的过程中形成新的统一，使草原文化成为传统文化与现代文化有机统一的整体。

4.3.2 草原文化的特征

草原文化可以归纳为以下特征：

第一，兼容并蓄的开放精神。游牧民族“居无常所，逐水草而居”的流动性生产生活方式，使他们能够广泛接触和了解不同地区、不同民族的文化，从而培育了游牧民族豪放大度的胸怀，使草原文化具有了兼容开放的文化心态。这种具有兼容并蓄特点的草原文化特性，衍生了草原文化对外来文化一直持开放的心态，不盲目地排斥并乐于接纳外来文化，使草原文化能够不断吸收外来文化的营养以丰富自身，最终实现与众多外来文化的融合与发展。如元朝《大札撒》（法规）中就有规定说：“对各教一视同仁、不分彼此。”① 这种对于各类宗教的宽容接纳心态，在世界文化史上实属罕见。蒙古族还积极吸收并接纳一切有益的新兴特质文化，并用以推动本民族进步和发展，如元朝的蒙古统治者忽必烈，不仅掌握着几国语言，而且对欧洲几何学产生了浓厚的兴趣，对基督教义也非常向往。蒙古族在与其他民族交往中，善于博采众家文化之长，积极吸纳其他的民族文

① 乌兰察夫．蒙古族无神论史［M］．北京：远方出版社，2001.

化。文字是文明成熟的重要标志，以文字为例，蒙古民族的突厥文、古回纥文、蒙古文和满文这四种文字与西亚地区的阿拉米亚文、中亚地区的粟特文有着渊源关系，而契丹文字、西夏文字则是借鉴汉字的基础上创立起来的。蒙古族游牧的生活生产方式，促进了草原文化与农耕文化的融合。日本的蒙古学家杉山正明认为，蒙古帝国是全球化的第一推动者，它确立了蒙古帝国是世界中心的显著位置。蒙古帝国连接了欧亚文化和经济，通过将白银作为流通货币，把中国江南地区的财富和蒙古的军事及其穆斯林商人的贸易有机地结合在了一起①。没有广阔的国际视野和兼容并蓄的宽广胸襟，是很难取得这样伟大成就的，这种跨越民族跨越文化的整合和交流能力，在中国古代历史上，任何一个行政政权是不可达到的。这都充分表现了草原文化兼容并蓄的开放精神。

第二，天人合一的生态伦理。与传统自然科学观念中的“人类中心主义”不同，草原文化体系中秉承了“生态伦理”的观念，其中心要义是强调人在向自然索取并利用自然的同时，对待其他物种确立了一定程度的尊重。草原上的生存环境相对平原要恶劣很多，游牧为主的生产方式对自然环境有着严重依赖性，在萨满教和藏传佛教教义中都存在“万物有灵”“众生平等”等思想观念，这些教义在很大程度上使草原文化表现出了“敬畏自然”“顺应自然”的生态伦理思想。游牧民族对草原的利用也可谓“取之有道”，在既满足生存和发展需要的同时，又尽量做到不损害自然，“人与自然应该是和谐统一”理念一直贯穿着整部草原文化史。草原民族不论是在畜牧业生产中还是在日常生活中，总是从整个生态系统的实际角度出发，把人、畜、草三者按照有机的整体统一起来考虑，这些特质完全能体现出草原民族尊重自然、遵循自然规律、合理利用自然、与自然和谐相处的原则。例如，畜牧业生产中实行轮牧，不同的季节追寻不同的牧场放牧，整年中多次迁徙，这样就基本能够避免了因乱牧和过度放牧而导致草场退化和沙化。蒙古族是一个崇拜火的民族，但蒙古民族也充分认识到了火对草原的巨大破坏力，在崇拜火、谨慎利用火的同时，从不引火烧荒，即使对空旷地的篝火都认真对待。此外，蒙古民族十分重视水源的保护。蒙古民族的传统取暖燃料是牛粪、马粪，他们在夏季把大量的牛马粪收集起来，做成粪饼晒干，以备冬季取暖和生活之需。这样做既满足了生活的需要，也很好地避免了牲畜粪便覆压草场、影响牧草的生长，而且又有效地避免了雨水浸泡粪便后对生活水源的污染。

此外，一个地区的宗教对社会基本的态度和价值观起着决定性的作用。在不同的文化中，宗教活动不尽相同，但他们都与各自的生活方式紧密相连。宗教起源于人对自然力的信仰：图腾崇拜、自然崇拜，它与自然保护的关系由来已久，

① 杉山正明. 忽必烈的挑战［M］. 北京：社会科学文献出版社，2013.

宗教思想注意在人和自然的协调中寻求内心的安详平静。在当前的新形势下，宗教界人士更自觉地把宗教活动与自然保护结合起来，建立宗教力量与自然保护力量的强大联盟，从而使宗教文化向生态文化的方向发展。在蒙古族游牧文化中，其喇嘛教所呈现的因果法则、慈悲心怀、对整体性的把握与调和的原则，自然地孕育了一套人、畜、草关系的生态哲学，此种哲学又在一定程度上促使人们维护与自然的平衡。

古代的蒙古族信仰萨满教，从 13 世纪元朝开始，蒙古上层改信红派喇嘛教，但广大牧民仍信萨满教。16 世纪后，许多王公贵族开始接受格鲁派喇嘛教，并积极在牧民中传播。清代特别是乾隆以后，政府对喇嘛教更采取全面保护和奖励的政策。清廷不仅鼓励各盟旗兴修大批寺庙，而且由皇帝亲自敕建庙宇。喇嘛教在蒙古游牧民族中流行起来，一直到现在在游牧地带喇嘛教仍为蒙古族的主要宗教信仰。

朴素的游牧生活方式奠定了游牧民族的世界观，对大自然的感性认识与理性思考也多以此为基础。放牧与狩猎在当时均需以集体协作方式进行，这对蒙古族的集体观念和互相协作精神的形成有决定的影响，他们所处的环境使他们同大自然融为一体。加之当时生产力水平极其低下，人类依赖于自然，就像儿童依赖引绳一样，如此形成顺服大自然的价值观。自古“长生天”就是蒙古族崇拜的最高对象和一切权力的来源。蒙古可汗们的诏书里，开头就用“长生天底气力”一语，在《蒙古秘史》一书里，有多处记载成吉思汗祭天祝祷之事。在当时的人看来，可汗受命于天，婚姻、事实要得天助，死后也要走上天路。为此人人敬天畏天，而不敢做背天之事。这是衡量人心的尺度，也是社会公认的标准。其宗教的宇宙观，形成了萨满教，此萨满教正是游牧文化的基础。佛教普及后，在蒙古人的心里，在天之上又加上了佛，也就是在原有的尺度上，又加上了佛教的教义与要求。即便如此，在喇嘛教得到国教的地位之后，萨满教的遗迹仍在民众的习俗中存在着。

萨满教是蒙古族等民族共同信奉的宗教，各民族的萨满教信仰开始于氏族社会末期。由于当时社会生产力的低下，人们对自然现象不理解，常常认为带来灾害的山川、河流、日、月、风、雨、雷等和人一样有生命、有意志，从而产生对它的崇拜，这种宗拜实质上是对自然力的崇拜。蒙古人的萨满教已发展到了神灵崇拜阶段，即认为一切自然物都有神灵主宰，神灵居于自然物内，崇拜的对象不是物体本身而是主宰这些物体的神灵，同时也对先祖的魂灵进行崇拜。萨满教中的“萨满”一词原意为“因兴奋而狂舞的人”，在鄂温克语中有“知晓”“通晓”的意思，以后逐渐演变为能够传达天意或能够与神灵沟通的人。

萨满教的自然神系统主要以无生命的自然事物和自然现象之神为主。在萨满

教的观念中，宇宙万物、人世祸福都是由鬼神来主宰的，所以，在萨满教的自然神系统中，天地神系统占首要地位。如地神，也称地母女，掌握万物生长，祈求丰收、保佑平安，因而要对它进行祭祀。天神（腾格里），即长生天，掌管人世间的万事万物。敖包，聚居多种神灵的地方，一般是在山岗、山顶、路旁等地用石块、沙土堆成圆形的土包，蒙古语直译为“堆”，是天神、土地神、雨神、风神、羊神、牛神、马神等神灵居住的地方，每年按季节举行祭祀仪式，由萨满司祭，他们祈求敖包保佑牧业生产。除此之外，土地、山川、丘陵、湖泊等均由各神灵分别掌管。在萨满教的自然观中，自然是神和人的观念体系，因而对自然的崇拜便有着一定的伦理基础和逻辑基础。正因为萨满教崇尚的是自然万物有灵论，并且常常把自然事物本身同神灵等同看待，因而对待自然往往是爱护有加，是自然而然的生态保护论者。所以，蒙古族具有优良的生态保护意识传统，这种传统反对对草原、森林、湖泊、河流的滥垦、滥伐和污染。正是在这种优良的传统意识的维护下，在蒙古族的游牧地带，能够保留下来“蓝天白云、草原森林、湖泊河流，一片绿色净土”的迷人画卷。佛教传入后，萨满教逐渐式微，许多王公贵族信奉了佛教，但是萨满教继续在民间流传，成为平民的宗教。萨满教观念的继续存在及表达，客观上是人们对人与自然关系一种朴素的自然哲学。

16世纪70年代，阿勒坦汗引入藏传佛教——黄教，并由土默特蒙古部落传遍整个蒙古地区。从明代末年到清朝中期，喇嘛教（黄教）在蒙古族地区非常兴盛。在蒙古的喇嘛教体系中所呈现出来的因果法则、慈悲心怀、整体性的探讨、调和的原则等，事实上孕育了人地关系中的一种生态哲学，此种宗教观又在一定程度上维持了自然的平衡。

第三，崇尚自然的和谐精神。游牧的生产方式在蒙古族中最具有生态特征。蒙古民族不仅将牲畜当作自然的一部分，还将它们当作敬奉的对象，这种敬畏自然、尊重自然的意识和情愫在蒙古民族原始宗教中都有充分的表现。蒙古族把天当成慈爱仁爱的父亲，把大地之神尊称作乐善好施的母亲，认为它们不仅给世间万物以生命，更是万物生灵的看守者。蒙古族对万物有灵观念是发自内心的自然崇拜，在客观上触发了人与自然和谐相处的生态观念。正如著名历史学家汤恩比在《历史研究》一书中指出的那样：“要将自然从人类的技术活动所造成的破坏状态中拯救出来，需要人们皈依一种广义的‘宗教’，回到古代亚洲东部的多神教，即万物有灵论，或者回到对自然界抱有宗教心情无神论宗教，如佛教、道教。”①

第四，追求自由的豪放情怀。向往自由是人类的天性，也是人类社会共同追

① 汤恩比．历史研究［M］．上海：上海人民出版社，2010.

求的目标。对于许多民族来说，由于受社会物质条件的限制和社会政治制度的束缚以及民族性格差异的影响，自由仅仅是人们向往的对象和追求的目标而已。对于游牧民族来说，逐水草而居的生活方式，为他们提供了相对宽阔的生活天地和自由环境，因而在民族性格和文化性格的形成过程中，自由的因子已经成为他们生活的重要组成部分，深深熔铸于其民族性格之中，体现在民族文化的各个方面。对于他们来说，自由早已不再是纯粹的精神王国的至上原则，而是人们在现实生活中践行的对象。蒙古民族豪放的性格和开放的文化心态、坚韧的品格和勇敢的气质同他们践行自由的原则是分不开的，是草原文化践行自由的特质在民族性格和心理素质上的反映。这是草原文化同其他文化相比最富个性的地方之一。

4.3.3 蒙古族文化的特征

（1）蒙古族文化特征

第一，开拓进取的“乞颜”精神。古代蒙古民族的先民，长期在生产和生活中一直坚守“地涸泽碱卤，不生五谷”和“木皮三寸，冰厚六尺”这一信条。蒙古高原，恶劣的自然环境造就了古代蒙古民族坚韧刚毅的品格、开拓进取和自强不息的精神。蒙古族传说中《化铁熔山》充分反映出的“乞颜”精神正是蒙古民族自强不息、开拓进取的精粹体现。“乞颜”一词，蒙古语的意思是从山上奔涌而下滚滚洪流，以“乞颜”来给家族个人命名，目的是为了培养坚毅顽强这一性格特征。只有具备这种个性，人才能像滚滚洪流一样不可阻挡，这样的性格特质既具有战胜困难，不向困难低头的坚毅，也具有超越自己、奋发图强的向上精神。乞颜部落凭借着这一性格特征渡过濒临灭亡的危机，积极寻找新的生存机遇，使整个部族得以生存和繁衍。这种“乞颜”精神随着部落的发展壮大深深积淀在他们的思想意识之中，蒙古祖先就是发扬了奋发图强和团结一致的“乞颜”精神，形成了共同的心理特质。

第二，忠诚守信的价值取向。蒙古民族是最讲究忠诚的民族，这是他们最高的道德标准。成吉思汗在统一蒙古诸部时，就确立了“忠”的道德观念，并将其贯穿于统一各部落的过程中，使得这一道德标准成为蒙古民族的共识。根据《蒙古秘史》的记载：成吉思汗在攻打克烈亦惕部时，其部王汗父子陷于重困，成吉思汗率领部将浴血力战，使得王汗父子得以突围逃脱。成吉思汗在与其劲敌札木合的作战中，札木合被他自己的部下擒获，拿来献给成吉思汗以求封赏。但是成吉思汗则认为这种出卖主人的人是不可靠的，于是就当着札木合的面，将他们全部杀掉[①]。成吉思汗大力提倡的这种忠诚的思想，以后成了维护蒙古封建领

① 李威译．蒙古秘史［M］．石家庄：河北人民出版社，2007.

主统治的道德基础。随着社会的变迁，“忠”的思想精髓逐渐上升为维系蒙古社会人与人关系的道德标准。对人忠诚守信是社会上公认的美德标准，不忠诚的人则要受到社会的鄙视。同时，重信守诺则是蒙古社会道德的另一个重要内容。蒙古民族是注重实践而不善空谈的民族，言行必须一致，空谈而不行动是要受到社会指责的。蒙古族守诺重信的“忠诚”精神是古代蒙古社会在发展过程中逐渐形成的道德规范。这些道德规范随着历史的推移，在各个历史时期都发挥了很大的作用。甚至有些至今仍然发生着影响作用，如热情、互助、好客、尊老爱幼、正直、诚实则受到人们的崇尚，而偷窃、撒谎、淫乱行为等会受到人们的谴责。

第三，崇尚英雄的乐观主义。蒙古民族是崇尚英雄的民族。这一点从成吉思汗时代，可以一直上溯到突厥时代和匈奴时代，甚至远追其初民社会的英雄崇拜观念。英雄是蒙古族主流文化的代表，在民族形成英雄情结的同时，思维中的崇拜框架也在不自觉中出现。例如，在蒙古民族中，人们至今喜欢用“英雄”（巴特尔）这一词汇作为自己的名字。对英雄的崇拜和崇尚英雄精神是蒙古民族最高的价值追求，它大致经历了三个阶段——第一阶段是对力量的崇拜，突出表现在对“大力士”“勇士”的尊重和景仰，这些“大力士”，往往具有超常人的力量和勇气，不怕困难、不怕牺牲的大无畏精神。第二阶段主要表现在对智慧的崇尚，这些人往往在处理事务的智力和灵活性方面高出一般人，能文亦能武，具有过人的智慧。第三阶段人们更加崇拜智勇双全、有勇有谋的英雄，这些人不但具有超人的力量，而且具有过人的智慧，与中原文化中的“大侠”“侠客”有相似之处。那些为游牧民族成就大事业的伟人，如成吉思汗，便成了人们崇拜的偶像，他们在蒙古民族中拥有最高的地位，是蒙古民族心中的至高无上的英雄。草原游牧生活严酷的自然环境和艰苦的生产劳动造就了蒙古民族崇尚英雄的乐观精神品格。他们勇敢地同严酷的自然灾害和凶猛的野兽作斗争，同侵犯故土的强大势力作斗争，面对突如其来的自然灾害及不可预期的种种困难和各种挫折，始终保持着乐观的态度。游牧民族特有的生活方式塑造了蒙古人乐观、豁达的性格特征，无论遇到什么样的挫折与困扰，他们都能够从容乐观面对，以草原般广阔的胸襟接纳并融入自然、社会与人。蒙古民族对酷热严寒的抵御能力和忍耐力极为强劲，对创伤、失败等厄运都可以泰然自若，在保卫故土的战争中不怕牺牲，体现了蒙古民族英雄乐观精神。在狩猎、驯马等活动中常常发生伤亡事故，如果因此而畏惧退缩，游牧民族的生产活动则无法正常进行。蒙古民族将知难而上的人称为“额日浑”（蒙语，男子汉的意思），“额日浑”不仅是骁勇善战的勇士，也是日常生活中不辞辛苦、勤劳勇敢的劳动好手。蒙古民族“贵壮尚勇”，提倡勤劳勇敢，不仅是对荣耀的一种追求，也是一种英雄乐观精神的认知和评价。正是草原上严峻的自然条件和艰苦的生活环境，培养和塑造了蒙古民族这种不屈不挠、坚韧不拔的英雄乐观精神。

（2）蒙古族民俗特征

民俗是文化的一部分。每个人一出生就生活在由风俗习惯构成的文化环境中，并在这种文化环境的影响下自觉、不自觉、有意识或无意识地运用这种风俗习惯约束自己的思维、语言和行为。它发生并存在于每个人的生活之中，却又像春风化雨，润物无声。

任何民俗事象的产生和形成都是一定历史时期社会政治、经济、历史、文化的反应，因此，民俗是不同社会历史时期的重要标志和特征。民俗从不同的角度和侧面，再现了社会不同历史时期的文化形态、生产力发展状况以及人们对客观世界的认识水平，因而，民俗必将是人们研究和探讨社会历史发展脉络的依据。民俗事象中的生产民俗构成了人类社会的发展史，而人类社会的发展史，首先则是生产力的发展史，民俗反映了人们对客观世界的认识过程。人类对客观世界的认识经历了一个从低级到高级、从片面到全面、从不科学到科学的过程，信仰民俗的产生、传承和变异，反映了各族人民群众对客观世界的社会心理状态，再现了人们精神世界的发展过程。内蒙古的蒙古族在万物有灵观念支配下，对灵魂崇拜和自然崇拜等信仰民俗，就是人类早期生产力发展水平低下，人类难以改造和利用自然，不能正确认识自然，企图借助于超自然的神秘力量战胜自然的一种心态。

1846 年，英国考古学家汤姆斯正式提出“民俗”这一学术名称。民俗主要指民间流行的风俗习惯，它是一定地域的特定人群在生产、生活和生存发展过程中所形成的行为和思想的习惯性事象，也就是大家习以为常进而能够自觉奉行的惯制。比如，祭敖包、祭火等，它不是强迫性的要求，而是自愿的一种行为。惯制并不是法律规定的，而是民间约定俗成的。惯制的约束力及其世代相袭性，也不是靠法律来保障，而是靠惯性的力量和心理信仰来维系的。换言之，民俗应该是以口头、物质、风俗或行为等非正式和非官方的形式创造和传播的文化现象，是一种约定俗成。它不是什么人宣扬和倡导的内容，而是人们在日常生活中自觉、不自觉地遵循和维护的一种行为规范、道德伦理、认知方式和思维模式。

蒙古族民俗的特征表现如下：

第一，群体性与传播性。群体性是指民俗的产生、传承和发展是群体行为。一个地区，一个村庄，只有一个或几个人按某种方式生活与生产，那么这种行为仅是其个人的爱好，而不是一种风俗。蒙古族饮食民俗里有很多禁忌，忌讳把奶桶等盛奶食的器皿扣放，否则视为一种不吉利的行为。忌讳有意无意倒洒牛奶，否则会得到苍天的斥责等。这些禁忌习俗不是某个人或几个人按某种方式规定的，而是共同认可的。

民俗是由个人创造、经群体响应并最终达成共识。如果仅仅是个人创造了新的观念、行为、故事或器物，而没有群体的响应，就不可能产生民俗。民俗的传承离不开群体。任何民俗的传承和发展，都必须有群体的共同参与。只有依靠群体行为，民俗才能代代相传。民俗在约定俗成之后，其核心的内容与形式就在一定群体和地域世代相传，在相当长的历史时期内保持稳定不变。那达慕是蒙古族传统的娱乐盛会。据说在唐代，蒙古族就有了奔马射兔的那达慕。在很长一段时期内，那达慕只进行一项比赛，或赛马，或摔跤或射箭。据1225年镌刻的《成吉思汗石文》记载：成吉思汗征服了花剌子模后，为庆祝胜利，在布哈苏齐海地方举行过一次盛大的那达慕大会。在这次大会上，赛马、摔跤和射箭已经有机地结合在一起，被称为蒙古族"男儿三艺"。那达慕在流传过程中，增加了越来越多的内容，如团体体操表演、马术表演、摩托车赛、各种音乐和舞蹈演出等，但是其核心内容即赛马、摔跤和射箭却一直保留了下来。

第二，民族性与地域性。民俗的民族性是指任何民俗事象，衣、食、住、行、岁时节庆、民间信仰、社交往来等，都是在一个民族特有的历史文化与社会生活的背景中形成的，通过民族特有的心理与行为习惯体现出来，成为一个民族约定俗成的事项，而且这些事象具有不同于其他民族的特征。从人的社会性角度来看，民俗的民族性是民俗群体的一个特例，即创造和传承民俗事象的群体是某个特定的民族。民俗的民族性可能是在各个民族物质生活与文化生活的发展中自然形成的，也可能是在民族之间的政治、经济与文化交流中主动学习或被动接受而形成的。同一类民俗事象在不同民族中往往具有不同的特征。许多民族都创造并传承着同一类民俗事象，但是，这些民俗事象在内容、形式、功能、活动方式等方面却存在极大的差异。如内蒙古草原民族在万物有灵观念支配下，具有多种祭祀活动，以祭火和祭祀敖包仪式为例，该民俗事象在蒙古族、达斡尔、鄂伦春、鄂温克族中所表现的活动内容与方式就有着较大的差异。

所谓民俗的地域性，是指不同地域拥有不同的民俗事象，或者同一类民俗事象的内容与形式在不同地域存在着差异。无论何种民俗事象，都会受到一定地域的地理条件、气候条件、生产条件和生活条件的制约。即使同一类民俗事象的内容与形式，在不同地域亦会存在差异。如蒙古族服饰的构成与制作，在内蒙古各地区就存在着明显的地区差异。蒙古族服饰具有浓厚的草原风格和适合游牧生活的基本款式，但随着时代的变迁和地域生活方式的不同，蒙古族服饰在草原各区域呈现出不同的特征，如鄂尔多斯服饰的华丽、苏尼特服饰的精致和布里亚特服饰的多彩等。

第三，稳定性与变异性。民俗一旦产生，就会随着人们的生产、生活方式的稳定而相对的固定下来，成为人们日常生活的一部分并内化为一个民族的民众性格和心理的有机成分。如中国的一些传统习俗，比如春节贴对联、清明节扫墓、端午节吃粽子、重阳节求寿等在先秦两汉时期就已经定型并一直传承至今，这些习俗充分体现了民俗文化传承的稳定性特征。

民俗的变异性是指民俗事象在传承过程中，其内容、形式、属性等发生了或多或少的变化、变异，这是民俗自身发展的一种运动规律。从发展的眼光看，任何民俗事象都在变化之中，能够真正世代相传、完全不变的民俗可能在任何地方、任何时间都不存在。很多被视为自古就有的民俗事象，同样也处于不断地变异之中，如那达慕的变化，祭敖包形式与内容等随着佛教的传入而发生变化。

民俗作为人们社会生活系统的重要组成部分，对于创造并传承它的群体与个体具有的实际影响和价值，具体功能如下：

第一，教育功能。教育功能是指民俗在人类个体的社会化进程中所起的教育和模塑作用。这种作用主要体现在个人的道德品质、知识经验、行为方式等方面的模塑上，如爱国爱乡、尊老爱幼、勤劳勇敢、勤俭节约、疾恶如仇等，都是民俗对个人道德品质的要求。知识经验方面，民俗可以传授知识，提高人们的文化修养、智慧水平和解决实际问题的能力。例如，民间歌谣中传唱着开天辟地、民族起源、民族历史、生产方式、自然现象、信仰活动、友谊爱情等方面丰富多彩的内容，歌者和听者都能够从中获得大量的知识经验。再如，根据蒙古族祖先的传说“额尔古涅——昆”，就可以知道蒙古族的起源说法之一和蒙古族的古代姓氏等知识。故事梗概如下：大约在成吉思汗出生前两千年，北方草原上的蒙古部落与另一个突厥部落发生内讧，引起战争，蒙古部战败，惨遭杀戮，整个部落仅剩两男两女，他们历经艰险，逃到一处人迹罕见的深山避难。这里四周是陡峭的山峰和茂密的森林，除有一条难以通行的羊肠小道外，别无他路。山中间是一片气候宜人、水草丰盛的草原，此地名叫“额尔古涅——昆”。“昆”，意为山坡，“额尔古涅”，意为“险峻”。逃来的两家姓氏一为“捏古斯”，另一为“乞颜”，这四个男女互相配偶，长期在此繁衍，久之，感到地狭人稠，拥挤不堪，而昔日小路已塞，无路可通，于是协商别谋出路，冲出峡谷。后寻得一处熔过铁的旧矿地，全体集聚，准备了大量的煤炭木柴，宰杀了 70 头牛马，剥下整张的皮做成风箱，架起煤柴，70 只风箱一起鼓风煽火，烈焰飞腾，直到山壁熔化。此举不仅获铁无数，而且通道大开，他们便一起迁徙来到广阔的草原。以后，成吉思汗家族为纪念祖先化铁出山的壮举，每遇年终除夕便炼铁于炉，置于铁砧之上锤打成条，一次祭祀祖先，这种古老习俗一直延续下来。这是一篇优美动人的传说。从传说当中可以了解蒙古族的起源和他们的艰苦奋斗的精神。

第二，规范功能。民俗对社会群体中个体成员的行为方式具有约束作用。民俗通过不成文的规约、程式化的礼仪、习惯化的行为、训诫式的语言，对生活于其中的社会成员心理和行为产生约束与控制。依据特定的自然与社会条件，对某种观念以及与之相应的行为方式予以肯定和强化，使其成为群体的规范，从而使社会生活能够规则有序地进行。约束与控制人们心理和行为的社会规范主要有四种，即法律、纪律、道德、民俗，其中民俗是起源最早的社会规范。比如，大蒙古时民众当中有“河里不能洗衣服”的习俗，它就对当地的人们起着约束作用。

第三，维系功能。维系功能是指民俗促进和统一群体的行为与思想，使群体内所有成员保持凝聚力，并使社会生活保持稳定、和谐、维系社会或群体的生存与发展的功能。民俗在其形成和传成过程中形成了强烈的民族特色，具有鲜明的民族性特征。一方面，同类的民俗事象在不同的民族中具有不同的特点；另一方面，不同民族生活中有各自不同的民俗事象在不断地传承。因此，民俗作为一种具有内在民族性特征的社会文化现象，在社会中起着维系民族感情的纽带作用。

第四，调节功能。调节功能是指通过民俗活动中的娱乐、宣泄等方式，使人类个体和群体的心理与行为得到调剂的一种功能。社会生活的压力无处不在，无时不有，那些较大的压力如果得不到适当的调节，不仅会损害个人的身心健康，甚至会破坏社会生活的正常秩序。民俗作为一种社会的生活文化，尽管它在不同的历史时期对个体与群体的调节作用存在较大差异，但是直到今天，它对个体与群体的调节作用仍然是一种不可忽视的重要力量与形式，可以说还没有其他任何一种文化能够替代民俗的调节作用。例如，蒙古族的那达慕盛会中的各项竞技、歌舞和游艺活动等，都具有宣泄心理能量的作用，使人在参与活动中缓解和发泄出日常躁动或喧嚣形态下的压力。

第五，补偿功能。民俗的补偿功能主要体现在它能够慰藉人的心灵，在社会生活中给人以荣誉，为人们带来实际的回报。相当多的民间信仰和民间故事，对人们的心灵具有慰藉作用。例如，在宗教仪式中，人们暂时超越尘世苦难和死亡的恐惧，沐浴在神灵的光辉之中。各种各样的民间工艺、民间歌舞，不仅使人们赏心悦目，而且使生活充满希望。

4.4　草原文化与鄂尔多斯地区民间金融发展

内蒙古自治区鄂尔多斯（汉语意为“众多的宫殿”）市位于内蒙古自治区西南部，西北东三面为黄河环绕，南临古长城，毗邻晋、陕、宁三省区。鄂尔多斯市辖七旗一区，总面积 8.7 万平方公里，总人口 194.07 万人，其中蒙古族 17.7 万人，是一个少数民族地区。

古代的鄂尔多斯幅员辽阔，它包括今日鄂尔多斯市的全境、巴彦淖尔市及宁夏回族自治区和陕西省北部的一部分，本书所指的是历史上的鄂尔多斯地区。鄂尔多斯由于北有黄河和阴山天险，西有黄河和贺兰山为屏障，地处战略要冲，向北过黄河越阴山可进入蒙古高原，向南过长城便深入中原腹地，因此，鄂尔多斯地区在古代就是中原连接北方和西域的重要通道。水草丰美的草原和可供人畜食用的池盐等自然优势，使鄂尔多斯市成为中国草原文化发祥地之一。它吸引着北方众多游牧部落和游牧民族纷纷拥入，成为中国历代游牧民族成长的摇篮和展示身手的大舞台。在古代历史长河的进程中，来自不同地域的不同族群在不同的时间内互相接触和持久交往，带动了北方游牧文化与中原农耕文化的碰撞交融，推进了民族的融合和社会的整合，完成了草原社会的一体化。显然，鄂尔多斯草原文化是世代生息在这一特定自然生态环境中不同族群的人们共同创造的文化，是中国北方草原文化体系的重要组成部分。

4.4.1 鄂尔多斯地区草原文化的起源与发展

鄂尔多斯地区是一个以蒙古族为主体、汉族占多数的少数民族地区。鄂尔多斯地区自古以来就是众多民族共同活动的历史舞台，它经过长期的发展，形成了历史悠久、内涵丰富、多元融合、风格独特的草原文化。从明末清初开始，“走西口”的移民又带来了西口文化，其中“晋商”就是最早的旅蒙商，使得鄂尔多斯文化又带有商业文化的色彩。因此，鄂尔多斯文化应该是植根于草原文化，内部受到蒙古民族文化的作用，外部受到移民文化——西口文化的影响而形成的独具特色的乡土文化。

鄂尔多斯历史悠久，是人类文明的发祥地之一，萨拉乌苏文化、青铜文化源远流长。早在37000年前，“河套人”就在这块广袤的土地上繁衍生息，并创造了著名的“河套文化”。在3500年前的商代前期，中华游牧民族的曙光便在这里初现，形成了著名的“朱开沟文化”，它是北方游牧民族从蛮荒走向文明的重要标志。公元前2800~2300年，以饰有各种动物图案的青铜器为代表，形成了著名的“鄂尔多斯青铜文化”。1457~1464年（明朝天顺）年蒙古鄂尔多斯部驻牧河套，始称鄂尔多斯。1648年（清朝顺治六年），鄂尔多斯各旗会盟王爱召，形成伊克昭盟。2001年，撤盟设地级鄂尔多斯市。

悠久的历史、独特的区位，孕育了韵味独特、古朴典雅的民族文化。鄂尔多斯是歌的海洋，长调悠扬柔长、短调清新欢快，《森吉德玛》等脍炙人口的民歌名扬四海。特别是具有浓郁乡土气息的漫瀚调，在晋、陕、蒙地区广为流传。准格尔旗也因此被文化部命名为“全国漫瀚调艺术之乡”。鄂尔多斯是舞的故乡，著名的《筷子舞》《盅碗舞》等成为我国民族艺术的瑰宝。鄂尔多斯是蒙古族传统礼仪保存最为完整的地区，成吉思汗祭祀、鄂尔多斯婚礼已被列入国家非物质文化遗产名录。《蒙古源流》《蒙古黄金史》等一些极具文史价值的蒙古族古典史诗巨著也诞生在鄂尔多斯。鄂尔多斯地区具有光荣的革命历史传统。近代声势浩大的“独贵龙”运动就在这里爆发，掀起了“鄂尔多斯风暴”。现在，具有深厚底蕴和地域特色的鄂尔多斯文化正誉满全国，走向世界。

（1）发祥的原生性

自发现了人类先祖之一“河套人”的遗址后，鄂尔多斯地区旧石器时代的人类进化史就被揭开了。对环境考古的研究表明，鄂尔多斯地区在全球冰后期气候趋暖的进程比中原及东北辽河流域大约晚了1000年，因此，在该地至今尚未发现属于新石器时代早期的古人类遗址。但是，距今约6500年前属于新石器时代中期阶段的阳湾遗址和距今大约5000年前属于新石器时代晚期的寨子圪旦遗址的发现和研究证明，鄂尔多斯地区的原始农耕文化的起步虽然比中原和辽西等古文化发达地区略晚，可到了新石器时代中期，其发展水平却毫不逊色。然而，当占地4000平方米的朱开沟遗址发掘进入人们的视线之后，对鄂尔多斯地区乃至内蒙古中南部的考古研究就有了石破天惊的进展。

朱开沟遗址的年代上限属于距今约4200年的龙山时代晚期，下限距今约3500年的商代前期，前后延续了约800年。以朱开沟文化为代表的人类集团，其社会经济主要以发达的农业生产为主，与最早发源于黄河流域的中原农耕文化在夏代的雏形基本同步。但是，当夏代兴起之时，即距今约4000年之际，中国北方包括鄂尔多斯地区的气候已由温湿向干冷转化，严重阻碍了农业生产的继续发展。根据对朱开沟遗址所获的有明确层位的植物孢粉考古资料分析，鄂尔多斯地区朱开沟遗址的第一阶段时期仍属森林草原景观，第三阶段（即约距今4000年前）已属灌木草原景观，气候向更加干冷的方向变化。第五阶段已接近典型的草原景观，当地居住民的生产方式也相应从农业为主向半农半牧发展。从畜牧业的内部结构来说，从墓葬中发现其第一阶段猪、羊、牛骨的比例是1∶0.45∶0.36，到第四阶段（相当于夏代后期）已变成了1∶1.15∶1.15。气候急剧的干冷化，促使经济形态已由农向半农半牧推进，导致了草原文化形成的最重要标志——“细石器文化”在朱开沟的产生。朱开沟遗址不仅出土了以压制、剥制、琢制和磨制使用相结合的细石器，还有以骨为柄，以石片为切刃捆绑而成的复合式砍削器。更弥足珍贵的是在朱开沟遗址年代的晚期阶段，除继续发现在中期阶段就有的青铜小饰品及工具外，还出现了青铜戈、短剑、刀、镞等兵器及来自中原的鼎及爵的残片。同时，用于浇铸青铜制造刀、剑的石范模具亦出土，这证明了朱开沟在商代已拥有制造青铜器的技术和产品。朱开沟出土的青铜刀、短剑与“鄂尔多斯青铜器”家族中刀、剑的造型一致，说明约在3500年前鄂尔多斯地区生产的青铜刀、剑主要是为了适应畜牧业生产和生活方式由农向牧转变而生产出来的。

“鄂尔多斯青铜器”中刀、剑的原始样本证实了北方系游牧民族的标识物就诞生于鄂尔多斯地区。朱开沟文化不仅是鄂尔多斯草原文化的源头，也是中国古代文明起源多样化的证明。因此，可以说，鄂尔多斯地区是中国北方草原文化重要的原始发祥地之一，草原文化的曙光曾在此冉冉升起。考古发现，朱开沟文化的分布地域十分广阔，北起阴山南北，南至窟野河水系，西至鄂尔多斯腹地，东至洋河流域。考古也证实，以农牧结合型的朱开沟本土文化是向东南方向延伸。从此，以鄂尔多斯为中心的中国北方游牧文化带向东向西大面积蔓延，这也奠定了鄂尔多斯在中国北方草原文明中的显要地位。

（2）持久的交融性

在我国夏商周时期，鄂尔多斯地区水草丰美，是发展畜牧业的一方宝地。据文献记载，当时的猃狁、方和鬼方等部落就生活在鄂尔多斯地区和山西、陕西北部。随着这些北方游牧部落的不断壮大，鄂尔多斯地区就成为中国北方众多游牧部落和民族的发祥地、聚集地和根据地。鄂尔多斯地区完成了人类历史上的社会大分工后，引发了以牧为主的北方民族与以农为主的中原民族的分野，以畜牧业为社会主导经济的北方民族由此正式登上了历史大舞台，拉开了草原文化与农耕文化长达数千年的碰撞、交融和整合。

甲骨卜辞中记载，公元前1310年前后，商王武丁（即殷高宗）曾率军与鬼方游牧部落进行了长达数年的战争。鄂尔多斯地区是中原通向西域和漠北的重要通道，当时是北方游牧民族与中原农耕民族的交界线和融汇线。公元前8世纪，周宣王曾派大将南仲在今鄂尔多斯市杭锦旗境内筑朔方城，抵御北方民族的南侵。到春秋时期，活跃在鄂尔多斯东南部一带的游牧部落为戎狄，有白狄、赤狄和长狄之分。公元前636年，晋国的势力进入戎狄所居的“闾洛之间”，也就是鄂尔多斯东南的无定河流域。到春秋末期，鄂尔多斯一带的许多游牧部族逐渐融入了华夏族。战国时期，原在山西北部的林胡、楼烦直逼赵国北部，赵武灵王“胡服骑射”，学习北方民族的尚武习俗，军事力量大为增强，他击败林胡，使楼烦臣服于赵。赵武灵王沿阴山修了一段赵长城，巩固了河套北部的统治，在鄂尔多斯东北一带设立云中郡、在其北部设九原郡，成为给鄂尔多斯地区制定名称的第一人。公元前320年，秦国占领了鄂尔多斯大部分地区，秦昭襄王筑长城穿越鄂尔多斯，成为防御匈奴的一条重要防线。自战国时期至秦汉，通过大力发展鄂尔多斯地区畜牧业，匈奴成为北方民族历史上最强大的“马上行国”的游牧民族。匈奴与秦汉多年在鄂尔多斯地区争夺控制权，时战时和，地界交叉迭变，通过战争、纳贡、婚嫁和亲、关市贸易等形式，彼此的经济和文化得到了较长时间的融合。匈奴人从汉人那里学会了筑城、凿井等技术，畜牧业得到空前发展，出现了“人民炽盛、牛马布野”的兴旺景象。匈奴人的骡、驴、橐驼（骆驼），

衔尾入塞，养马技术也随之通过鄂尔多斯等地传入中原。中原的黄金、钱币、丝绸、布匹和粮食等流向北方的匈奴，汉匈和解和经济文化的交流，尤以“昭君出塞”的和亲形成高潮，北方一统的局势得到了巩固。从秦开始，在鄂尔多斯地区筑长城、修直道，屯驻大量士卒，移民屯垦，将中原地区农耕技术向鄂尔多斯等边塞地区广为传播。对鄂尔多斯地区大规模的开发，使农业生产力得到迅速的发展。公元1世纪，南匈奴内附与汉，大批匈奴人融入中原，其时鄂尔多斯地区农耕与游牧杂处相伴，不同民族尚能和睦而安。秦汉时期的中国文化由多元走向统一，中原农耕文明在与周边游牧文明的冲突交融中逐渐赢得了控制权。汉族在此时期基本形成，汉语、汉字等都在秦汉时代基本定格，完成了对先秦多元文化的一统整合。东汉后期，统治阶级政治腐败，鄂尔多斯地区逐渐脱离中央王朝的统治，交由匈奴、鲜卑、乌桓、羌等民族控制。由于政权更迭，管辖频易，北方游牧民族经过鄂尔多斯地区大批南移。“十六国”时期，占据鄂尔多斯大部分地区并以南部为中心的匈奴一支——铁弗部首领赫连勃勃，在今乌审旗南与陕西靖边交界之地，动用十万各族民役建都城统万，国称大夏。公元431年，大夏被拓跋鲜卑人政权北魏所灭，占据了鄂尔多斯，后又攻灭北燕和北凉，统一了北方广大地区，形成与南朝的对峙，历史进入了“南北朝”时期。在北魏统一之下，鄂尔多斯地区的畜牧业和农业经济得到恢复和发展。此时的鄂尔多斯实际成了一条大通道，为南北朝时期中国北方民族大迁徙、大融合，文化的大交流、大整合，发挥了桥梁和纽带的作用。当时大批敕勒族人移居鄂尔多斯游牧，他们凭靠多年从事畜牧业生产的丰富经验，在水草丰美的鄂尔多斯地区大显身手。“敕勒川，阴山下，天似穹庐，笼盖四野。天苍苍，野茫茫，风吹草低见牛羊”的《敕勒歌》成为千古绝唱。

公元581年，隋朝建立，结束了数百年的分裂局面，统一了全国南北。为防止以漠北为中心的突厥汗国南下，在时称河套的鄂尔多斯南线筑起了一段长城。突厥可汗连连征战，民不聊生，导致分裂成东西二部。东突厥突利可汗投降隋朝，被隋文帝封为“意利珍豆启民可汗”，并以义成公主相配为妻，时有突厥5万人之众迁入鄂尔多斯放牧，短时间内，就出现了“人民羊马遍满山谷”的繁荣景象。大业三年（公元607年）夏四月，隋炀帝巡行至榆林（今鄂尔多斯市准格尔旗），在十二连城召集启民可汗所属各部首领举行欢宴盛会，契丹、奚等族的酋长也前来参加欢聚一堂，成为中国历史上民族和睦团结的又一千古佳话。

公元618年隋亡后，唐朝继起，鄂尔多斯成为由漠北过黄河直通京城长安的门户，在唐朝被称为“国之北门”“边塞要地”，唐太宗和唐高宗相继征服东西突厥。唐太宗以开放包容的政策对待周边四夷，获得了中原和北方草原势力的共同尊奉，被称为“天可汗”。唐朝将北方草原游牧民族的力量整合到一起，建立了囊括中原农耕与北方游牧两种文化合一的强大帝国，中国历史上又出现了民族融合的高潮。唐朝中期之后，鄂尔多斯畜牧业和农业生产都有了新的发展，突厥人与汉人交往频繁，使一些突厥人也开始从事农耕业。唐贞元年间，在丰州（今鄂尔多斯市杭锦旗）开凿了咸应、永清两渠，灌溉面积达几万亩，鄂尔多斯地区从事农业的人口较魏晋南北朝时期有了增加。当时在鄂尔多斯地区的游牧民族，除大量的突厥人以外，还有从西北迁来的党项和吐谷浑。“安史之乱”后，边疆外族势力上升，迫使唐朝改变策略，对周边只是防守。随着朝廷控制能力的下降，边疆民族势力再次崛起，北方从东到西相继由契丹、党项和回鹘建立了若干政权。

党项族自走出青海草原东迁后接受了中原王朝汉文化的影响，早期立足于银州（今陕西榆林市东南绥德）以北、夏州以东地区，即鄂尔多斯东南部，开始从事畜牧业与农业生产。东迁200余年之后，党项族建立西夏国，夏州一带成为了丰足的粮仓。公元1038年，西夏立国占据鄂尔多斯，东北与契丹辽国毗邻，东面和东南面与北宋相望。金兵南下后，西夏的东面和南面都在金朝的包围之中。西夏南部和西部境外曾是吐蕃和回纥，加上建国前长期接受汉文化的熏陶，西夏的文化特征表现为蕃汉的合一。西夏坚持发展本民族的文化，创立了西夏文字并采用活字印刷技术。同时，藏传佛教在西夏被尊为国教。西夏为弘扬佛教，大量印刷佛经、大面积修建寺庙并开凿石窟。至今位于鄂托克旗的阿尔寨石窟寺遗址仍保留着藏传佛教密宗的珍贵壁画。西夏时期，畜牧业与农业生产发达并存、儒家、吐蕃、党项文化共融，为鄂尔多斯传统草原文化注入了丰富的内涵。

1206年，蒙古汗国建立。1205～1227年，六次进兵西夏。公元1226年，成吉思汗亲自统兵10万与西夏决战。第二年西夏灭亡，鄂尔多斯地区被蒙古军队占领。公元1271年，成吉思汗的孙子忽必烈建国号为元，1279年灭南宋，统一了全中国。鄂尔多斯地区除南北西三面的边缘地区为中书、陕西、甘肃行省所辖外，其余广大地区称为察罕脑儿，属元朝皇家的封地。它不仅是通向陕西奉元及内地交通要道上的重要驿站，也是元代一个重要的军事牧马场。公元1368年，元顺帝被逐出大都，朱元璋建立明朝。从明正统十四年（1449年）起，明军与蒙古鞑靼部、毛里孩、阿罗出、孛罗忽等部曾先后在鄂尔多斯交兵，到成化九年（公元1473年），明朝动用4万役军，修筑了一条绵延770里的长城边墙，加强对蒙古族的防卫，依墙而守，任蒙古诸部入居鄂尔多斯地区。公元1510年，达延汗控制了蒙古各部，任命鄂尔多斯部进驻河套地区，同时祭祀成吉思汗的“八白室”也随之驻牧，古代曾一度被称为的“河套”地区从此又名为“鄂尔多斯”。成吉思汗黄金家族及鄂尔多斯部的进入，尤其是象征成吉思汗陵“八白室”的入驻，对鄂尔多斯的草原文化产生了极为深远的历史影响。

公元1644年，清朝建立，不久中国大一统的局面真正形成，长城随之失去了向北防御的作用，农耕与游牧民族都被置于统一强大的中央政权管辖之下。自明代隆庆封贡之后至额磷臣降清的近一个世纪里，鄂尔多斯地区未经战乱的摧残，自然植被得到恢复，人民得以休养生息。但是随后清政府在蒙古地区推行盟旗制，限定各部游牧范围，导致游牧经济更加脆弱。在经济没有保障的情况下，蒙古王公和民众接受相对稳定的农耕生产方式已是大势所趋。在康熙中后期的移民浪潮，以内地汉人流入蒙古地区为标志的农耕文化再次北上，在乾隆和嘉庆朝的推动下，特别是光绪年间，内地农民向今内蒙古中西部移民“走西口”进入高潮。由“走西口”引发的草原文化与晋、陕农耕文化广泛且近距离地长期交流，形成了具有鲜明特色二元合一的“西口文化”。而“西口文化”中的旅蒙商文化不仅起到了催化“西口文化”发祥的作用，更推动着“西口文化”的旺盛。其时鄂尔多斯大部分地区已形成蒙汉杂居，生活习俗也逐渐同化。蒙汉民众之间逐步形成的水乳交融的亲密感情，催化出一种融汇蒙汉两族音乐文化的新歌种——“漫瀚调”，在鄂尔多斯地区广为流传至今，具有草原文化悠久历史传统的鄂尔多斯与内地出现了一体化的趋势。但是，需要指出的是纵观清代自康熙朝中期开禁，允许内蒙古中西部周边晋、陕等地汉族边民进入开垦种植，到清末大肆推行报垦，延续长达200多年，再加上民国年间的开垦，深入蒙旗内部之远，开垦土地数量之巨令人吃惊。据对《陕绥划界纪要》所录资料统计，延鄂尔多斯地区周边的榆林、横山、府谷、神木、靖边、定边各县涌入开垦的户数就有17148户，开垦的滩地为1330032亩，开垦的沙地有2418834亩，平均每户竟然将近220亩。如此大规模的广种薄收，使撂荒的土地日益剧增，加之十年九旱的气候，极大地破坏了鄂尔多斯地区原本就生态脆弱的环境，造成了大面积的沙化，成为加剧当时蒙古社会阶级矛盾和民族矛盾的重要因素，并产生了深远的影响。

（3）璀璨的经典性

鄂尔多斯经历了波澜壮阔的历史演进，神奇的大自然和历史悠久的人文积累，孕育出了韵味独特、古朴、典雅、别具一格的鄂尔多斯草原文化，其中具有唯一性的文化遗存、人文景观、民俗活动，体现出了具有中国草原文化特色的经典价值，主要表现在以下几个方面：

第一，鄂尔多斯青铜器文化。在鄂尔多斯地区发现数量最多、分布最集中、特征最明显的“鄂尔多斯青铜器”，起源于商代，是以狄——匈奴为代表的我国北方地区早期游牧民族的物质文化遗存，在春秋战国、西汉初年达到了鼎盛，其以具有便于携带的小型实用器、以大量动物纹作为装饰题材和青铜、金银制品共有的三大自身特点，有别于其他青铜文化，成为我国青铜文化的重要组成部分。

按用途分可概括为兵器、生产和生活工具、装饰品、车马器四大类。鄂尔多斯青铜器上的动物纹饰有鹰、虎、狼、野猪、鹿、牛、马、羊等草原动物，游牧民族制造工匠们以洗炼的艺术造型和充满浪漫主义的情调，重现了草原的自然景观和弱肉强食的大自然法则。1972 年，在今鄂尔多斯市杭锦旗阿鲁柴登出土的一套黄金冠饰，由上部的鹰形冠饰和下部刻有虎、马、羊的冠带组成，造型逼真、气势磅礴，寓意佩戴它的部落领袖遨游天空，俯视草原，显示着草原最高统治者的权威和气概。这套迄今为止发现的唯一一套“胡冠”，是人类早期草原文化遗存世界级的珍宝，其制作精美，工艺考究，集铸造、压、锤打、抽丝、镶嵌等技术于一体，反映了当时北方游牧民族经济的发达和草原文化艺术的精湛。鄂尔多斯青铜器以动物作为饰纹的原始样本，追本溯源至今，当首推在朱开沟考古发现的至少距今约 3500 年前的一件青铜戈上铸有虎形头像的标记。虽然后来陆续发现的鄂尔多斯青铜器上的动物纹饰兼有与欧、亚草原地带游牧文化代表器物相似的特征，这说明，在战国时期匈奴帝国就达到全盛，东灭东胡，西击月氏，威服乌孙，疆域尽扩欧亚草原的东半部，与中西方有着密切的文化交流。考古发现亦证实，鄂尔多斯青铜器遍布在南起阴山山脉、北抵贝加尔湖、东至辽河、西逾葱岭辽阔的区域内，这些区域正是中国古代早期北方民族纵马驰骋，从事游牧生产的驻足之地。由于经济形态的单一，各游牧民族用以物易物的交换形式获得一些生活日用品十分自然，彼此的交流开阔了视野，开放了心态，文化的交流推动鄂尔多斯青铜器融中西游牧文化风格为一体，足迹遍布欧亚草原，这说明以匈奴为代表的中国北方游牧民族为中西文化交流做出了突出的贡献。

第二，阿尔寨石窟文化。在鄂尔多斯市鄂托克旗草原上突兀着一块红砂岩的巨石，这就是阿尔寨石窟寺遗址。中国石窟艺术是随着佛教的传播而向前推进，考察阿尔寨石窟洞窟建筑的形制特征，显示出一个从魏晋南北朝至西夏、元、明的发展过程，所以阿尔寨窟群开凿的年代要早于公元 13 ~ 14 世纪，约在北魏中期始凿。公元 13 世纪该地区属西夏管辖，石窟中的壁画有丰富的藏传佛教内容，这与西夏尊藏传佛教为国教显然是一致的。西夏壁画的风格集中原和藏地传统于一体，这种多元的绘画艺术在中国石窟艺术上，是经五代、宋走向衰微之后出现的又一高峰，从而在中国绘画艺术史上占有独特的历史地位。阿尔寨石窟壁画不仅荟萃了藏传佛教多种派系的内容，构成了藏传佛教在蒙古草原地区流传的历史画卷，还有反映西夏及元代世俗平民生活的题材，体现了独特的草原文化个性魅力。壁画上珍贵的回鹘蒙文榜题和蒙古族丧葬祭祀图等，对于研究蒙古语言文字、宗教信仰、民族心理演变、民族祭祀形式、文学和艺术都有重要的价值。其中一幅蒙古贵族受祭图，场面浩繁，人物众多达百余名。阿尔寨石窟是中国长城以北位于草原地区一处硕果仅存的晚期石窟遗址，是研究西夏和蒙元草原文化的

一座宝库，它的存在对于深入探讨草原文化的发展历程和丰富内涵都具有经典的价值。

第三，成吉思汗祭祀文化。成吉思汗于公元 1227 年在攻打西夏时逝世，不久就在蒙古汗廷开始了祭祀活动。到元朝的至元年间，成吉思汗的祭祀活动有了程序化的规范，"八白室"成为祭祀成吉思汗的圣地，也就是后来称为"成吉思汗陵"的主体。1649 年（顺治六年），成吉思汗"八白室"迁至鄂尔多斯大伊金霍洛后，守护、祭祀"八白室"的达尔扈特人也随之居住在其周围，奉守护之责。由"八白室"演变至今形成的成吉思汗陵，是供奉成吉思汗英灵的圣地，是全体蒙古民族崇拜祭祀的"总神祇"。从 13 世纪至今，由鄂尔多斯及达尔扈特人世代相传进行的成吉思汗祭奠是蒙古族古代文化精髓的活化石，历经近 800 年的延续一直保留至今，堪称世界奇迹。成吉思汗在世时举行的"拉起万群牲畜的练绳，用 99 匹白骒马之乳祭祀长生天"的习俗及祭祀苏勒德等内容和形式，也一直保留传承至今。成吉思汗祭祀文化涵盖了蒙古民族的信仰、历史、文化、风俗、礼仪、语言、文字、文学等各个方面，从而奠定并推动了以游牧文化、宫廷文化、祭祀文化、民俗文化为一体的蒙古族传统文化的传承，成为中华民族传统文化重要的组成部分。成吉思汗祭祀文化是中国首批审定的非物质文化保护遗产，同时也是人类富有想象力和创造力的伟大成果。

第四，《黄金史》与《蒙古源流》历史巨著。17 世纪在蒙古民族的文化发展史上是一个繁荣的时代。在鄂尔多斯地区，产生了几部著名的蒙古编年史，其中罗卜藏丹津的《黄金史》和萨囊彻辰的《蒙古源流》格外引人注目。《黄金史》是蒙古学名著中最细致的范本之一，书中有 12 ~ 13 世纪最古老的有别于《蒙古秘史》的其他史料，对于研究中世纪蒙古历史、语言和文字具有很高的价值。《蒙古源流》成书于 1662 年，是研究 14 ~ 17 世纪蒙古时期的珍贵史料，同时对于研究 17 世纪蒙古族的文学与语言也有很高的价值。该书被乾隆定名为《钦定蒙古源流》，辑入"四库全书"，广泛传播于中外。在鄂尔多斯蒙古族中，萨囊彻辰历来备受大家的尊崇，像祭奠祖先一样对萨囊彻辰的祭祀活动一直传承至今。《黄金史》和《蒙古源流》两部巨著与《蒙古秘史》共同被称为具有世界影响的蒙古族三大古典历史经典名著。

第五，鄂尔多斯婚礼文化。源远流长的鄂尔多斯婚礼民俗经典，继承了蒙古族古老的婚礼传统，较多保存了成吉思汗时代男婚女嫁的遗风，既有严格的礼仪程序，也有欢乐诙谐的生活情趣。整个婚礼仪式用一套婚礼赞词贯穿始终，在起承转合中推动婚仪步步走向高潮，充分体现出蒙古族充满智慧的艺术创造才能和富有美学观念的文化修养。婚仪礼节中不但有献茶、敬酒、赠哈达等游牧民族的生活礼俗习性，也集中了赞美、祝福、祭天、拜灶等具有深刻社会背景和宗教色彩的礼仪形式，形成了一部完整的蒙古风俗录，它折射出的蒙古民族历史、社会、宗教、文学、礼仪、民俗等人文精神和草原生活景观，在优美动听的赞词祝福声中，和着草原民歌美妙绝伦的旋律，融合成一部礼赞蒙古草原人与爱的交响乐章，登上了中国首批非物质文化保护遗产名录的殿堂。

（4）进取的现代性

鄂尔多斯草原文化从远古走来，具有悠久丰厚的文化底蕴和古老的文化传统，在历史发展的长河中，虽然历经多次更替和演变，但坚守内在的脉络始终没有中断。自近代、现代以来，随着时代大踏步地进步向前，工业化的生产方式和都市化的生活方式以特有的张力和辐射力正源源不断向鄂尔多斯草原文化的机体渗透。传统和现代的方方面面无不在碰撞、冲突、相互吸纳，并且形成新的有机统一。虽然鄂尔多斯草原文化以单纯游牧生活为基本表现形态的历史已经终结，从内涵到外形正不断增强着现代性，但是长期由传统游牧生活方式形成的观念、礼仪、习俗等依然展示着草原文化鲜活的生命力。草原文化注重保护生态“天人和谐”的核心价值观、注重开放包容与兼容并蓄的文化观、崇拜英雄自强不息与奋发进取的竞争观等已深深熔铸在鄂尔多斯地域文化之中，在长期的历史演进中，经地域文化无所不在的持续熏陶，形成了鄂尔多斯地方人民的群体个性，影响着他们的思维模式和行为特征不断的趋同化，凝结成了敢于创新、敢于标新立异、敢于争先的群体性格。譬如发生在 1858 年的反帝、反封建，争取民族解放的蒙古族“独贵龙”运动，从清末一直延续到辛亥革命以后，长达 71 年之久。20 世纪 50 年代中期，由杭锦旗一位普通牧民妇女倡导的“百母百子”畜牧增产运动在全自治区推广。60 年代以牧区大寨乌审召为代表治理沙漠，建设家园的绿色革命创举，始终激励着鄂尔多斯一代又一代人与自然生态日益沙化的恶劣环境坚持不懈地斗争。如今，鄂尔多斯人建设绿色生态家园的梦想已经有了实质性的进展，涌现出了宝日勒岱、徐治民、沙木腾、王玉珊、王果香、乌日更达赖、殷玉珍等一批治沙劳模。当进入改革开放时期，以经济建设为中心的历史性转折为鄂尔多斯带来了腾飞的希望，解放思想、抢抓机遇、开拓进取的时代召唤与鄂尔多斯草原文化传统精神和鄂尔多斯人的心理需求自然相通，引发了一系列超前认识和创新行为。

4.4.2 鄂尔多斯地区草原文化的特点

以上对古代鄂尔多斯地区历史沿革和民族变迁的简要回顾展示了游牧文化与农耕文化在鄂尔多斯地区以跨民族、跨地域的形式持久交融了数千年，经过长期的积累和凝聚，鄂尔多斯草原文化体现出了以下特点：

第一，虽然在各个历史时期显现出了不同的民族性，但是由于北方游牧各民

族之间具有很深的历史渊源和族际传承，在文化交流中经过互相借鉴和融汇，最终形成了鄂尔多斯草原文化。它是游牧文化、农耕文化等多元文化的统一，是一种以多种生产方式为基础的内涵丰富、形态多样、特色鲜明的复合型文化。由于鄂尔多斯草原文化在古代的历史发展进程中，没有改变以草原自然生态作为生存的基础和游牧的生产方式，所以游牧文化主导草原文化的地位并没有改变。

第二，以鄂尔多斯地区这个历史平台嬗变推演的北方游牧文化与中原农耕文化长时期地碰撞与交融，主导了中国北方古代历史发展的进程和民族的大融合，对结聚的少数民族向汉民族群体的演变和形成、对古代国家政治格局的变化、对中国统一稳定的进程都产生了重大的影响。鄂尔多斯草原文化以其历史的连续性和多元合一的独特性成为影响中国历史发展进程的重要动因，以各民族分进、融合、共荣的发展促成了中华民族大家庭的最终形成，培育了中华民族文化的博大精深。历史进程生动地显示了鄂尔多斯草原文化以其显著的地位和游牧民族豪迈的气质和刚健的品格，不断为中华文化的发展增添着生机与活力，促使中华文化不断实现新的变革与发展，从而证明了草原文化是中华民族文化发展的重要动力源泉，它无愧成为中华文化的三大主源之一。

4.4.3 鄂尔多斯地区草原文化与民间金融的发展

自20世纪90年代起，鄂尔多斯民间金融逐渐兴盛，这与当地草原文化的继承与发展具有密切的联系。

清代是中国人口发展史上的一个重要时期。清初通过康雍乾三世的恢复发展，到乾隆朝全国人口突破3亿人大关。人地矛盾尖锐，大量内地贫民迫于生活压力，“走西口”“闯关东”或“下南洋”，形成近代三股大的移民浪潮。“走西口”是清代以来成千上万的晋、陕等地老百姓涌入归化城、土默特、察哈尔和鄂尔多斯等地谋生的移民活动。在康熙中后期的移民浪潮中，以内地汉族人流入蒙古地区为标志的农耕文化再次北上，在乾隆和嘉庆朝的推动下，特别是光绪年间，内地农民向今内蒙古中西部移民“走西口”进入高潮，涌入的内地人民多达数十万人。尤其是在道光五年（1825年），在鄂尔多斯地区的人工干渠缠金渠修成后，耕地日益增加，粮食产量明显提高，农业与畜牧业经济相互得以补充和支持，改变了当时鄂尔多斯地区单一的经济结构，在一定程度上克服了游牧经济的脆弱性。

“走西口”是中国古代移民文化并带动商业贸易大发展的地理标志，在中国商业贸易史占有重要地位。“走西口”是一部辛酸的移民史，是一部艰苦奋斗的创业史。一批又一批移民背井离乡，艰苦创业，开发了内蒙古地区。更重要的是他们给处于落后游牧状态的内蒙古中西部西口（又名杀虎口）带去了先进的农耕文化，使当地的整个文化风貌发生了根本的改变。伴随着“走西口”移民的进程，内蒙古地区以传统单一的游牧社会演变为旗县双立、农耕并举的多元化社会。在这一演变过程中，作为移民主体的山西移民做出了极大的贡献。由于山西移民在移民中占绝大多数，因而当地的移民文化更多地具有了晋文化的特色，也可以说是晋文化在这一地区的扩展。在清代至民国初年，在中国商业发展进程中具有举足轻重地位的旅蒙商，在长期艰辛的经营实践中开创的“艰苦创业，吃苦耐劳；勤俭守业，克己敬业；诚实守信，团结互助”等商业文化，不仅支撑起长达200多年旅蒙商业经营的繁荣，更借助“西口文化”的平台，为鄂尔多斯草原文化的内涵注入了新的生机与活力。

“西口文化”是晋商文化的一个组成部分，晋商文化以传统文化为主，在长期贸易中，因经常与俄罗斯、英国等商人打交道，吸收了许多西方的管理理念、经营方式等外来文化。晋商文化既是农耕文化和游牧文化碰撞交流的结果，也是优秀的东西方文化充分融合的结果，是一种开放型文化，也是一种冒险精神、创业精神、吃苦精神、开拓精神。

晋商文化传统概括如下：

第一，重视商业的价值观。晋商在继承中国传统儒家思想的同时，还形成了独具特色“重视商业”的民间商业精神和价值观，一改“学而优则仕”为“学而优则商”，从而形成一个具有相当文化素养的商人群体。由于他们把儒学中的诚信、仁义、忠恕精神引入商界，坚持以学保商，对商业的发展起了积极的作用。

第二，信、义、利并重的经营观。诚信观念和义利并重，晋商受儒家思想影响极深，他们是将做人的道理应用于买卖生意上，特别是将“诚实守信”的观念融入商业活动中，以诚实为本，坚持质量第一，维护自己的信誉，不弄虚作假。晋商挟信义而经商，不畏艰难，辗转千里，输万货以为人，赢百利而利己，逐渐形成义利并重，义利统一的商业价值观。祁县富商乔致庸把经商之道排列为一是守信，二是讲义，三才是取利。山西票号之所以在100多年中根基稳固，首靠信誉卓著，“山右巨商，所立票号，法至精密，人尤淳朴，信用最著”

第三，晋商的群体精神。山西商人在经营活动中很重视发挥群体力量。他们用宗法社会的乡里之谊彼此团结在一起，用会馆维系和精神上崇奉关圣的方式，增强相互间的了解，通过讲义气、讲相与、讲帮靠，协调商号间的关系，消除人际间的不和，形成大大小小的商帮群体。

第四，晋商谨慎的传统观念。山西商人经商以谨慎闻名，这并不是说他们不敢经营大的业务，恰恰相反，他们对大业务抓得很紧。但是他们不轻易冒风险，不打无准备之仗，而是要在充分调查了解情况的基础上，才拍板成交，以避免不

必要的损失。

第五，强烈的创业意识和创新精神。早期的晋商在“走西口”的路上，吃尽了苦头，才做成与蒙民的交易。又如，晋商首开中国“股份制”经营的先河，创造出“以身抵股”的身股制，极大地调动了掌柜和伙计的积极性。

综上所述，鄂尔多斯文化应该是由草原文化、蒙古民族文化和西口文化构成的混合文化形态，而这每一种文化都有其组成的文化维度和具体表现，他们相互联系、相互作用，构成了独具特色的鄂尔多斯文化。在鄂尔多斯市文化中，“诚实守信”的观念深入人心，这就成为催生鄂尔多斯市民间金融发展的重要原因之一。

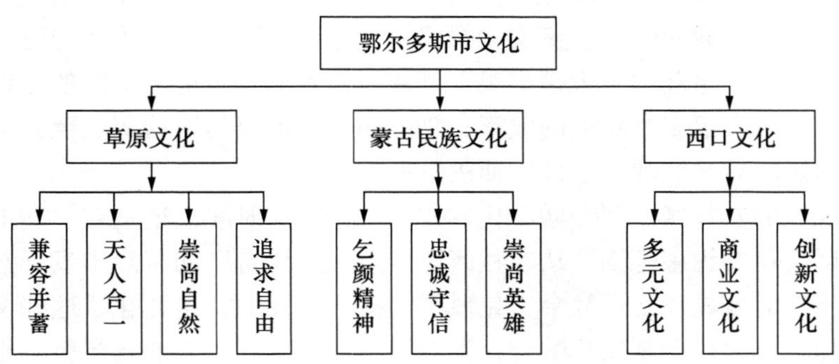

图 4－1　鄂尔多斯文化构成

通过对民间金融的回顾，可以看到民间金融在我国有着悠久的历史和深厚的积淀，它的悠久与深厚不仅在于它自身的有形的传承、史书的记述，而且还在于由其所积累而演绎的民间传说、口头文学、戏曲乃至实际的器物的所有整体，构成了农牧民日常社会生活的一个有机构成部分。这些有机部分在生活和社会活动当中都被作为经验在人与人之间的交流互动中进行传播，从而形成了乡村社会的记忆的重要部分。这样的传承超越了历史和空间的界限，从而也超越了一定历史时期法律和意识形态的界限，其深深隐于民间但从来没有中断，是各个时代的芸芸众生通过自己的社会实践赋予了乡村记忆新的内涵。在深厚的民间金融文化沉淀的背景下，在一定地域内的农牧民不需要就某一个所谓的概念说法进行高深的学理探讨，也没有就某一种组织的合理性和经济性进行论证，他们只要把生活中积累的经验和知识通过彼此在生活中的磨合从而生发出大家都很容易接受和理解的信息，这些信息在互相认同的范围内很容易成为某些交易发生的基本原则。习惯和比较稳定的生活范围、活动范围、社交范围、信息传播范围都为一个信息演变为一项简单的知识提供了丰厚的土壤，哪怕其中的名词是以方言的形式表达出来，这对于生活在一定范围内的人群来说反而非常容易接受。由于大家的认可，很多的交易发生时所采用的语言表达方式都已经模式化了。违背这些方式的思维和行为是没有市场的，在一个较为固定的生活范围和社会交往范围内，违背者意味着对大众的背叛和被疏远，也就是说在降低交易成本的同时，产生了高稳定下的高惩罚机制。这是一种没有文字制度的制度，形成了对民间金融文化自觉不自觉传承的正向激励机制。当民间文化积累的正向激励机制持续发生作用并且强化这种机制时，其自身也正在被悄悄地传承。

农牧区民间金融的深厚底蕴与中国社会特殊的历史发展路径是紧密相关的。当官方的合法的金融秩序在运行的同时，民间金融以自己特有的文化积淀为背景，进行另一种潜在秩序的酝酿和发展。从历史的发展来看，酝酿这些潜在秩序的民间金融文化和同时代的主流文化意识往往是既有冲突又有妥协与融合，但官方既宽容又打压的主基调在大多情况下是基本一致的。历史上不同的王朝往往对各种民间金融形态都出台相应的政策，陈陈相因所形成的所谓历史经验与制度得失往往成为影响后来当政者在此方面决策的依据之一。

我国现在的农牧区民间金融文化的积累不论是在时间上还是在空间上都超越于现有制度文化的约束范围。从农牧区民间金融文化自己的特点出发，它深深依赖于自我生发的地域乡土和社会文化风俗。社会越发展，越开化，这些文化的积累越能够和现有的社会制度相融合，甚至能够对现有制度的缺陷产生一定的拾遗补阙的功能。此外，随着人口流动的加快和二元社会结构的逐渐打破，原来维持自身文化积累的基础也相应地发生变化，但并不意味着农村民间金融文化积淀的终结。只要有农牧民这个大群体的存在，只要他们在一定范围内拥有自己的思想和符号表达系统，农牧区民间金融文化的积累就不会停止，而且在很长的历史时期内按照自己形成的路径持续向前发展。

农牧区民间金融文化根植于农牧区社会的内在传统，它是一种内生性的文化。农牧区民间金融文化本身有别于现代金融文化，也有别于外在制度强加的外来金融文化。它产生的根源往往就是这种文化体系的维护者和实践者，它的存在和延续与农牧区社会生产方式和生活方式有紧密的关系。即使外在环境发生很大的变化，但只要这种生活和生产方式没有发生根本的改变，农牧区金融文化就会依然延续。就农牧区民间金融文化本身来讲，其已经在历史长期发展中形成了一套有浓厚地域色彩的形式，其和当地的风土习俗、社会生产生活紧密结合，与当地的民族习俗和整体社会文化相融合，是一种能够跟随社会发展而不断发展变化的文化符号系统。这个符号系统表象上看是零乱的和非体系性的，但如果结合到农牧区民间金融的发展历程和发展形式，就会发现其潜在的完整性和深厚内涵，这和我国传统文化有极其密切的关系。在长期历史发展中，这与其他文化符号系

统并行不悖，保存延续着自己的语言、行为等方面的特色。对于正规金融的文化体系，其保持着自己的弹性和灵活性，并不完全排斥正规金融文化的符号体系。可以说，农牧区民间金融与官方的正规金融并非水火不相容。农牧区民间金融文化的符号体系成为缓冲农牧区民间金融与其他金融矛盾的内在的润滑剂，也是农牧区民间金融生存和发展的内在动力和根源所在。当外来金融制度不能满足农牧区社会需求时，承袭农村民间金融文化的各种民间金融形态就会蓬勃发展。从现代金融发展的趋势来看，农村民间金融文化与现代金融文化并不矛盾，而且可以相得益彰。健康良好的农牧区民间金融文化不仅对发展农牧区民间金融有着积极的辅助作用，而且对建立和完善农牧区社会信用体系，逐步完善农牧区民间金融的各种形态有促进作用，对于现代金融文化和农牧区社会实际的结合起到了弥合差异、填补差距的作用。良好的农牧区民间金融文化的推进能够减少现代金融的制度在农牧区推行时遭遇到的与传统和习俗的摩擦成本，缩短现代金融制度在农牧区社会推进和适应的时间周期。同时，民间金融文化有助于改进现代金融发展形势和服务不足与单一的局面，有利于推进农牧区民间金融各种形式的现代化发展。

第 5 章

牧区经济金融环境与民间金融发展

本章以内蒙古牧区为例，首先介绍内蒙古牧区经济金融发展历史及现状，其次以锡林郭勒盟及鄂尔多斯地区为例，分析牧区经济金融环境与民间金融发展的有机联系。

5.1 内蒙古牧区经济发展历史与现状

5.1.1 畜牧业的起源与发展

从旧石器时代到新石器时代、一直到铜器时代、铁器时代，岩画记录了在没有文字产生之前草原牧民创造的悠久的牧业文明。岩画是早期牧业的历史画卷，它不仅记述了牧业悠久漫长的历史，而且还表达了牧民的心迹和愿望。

我国雄伟绵延的阴山是北方草原的千里画廊。我国古代北方民族——匈奴、鲜卑、乌桓、敕勒、突厥、回纥、党项、契丹、蒙古等民族都在这里留下了他们的历史足迹。从阿尔泰山、天山向西绵延至里海—黑海之滨的广大哈萨克草原，也是游牧民族世世代代繁衍生息的地方。他们在风雨剥蚀的峭壁上留下了大量题材丰富的岩画。在海拔四五千米的西藏雪域高原的那扎县绒马区的加林山、阿里日土县任姆栋、鲁日朗、恰克桑等地的无人区，发现了多种造型的岩画。马形画是内蒙古锡林郭勒草原最为常见的题材之一。据考察，在 260 幅岩画中，竟有 145 幅出现了马、马群、牧马、牵马、套马、骑马、驮货马、马拉车等，足见马在草原游牧民族中的地位。骑马放牧是游牧民的典型形象，虽然骑马起源尚有争论，但是在阴山岩画上早就出现了乘骑的画面，出土的大量马具文物也是有力的证据。在内蒙古乌兰察布岩画上，有一幅青铜时代的畜圈图形。在一个正方形框内有 5 个圆点，方框表示畜圈，小圆点表示其内的家畜。据一些岩画学者考证，这是采用拘系圈禁的方式对野生动物进行强制性驯化，即通过绳索捆缚羁绊和建圈监禁饲养的方法，达到驯化的目的。西藏加林的岩画记录了驯化野牦牛的情景。野牦牛是雪域高原的庞然大物，奔突狂跳，常常危害人类。今天看到牦牛驯服地为牧人服务时，很难想象野牦牛被驯化的艰难过程，加林岩画再现了已经消失的历史。被驯的野牦牛十分骄横，四腿用力腾地，尾巴高高翘起，不肯就范，两个驯牛人并不示弱，他们分别牵着牦牛鼻子上穿出的两根绳子，毫不放松，不管野牦牛如何腾挪跳宕都拼命牵制住野牦牛。后面有一个骑马人，紧紧地轰赶着野牦牛，骑马人后面紧跟着两只藏獒，两只藏獒忠实地跟着主人，在为主人狂吠助威。关于野牦牛的驯养，藏族牧人还保留着一个古老的传说。在历史久远的年代，野牦牛常常冲撞帐房，危害人类，这时有一个大力士挺身而出，历经千难万险，终于驯服了野牦牛。这个古老的传说，与古老的岩画相对应，填补了无文字记载的空白。

我国大兴安岭地区也保留了丰富多彩的岩画，有驯鹿、马鹿、驼鹿、麋鹿等。鹿肉可食用，鹿革可制衣，鹿茸为珍贵的药材，鹿还能驮运。在民俗观念中，鹿又称为“四不像”。我国牧人驯养鹿有悠久的历史，至今大兴安岭北麓敖鲁古雅的鄂温克族地区还是养鹿之乡，岩画上有牵鹿人的形象，与狩猎时期狂跳的野鹿不同，它们驯服地跟着主人。在大兴安岭娘娘河流域保拉坎的岩石上有三幅彩色的驯鹿岩画，色调清晰，轮廓鲜明。据考古学者分析，这是鄂温克先民留下的游牧生活的原始画面，鄂温克族是先由猎鹿而步入牧鹿的。在新疆哈巴河县的一幅有关放牧的岩画上，众多的羊、鹿、骆驼大小不等，参差有致，后面紧跟两名放牧者，左边的牧人手持一鞭状物，右手叉开，似在吆喝牲畜，右边一人似在驱赶牲畜，这是一幅和谐的放牧图。在内蒙古自治区乌兰察布有一幅岩画，岩画上的牧人头戴园底椎形帽，足蹬革靴，身着宽大的蒙古袍，腰上束着腰带，手上似拿着牧羊鞭。在哈萨克草原富蕴县唐巴勒塔斯，也有一幅放牧图，远方的牧人乘骑而归，他头戴尖帽，身着长袍，对面是一个女人前来迎接他；女人也身着宽大的长袍，穿长筒马靴，她张开手臂，迎接远归的牧人；旁边有一跳跃的小狗，在为女主人助兴，欢迎牧人归来。内蒙古自治区乌拉特中旗几公海勒斯太有一幅青铜时代的岩画，左边为一只怀孕的母羊，母羊的腹部向下垂着，中间有一公羊，旁边站着一个人；右边的画面是一匹健壮的马，生殖器官非常突出，而另一匹马的腹部朝上，似正与公马交配，旁边站着一个牧人。这不是一幅驯马图，而是一幅培育良种马的图画。在长期的牧业实践中，牧人已掌握了选种、配种、培育新种家畜的技能。古代的匈奴就是最早培育骡子的民族，匈奴还培育出很多新的马种。阴山岩画上有一匹敲凿的骏马，骏马的头微微昂起，粗长的尾巴后垂，马上站立着一个牧人，上身前趋，五指叉开，手抚马鬃。在这匹骏马周围，围绕着六匹骏马，有的紧紧地靠着它的腹部，呈站立状，有的几乎贴在它的后臀，这不是一般的牧马图。据当代岩画学者考证，这表达了牧人期望牲畜繁殖的强烈愿望。

草原游牧民族生计手段依托的对象是牲畜。在草原民族的生活中，家畜具有重要的地位。首先，牲畜具有生产资料的价值。在草原民族世世代代经营的牧业经济中，饲养牲畜最直接的目的有两个：一个是保证得到肉食，另一个是保证得到乳食。草原民族食畜肉饮酪浆，衣皮革，住毡房，家畜是其生活的全部依赖。作为一种活的生产资料，牧民对牲畜的数量有强烈的要求。其次，牲畜还具有交换的价值。单一的畜牧业经济迫使草原民族不得不以各种方式寻求与从事其他产业的人进行商品交换，在草原民族看来，牲畜乃是一种财富，是一种货币，牲畜还是一种特殊的礼物。在草原民族的婚礼上，牲畜是妇女的陪嫁物品。草原民族曾经经历过漫长的狩猎时期，在草原岩画上能看到生动活脱的各种各样的动物形象。马在草原民族的文化中占有非常重要的地位，草原牧业经济的兴起与马的作用密不可分。综观历史上纵横捭阖的草原群体，都是靠养马兴盛起来的。能与强汉抗衡的匈奴的畜牧业非常繁盛，从史籍的记载中可以看出其养马业非常发达，对马的驯养和驾驭已经达到了相当的高度。马不仅是其生活所依，更是他们沟通信息和作战的主要工具。匈奴人不仅战时骑射，平时也常在马背上吃饭、闲谈、交涉，甚至可以蜷曲在狭小的马背上睡觉。公元 3 ~ 6 世纪，鲜卑族拓跋部活跃于内蒙古高原，鲜卑族是从大兴安岭北麓“南迁大泽”向西进入内蒙古高原的。从内蒙古自治区陈巴尔虎旗和扎赉诺尔的古墓中发现有殉羊、殉马、殉牛、殉狗的习俗，说明这些动物已被当作家畜驯养。有的墓葬中殉牲的数量非常大，由此可以推断出当时被饲养的牲畜数量也是非常多的。公元 5 ~ 10 世纪，活跃于塞外的北方民族主要有柔然、突厥、回纥、契丹等，其中以突厥最为强大。突厥分布于大漠南北，东起贝加尔湖，西至中亚细亚的辽阔地区。在水草丰盛的草原上，分布有契丹的马 20 余万匹。家羊和马是由西北地区的民族驯化的，西北地区是率先进入畜牧时代的地区。家马的祖先是生活在中亚地区的一种野马。古羌人就是以牧羊为业，过着定居的生活，农耕仍占有一定的比重。随着青铜时代的到来，西北以绵羊和马为特征的畜牧文化分别开始向西南和东北发展，形成了一条人字形文化传播带。在这个过程中，绵羊和马进入了蒙古草原。在这得天独厚的环境中，马、羊、牛大量繁殖，逐渐取代了大型野生食草动物，成了草原上的主要牲畜，草原民族逐渐进入了游牧时代。家养绵羊的遗骨在中国最早见于西北地区的新石器时代晚期文化遗址，进入青铜时代之后，绵羊遗骨在西南和西北陆续出现。

5.1.2　内蒙古牧区经济发展历史

从内蒙古牧区经济发展历史来看，可以分为四个阶段：第一阶段是从远古时期到 20 世纪初，第二阶段是从 20 世纪初到内蒙古自治区的成立，第三阶段是内蒙古自治区成立到改革开放前，第四阶段是改革开放至今。

（1）第一阶段：远古时期到 20 世纪初

早在旧石器时代，北方草原就有人类活动，距今 3 万多年前的鄂尔多斯人是最早生活在我国北方草原上的人。为了适应所处的自然环境，北方民族形成了包括采集、渔捞、养蓄、原始农业在内的原始混合经济。在蒙古诸部由石器向铁器过渡的时期，蒙古诸部分化出三种经济类型：其一，干旱地区的扩展限制了原始蒙古诸部所占据的大部分地区发展农耕的可能性，而且这种现象继续在南部、东南部诸部中发展；其二，以食用兽和皮毛为狩猎对象的狩猎业与河边捕捞业相结合，成为森林地区最主要的经济类型；其三，游牧业成为草原地区诸部的主要经济类型。游牧民族单一的经济结构和多样化的需求，客观上要求与邻近民族和地区发生联系并进行交换，从而使交换成为经常性的经济活动。这种经常性的交换活动产生了实物货币，而畜牧首先充当了这种实物货币。游牧畜牧业创造了私有制，形成了蒙古族游牧经济，这是在农业文明时期蒙古族牧民依据季节变化和草场状况以游牧方式经营畜牧区的经济形态。

秦汉王朝统一之后，生产力迅速发展，人口数量大增，牧民在砍伐河西走廊和陕、甘、宁黄土高原的树木并从事农耕的同时开垦的足迹也在向草原推进。以内蒙古西部为例，秦汉以后开始了较大规模引黄灌溉，随后农地扩张至阴山南麓大片草原。后来由于北方少数民族的频繁迁徙，大片地区出现了农牧交替与局部的农林牧结合的生产方式。元代以后的较长时期内，游牧经济为主。清朝统一中国后，北方草原是内蒙古各盟旗和部落的牧场，严格限制草原开垦，边外蒙古以游牧为生，不习耕作。

游牧经济是畜牧经济的一种，是以牧养动物为生的经济。原始社会后期，人们因在狩猎中常和动物接触而懂得了动物的驯养，最初养犬、猪、鸡等，后又养牛、马等。畜牧发达以后，有的部落逐渐以游牧生活为主。畜牧经济伊始，由于人少地广，而且牲畜数量较少，所以在定居环境周围自由放牧就可以解决饲料问题。随着社会生产力和畜牧业的发展，尤其是牲畜数量增加到原有定居环境周围的草场难以容纳时，为了解决牲畜与草场、人与自然的矛盾，人们就不得不开辟新的草场，于是形成了逐水草而迁徙的游牧经济或游牧生活。游牧经济是指游牧劳动者依据自然环境和季节变化为合理利用草场而有序进行游牧，即四季轮牧为手段的生产劳动为主的一切经济活动，其目的是在保护自然环境多样性的前提下保证畜群的繁殖和增加社会财富。畜牧经济又可分为原始畜牧经济、游牧畜牧经济、草原畜牧经济、农区畜牧经济、郊区畜牧经济、现代畜牧经济等，游牧畜牧经济是其中的一个类型。

蒙古族游牧经济是游牧经济的典型，与之相应蒙古族的语言和文化也具有典型的草原文明特征。任何一个民族的生存和发展都依赖于一定的地理环境和经济条件。蒙古族自古以来生活在亚洲北部的蒙古高原上，在严酷而封闭的内陆草原环境中长期从事畜牧业和狩猎业的经济活动，从而形成了极具特色的游牧社会形态及其文化。

在蒙古部落形成初期，其经济形态仍处于原始阶段，本部落生产的食物仅能维持自身基本生存消费，并能建造居所、制作简单家用工具、蹂制皮革、加工木器、自己缝纫衣物等。简而言之，那时的畜牧业只能够满足部落再生产所需最基本的物质资料，几乎没有用于外部交换的剩余产品。随着蒙古族劳动者的素质技能的提高和生产力的发展，出现了剩余产品。为了获得更多的剩余产品，蒙古族牧民通过放牧的劳动，经营大规模畜牧业，以自己的畜产品来交换周围民族的农产品和手工产品。大规模的畜牧业必然要求大面积的草场，为了恢复草场的肥力和保证牲畜的大量繁殖，游牧民族采取了游牧生产方式。在当时的生产力水平上，迁徙是使草场恢复肥力的唯一可能的方法。游牧的重要特征就是常规性的游牧，以冬营盘为圆心形成一个游牧圈，游牧半径随季节变化而伸缩，由春至夏逐渐扩大，由夏至冬逐渐缩小。

随着牧地的狭小化，家畜的单位面积平均密度有所增大。牧地面积的相对不足便产生饲料的不足，减弱了对疾病的抵抗力，牧业遭受严重的打击。由于牧场狭小，过度放牧致使牧场迅速荒芜化。过于密集和长期在同一地块放牧时，牧场更易被荒芜化，表土被风吹扬。开垦、定居缩小了畜群的移动空间，牲畜在同一面积草场上消耗牧草的时间被延长，这就造成了牲畜大量消耗与破坏草场的后果。定居还会刺激人口增长，人口过多会给生态环境带来沉重的压力。耕地的肥沃程度也逐年下降，部分耕地丧失表面的肥沃土层而不再适宜于耕作，许多土地被迫轮歇或废弃，大量的已耕地变成撂荒地，牧民只得再开垦大面积草场来补充耕地。长此以往，许多植物被毁灭，强风开始侵蚀土壤，堆积成巨大沙丘。

除了沙化等人为环境问题外，内蒙古牧区还存在不利的地理因素和气候因素。内蒙古牧区南北、东西跨度较大，自然环境较复杂。

首先，从地理环境上来看，内蒙古牧区的地貌以高原为主体，还有山地、沙地等，地形复杂多样。呼伦贝尔草原、锡林郭勒草原、鄂尔多斯草原、阿拉善草原等主要草原都地处蒙古高原，平均海拔在 1000 米左右，海拔最高点为贺兰山主峰，达到 3556 米。在牧区的四周分布着大兴安岭、阴山、贺兰山等山脉，构

成内蒙古高原地貌的脊梁。东部牧区环境相对良好，主要为草甸草原，草场生产力也相对较高。西部牧区分布着广袤的沙漠，主要有巴丹吉林、腾格里、库布齐、乌兰布和、毛乌素等沙漠。

其次，从气候方面来看，内蒙古牧区由于所处纬度较高，高原面积大，距离海洋较远且有山脉阻隔，气候以温带大陆性季风气候为主，并呈现降水量少而不均、风大、寒暑变化剧烈等特点。总体来说，内蒙古牧区气候在春季时气温骤升，多大风天气。夏季短促而炎热，降水集中。秋季气温剧降，霜冻往往早来。冬季漫长严寒，多寒潮天气。内蒙古牧区的气温年际变化显著，部分地区的气温的极差在65～85℃，气温日较差为13～16℃，是中国气温极差与气温日较差最大的地区。牧区年总降水量为50～450毫米，干湿差异较大，东北部降水较多，向西部递减。呼伦贝尔草原地处内蒙古高原东部，降水相对充沛，西部草原地区降水稀少，年降水量不足100毫米，阿拉善地区年降水量则少于50毫米，其中额济纳旗年降水量只有37毫米，干旱成为限制当地牧业发展的主要因素。内蒙古牧区全年大风日数平均在10～40天，其中锡林郭勒、乌兰察布高原地区能达到50天以上。大风也带来沙尘天气，大部分地区的沙尘暴日数为5～20天，鄂尔多斯高原地区的沙尘天数在20天以上，阿拉善盟额济纳旗的呼鲁赤古特年均达到108天。

游牧经济具有以下特点：

第一，移动性。农耕文明具有聚居性、稳定性，稳定的居所是农耕社会发展的前提。游牧民族的生活方式具有游动性。游牧民族逐水草而居，哪里有水草，哪里就可以牧养更多的牲畜，那里就是他们的天下。他们常常处于一种高度分散的游离状态，这种随畜移徙的生活方式，历史上称为“行国”。游牧民族整年分散地游牧，且绝大多数是携家带口地随畜群移动。这种生存方式和行为方式，是由其生态环境决定的。游牧文化的最大特点是对自然的适应性。人对自然界有依存性，各种生物之间是相互关联的，因此人类与自然之间必须和谐共生并协同发展。畜牧业发展的关键是草场，牲畜的进食量是固定的，但是草场的出草量也是固定的。当草场畜草量满足不了牲畜需要的时候，人和牲畜就必然要迁徙。与农业的种植不同，农业的种植技术决定农业的收获，而牧草的出草量存在着更多的自然因素，如雨水的大小、风力的强弱等。在传统游牧社会，畜牧业的生产技术是生活方式的组成部分，具有其自身的质量标准。它是世世代代连续发展的产物，没有明确的体制，技术和社会文化是紧紧连在一起的。在一般人看来，游牧民族在广袤的上苍赐予的无垠的草地中生活，不存在土地意识。其实不然，游牧的蒙古族对放牧草地的利用和保护甚为关心。牧民随季节而移动，本质上就是出于对草地利用的经济上的选择。牧民对放牧地的选择与自然的变化紧密地联系在一起，他们对所生活的草原中的草地的形状、性质、草的长势、水利等具有敏锐的观察力。有经验的老人，即使在夜间骑马，用鼻子就能嗅到附近的草的种类和土质。对于外地人来说，茫茫的草原千篇一律，而对牧民来说却认为草原上千差万别，并能清楚地区别各自的特征。在传统游牧社会，蒙古族对于放牧草地的利用和保护有着一套合理的方式。他们会从水和草两方面来考虑放牧。从“水”的方面来说，牧场一般限于沿河流湖泊一带的地方，从“草”的方面来讲，每一块牧场承载的牲畜种类和数量是有限定的。随季节而移动，本质上就是出于对草地利用的有效的选择，否则他们不会去冒着冬天的严寒和冰雪、早春的凛冽的寒风、夏日的酷暑和虫害，逐水草而牧。

在内蒙古游牧地带，牲畜转场是根据气候的变化而对牲畜放牧营地（营盘）进行季节性的更换。由于不同的放牧营地，其自然气候环境、地形和地势、水源等条件的不同，使得牧草的类型和生长发育状况也会有明显的差异。因此，为了合理利用草场资源，使牲畜在全年各个不同时期都能获得较好的饲草供应，在蒙古族传统游牧活动中，一般每年从春季开始都要进行牲畜转场。这种转场，在一些气候、植被条件差异较大的地方，一年要进行四次，称为四季营地。而在一些地势平坦，气候、植被条件差异较小的地方，一年只进行两次，即冬春为一营地，夏秋为一营地。冬春营地称为冷季草场，夏秋营地称为暖季草场。四季营地以夏、冬季营地为主，而春、秋营地利用时间较短，属于过渡性营地。两季营地的冷季草场利用时间也长于暖季草场的利用时间。这些具体的时间都是在历史积累和传承的过程中沿袭下来的，内蒙古牧区牲畜转场时间表就是这一特点的反映。

表 5－1　内蒙古牧区牲畜转场时间

地区	四季营地				两季营地	
	春	夏	秋	冬	夏季	冬季
呼伦贝尔盟北部牧区	5 月上旬	6 月下旬	9 月上旬	11 月下旬	6 月上旬	10 月下旬
锡林郭勒盟北部牧区	4 月下旬	6 月中旬	9 月中旬	11 月上旬	5 月中旬	10 月下旬
乌兰察布市北部牧区	4 月中旬	6 月中旬	9 月下旬	11 月中旬	4 月下旬	11 月上旬
西部牧区	3 月下旬	6 月下旬	9 月下旬	11 月下旬	4 月上旬	11 月上旬

资料来源：王文辉. 内蒙古气候［M］. 气象出版社，1990.

在内蒙古锡林郭勒草原，20 世纪 50 年代之前，牧民每年于阴历三月间，选好无风雨的日子，先在较远距离的牧地放火以迎春雨期的到来，使牧草得以很好地发芽。5 月初，牧草开始逐渐生长发育，牧民搬回蒙古包放牧，如马群 500 匹为一群，编成数组，30里牧地，只够马群15日就食，然后转移他处，过30日或15日又回到原来的地方，即轮牧。一直到9月下旬至10月初水草枯竭，牧民开始带马群回家，此时不能远牧，到11月后赴冬营盘。其他牲畜的牧法有所不同，但季节移动却是相同的。“夏天到山坡，冬天到暖窝”，这就是牧业生产活动中的牲畜转场对气候变化的一种适应，也是为了给牲畜选择一个良好的气候环境。牧民们还通过长期的实践，认识到部分山地草场和山麓地带草场在水文气候条件的垂直分布上存在着一定的差异，因此在安排牲畜转场时，还结合了地形的局地小气候特点（如坡向、谷地走向等）。暖季草场一般选择在海拔较高的高山、阴坡、岗地或台地，冷季草场多选择在海拔较低的向阳、背风的坡地、谷地或盆地。营盘因地势视草场来设，每年3~5户，相距数华里，一家一户以游牧为主，很少定居。20世纪30年代，一般每个蒙古族的宿营地有3~4户，宿营地之间的距离一般为1~2公里。这种格局及轮牧方式，有利于对草场的保护。

此外，在内蒙古土默特居住的蒙古族，现在的生产方式虽然变为农耕，但在历史上，他们对草原经营有着一套严格的制度。在16世纪，土默特蒙古族非常重视畜牧业，他们继承“行则车为室，止则毡为庐，顺水草便骑射为业”的传统游牧方式，同时采取分群放牧的形式。据《明史》记载，当时放牧者的分工有“亦儿歌赤”（羯羊倌）“亦马赤”（山羊倌）等。土默特平原上的许多村名如“霍拉各气”（放绵羊羔者）“添密”（放骆驼者）等，都是阿勒坦汗时代分牧办法保留在村名上的印记。明末清初，土默特蒙古族昼则逐水草放牧，夜则将牲畜圈入栏内。到乾隆年间，专门从事畜牧业的牧民逐渐减少，土默特蒙古族开始盖房筑屋，逐渐定居，但是只能在分配给自己的尚未开垦的户口地和官滩牧地内放牧。

第二，脆弱性。游牧民族对自然的依赖性导致了其特定的移动的生存方式，同时也导致了其生存方式的脆弱性。在草原上生活的牧民不像农民那样固守着土地，过着定居的生活，牧民是奔波辗转，逐草而居。他们过多地仰仗自然、依赖自然。牧民对牲畜只需加以看管和最原始的照顾，就可以使牲畜大量繁殖起来，从而获得充裕的乳、肉。牲畜受自然环境的影响极大，一场暴风雪的袭击就可能使牧民家庭由巨富刹那间转为赤贫。虽然农民也往往“靠天吃饭”，但其收获的对象并非活物，农产品往往能够储备。农民面对的是黄土地，他们与自然的关系及对土地的占有和使用有着一定的范围。对土地占有的越多，越能使其生存状况有所改善，土地的能量、土质、水源、肥料决定着农民的生存状态，耕作技术也起着至关重要的作用。相较而言，牧民的靠天养畜极不稳定，又加之他们始终处于动荡迁徙之中，所以这种方式不利于扩大再生产。此外，随着牧民生活水平的提高，他们对农产品的需求量也越来越大。他们迫切希望通过与农民的和平互市、贸易往来，以补充自己所需。

第三，分散性。游牧的牧民需要定期的迁移，因而需要广阔的土地。蒙古族牧民的游牧是以“群”为单位分群放牧。一般情况下，牧民依据家畜的种类分群如牛群、羊群、马群、骆驼群等分群放牧。一种家群繁殖到一定程度也要据畜龄和雌雄分群放牧，如公羊群、基础羊群、羔羊群等。既然以“群”为单位饲养和放牧家畜，就需要一定的牧场或草场。蒙古族把家畜视为财富，并以家畜的头数多少来表示财富。为了增加财富必须寻找更广阔、更富饶、更有活力的草场，家畜的数量增加到原有的草场容纳不下的时候必然要再分群，也必然要到其他地方寻找新的草场，解决草场与家畜的矛盾，保证草场和环境的可持续发展。通常情况下，牛、马、骆驼几百头为一群，羊 1000 只为一群。对一个游牧民族来说，扩大草场、争夺土地，甚至外侵，是游牧经济的内在动力。牧民们采取一切措施，尽量扩大土地面积和草场。随着牲畜数量的增多，草场面积逐渐扩大，牧民们的住所就会逐渐分散。

第四，均衡性。蒙古族牧民虽然过着游牧的生活，但是同时也饲养马、牛、山羊、绵羊、骆驼等牲畜。由于地理环境、土地肥沃程度、气候、降雨量等的差异，在沙漠地区，牧民们以饲养山羊、骆驼为主，马、绵羊、牛为辅。在草场广阔、植物茂盛、土壤肥沃的地方，则以饲养牛、马、绵羊为主，山羊、骆驼为辅。蒙古族牧民之所以经营“小而全”的均衡性的畜群结构，是由于只有不同畜群的不同畜产品才能满足游牧社会的基本需要。牲畜的乳可制成奶酪、奶豆腐、黄油和高级饮料，肉是蒙古牧民的主要食物，皮毛是制造衣服、毛毯、帐房和皮囊等生活所需品的原料。马、牛是主要的生产、生活工具，马用以放牧、狩猎、征战，牛用于驾车。畜群的粪便也是牧民每天最需要的生活燃料和搭建牲畜棚圈的有机材料，如圈中羊粪踩成一定厚度之后，分割成四方块，晾干后既可烧火，又可以当作建筑牲畜棚圈的原料。在远离城镇、市场的辽阔草原上，这种逐水草而迁徙的游牧生活，要求所有的生产资料和生活资料尽量自给自足，这是游牧经济的必然要求。如果只经营一种畜群就无法自给自足，也就无法维持正常的游牧生活。蒙古族牧民经营“小而全”的均衡性的畜群，虽然能够满足游牧生活的基本需要，但无法满足更高、更新、更多的生产、生活需要。要满足这些新的需要就必须同邻近的部落和民族进行经济贸易，扩大交往。蒙古族牧民用剩余的牲畜和畜产品换来急需的或新的生产、生活物品，开阔了自己的眼界，促进了交换和分工的发展，提高了游牧生活的质量。

（2）第二阶段：20 世纪初到内蒙古自治区的成立

19 世纪末，清朝政府推行移民政策，大批汉族农民自农耕地区迁移至农牧交错地带，大部分地区逐渐转变成为农耕区，而原来的游牧民逐渐扩散到北边的草原深处。随着迁移来的汉族移民不断增加，在农耕区与畜牧区之间就出现一个“半农半牧”区。内蒙古牧业区是蒙古族等少数民族聚居区，新中国成立前经济上依赖于单一畜业，另外还有零星的狩猎业、家庭手工业、少量不固定的粗放种植业。畜牧业所依赖的生产资料较为单一，那就是天然草原，用生产出来的畜产品再去交换生产生活用品。逐水草而居的游牧经济是一种自给自足的自然经济，只要不遇灾年，对牲畜适当看管便能取得可观的畜产品。如果贸易通畅，牧民们便会用畜产品、猎物、毛皮等交换到生活、生产所需要的其他用品。新中国成立前，内蒙古牧区社会分工也比较单一和落后，畜牧业经济不得不依赖于与外界交换才能维持。牧区一旦受干旱等自然因素的影响，游牧经济就会受到致命的打击。牧区的畜牧业经济除了受自然灾害影响外，还受到来自市场交易的不等价交换、王公贵族和上层喇嘛的剥削的影响。王公贵族和上层喇嘛很少从事畜牧业经营管理，通过剥削获得的财富大多用于消费，牧业区的畜牧业扩大再生产也就失去了基本的条件，畜牧业经济发展较为缓慢。

（3）第三阶段：内蒙古自治区成立到改革开放前

内蒙古自治区成立于1947年，自此，内蒙古的政治、经济、社会、文化等出现了翻天覆地的变化。

在民主改革时期，内蒙古废除了封建特权，牧区的草场归全体牧民所有。封建特权的取缔给了牧民政治的平等权利，牧民的生产积极性大增，然而要改善和提升牧民生产、生活水平，紧靠发展畜牧业还是有一定的困难，牧民们还需要用畜产品来进行对外交换。当时的政府实行了流通价格管制，以扶植牧区的商业。由于政府采取了一系列适宜牧区发展的政策，到1952年，全区的畜牧业产值达到1.87亿元，比1947年增加了91.7%。牧民的生活有了一定改善，据统计，1952年东部牧区牧民人均购买力比1950年提高了16.8%。

内蒙古的社会主义改造将牧区全部个体牧户基本改造为集体化的人民公社社员，一部分牧主被改造为公私合营牧场成员。这一时期的经济政策和管理措施有：取消了民主改革时期的流通管制，实行了计划购销。除了生产领域的合作化以外，牧区供销社取得了很大发展。供销社的规模和业务范围不断扩大，网点增加，营业额倍增。供销社经营业务由过去只营销商品，逐步扩大到收购部分畜产品和土特产品等，在满足牧民畜牧商品需求的同时，也方便了牧民的产品销售，供销社成为牧区主要的甚至是唯一的商业机构。游牧定居政策和互助合作使牧区出现了真正意义上的牧区社区，这一牧区社区的出现对降低畜牧业的脆弱性、提高畜牧业经营效率起到了积极作用。此外，还有畜牧入股政策、畜牧报酬和自留畜牧办法等，这些经济政策和管理办法都推进了牧区经济发展。

在人民公社时期，内蒙古牧区与中国农村有很大不同。由于内蒙古牧区土地利用方式和自然资源特点，牧区的集体化经济产生了聚集效应。这种生产要素的聚集，进一步细化了牧区的劳动分工，劳动分工的发展势必提高劳动生产效率，促进了牧区经济的发展。通过牧区经济多年的发展，牧区除了为国家提供了大量的畜产品外，还建立了中国最大的畜产品加工生产基地。牧民的收入不断提高，当时标志富裕的“三大件”，牧民基本都拥有。集体经济不断壮大，畜牧业基本上实现了洗羊机械化、剪毛机械化。1982 年集体解散时，每个嘎查都有几十万元到上百万元的集体积累。社会分工也有很大进步，开发了饲料基地、组建了嘎查运输队、基建服务队、副业队等。集体社会事业发展也非常快，每个嘎查都有专职放映员、卫生所、供销社，还建有学校，基本可以保证学生在嘎查内完成初中阶段教育。

（4）第四阶段：改革开放至今

改革开放以来，内蒙古牧区随着草牧场承包制的落实，形成了真正的“小牧经济”。在草牧场二轮承包前，牧民们对草场的产权观念淡漠，对草场的长期承包持怀疑态度，他们将大部分收入用于消费。两轮承包后，草牧场使用权 30 年不变，此项政策加强了牧民的草牧场使用权的意识，牧民开始把更多的资金用于生产建设上，尤其是草牧场的围栏建设上。牧民之间的互助劳动也逐渐减少，劳动开始商品化。有偿劳动力开始在牧区流行，牧区社区互助文化开始逐步瓦解。在草畜双承包的短短十几年，内蒙古畜牧业的产业化得到迅速发展。与此同时，流通领域也发生变化，改革后的畜产品流通大体上形成了以国营、股份制和私营畜产品加工与供销企业为主、个体商贩为辅，产供销一条龙的畜产品供销体系。加入这个链条的，既有大公司，也有中小企业，还有数量庞大的个体户，包括畜产品经销商、牲畜和畜产品贩运者、经纪人和信息传输者等。在销售环节则既有大宗产品的批发商，又有遍布城乡走村串巷的零售商贩。改革开放以后，牧区采用按牲畜头数缴税的税制方式。这种征税方式加重了牧民负担，同时淡化了牧民的草场产权观念，加剧了草原生态恶化。面对头数征税的方式，绝大多数牧民无所适从，牧区开始出现无畜户。失去牲畜的牧民对政府不履行纳税义务，因为牧区的“草畜双承包”制度，集体承包给这些无畜户的草场仍在，这就出现了资源配置的不合理——草场闲置现象。与此同时，一部分富裕牧民，开始在自己的草场上超载放牧。在实际的草场产权不明晰的情况下，出现了养蓄大户蚕食其他牧民草场的情况。牲畜头数征税方式促使畜牧业向数量扩张型发展，草原生态环境出现了不断恶化的趋势。面对草原生态不断恶化的危机，政府出台了针对草原生态保护、治理和建设的国家环境政策，主要包括草畜平衡政策、禁牧休牧退牧还草政策、生态移民政策和植树种树和风沙源治理政策等。

5.1.3 内蒙古牧区经济发展现状及特点

近年来，内蒙古自治区畜牧业工作紧紧围绕“畜产品增产、农牧民增收、草原增绿”的发展目标，充分发挥农牧结合的双重优势，以改革开放和科技创新为动力，以加快转变畜牧业发展方式为主线，继续推进现代畜牧业持续健康发展。畜牧业生产规模不断扩大，综合生产水平。据内蒙古自治区统计局统计，2015年，全区牲畜存栏头数达13585.7万头（只），比2014年增长5.2%；牲畜总增头数7612.4万头（只），总增率达58.9%。牧业年度良种及改良种牲畜总头数12268.4万头（只）。全年肉类总产量245.7万吨，比2014年下降2.6%。其中，猪肉产量达到70.8万吨，下降3.4%；牛肉产量达到52.9万吨，下降3.0%；羊肉产量达到92.6万吨，下降0.8%。牛奶产量803.2万吨，增长1.9%；禽蛋产量56.4万吨，增长5.3%。畜牧业产值达到1158.5亿元，全国排名第9位。

随着内蒙古自治区经济社会的不断发展，城镇居民人均可支配收入和农村牧区居民家庭人均纯收入逐年增加。农村牧区居民家庭人均纯收入由2006年的3341.88元增加到2014年的9976元，增长了约2倍。从收入差距上看，2006年农牧民与城镇居民人均可支配收入的差距为7016.11元，而2014年这一数据扩大到18373.64元，其绝对收入差距不断扩大。从增速上来看，2006~2009年，农村居民家庭人均纯收入增速小于城镇居民可支配的收入，而从2010年开始，农村居民家庭人均纯收入增速均高于城镇居民人均可支配收入增速。农牧民的生活有所改善，可供储蓄的收入也增加，给农村经济的发展和农村资金的融通奠定了基础。

表5-2 内蒙古自治区2006~2014年农村牧区居民家庭人均纯收入和城镇居民人均可支配收入变动

年份	农村牧区居民家庭人均纯收入（元）	城镇居民人均可支配收入（元）	农村牧区居民家庭人均纯收入增速（%）	城镇居民人均可支配收入增速（%）
2006	3341.88	10357.99	11.81	13.37
2007	3953.10	12377.84	18.29	19.50
2008	4656.18	14432.55	17.79	16.60
2009	4937.80	15849.19	6.05	9.82
2010	5529.59	17698.15	11.98	11.67
2011	6641.56	20407.57	20.11	15.31
2012	7611.31	23150.26	14.60	13.44
2013	8595.73	26003.62	12.93	12.33
2014	9976.00	28349.64	16.06	9.02

内蒙古牧区经济发展有以下特点：

（1）畜牧业生产的高风险性

畜牧业生产是在天然草原基础上进行的，其劳动对象是活的动物体，所以受自然条件和生产环境影响非常大，表现出明显的脆弱性特点，即不稳定性或风险性。畜牧业相较于农业来说，生产周期较长，这就增加了生产中的风险性。例如，以繁殖为目的牲畜，一般饲养年限较长，如牛可被饲养达 20～25 年，但利用年限没有那么长，公牛为 5～6 年，母牛为 12～15 年。牛的繁殖为 3 年 2 胎、每胎 1 头，羊的繁殖为 2 年 3 胎，每胎 2～3 只。以育肥为目的的牲畜利用年限较短，肉牛的最适屠宰期为 1～2 年，一般 18～24 个月就可屠宰。相对于农业几个月的生产周期，牛、羊的生产周期较长，而且畜牧业的再生产是把一部分的畜产品作为生产资料，比如基础母畜和种公。它们遭遇病虫害或者自然灾害的可能性较大，损失也巨大，而且一般需要几年的时间才能恢复生产，影响长远。

由于地形、区域气候等因素的影响，内蒙古牧区自然灾害频繁，旱灾、雪灾等是常见自然灾害。旱灾和雪灾是内蒙古牧区发生频率最高、影响范围最广、影响程度最深的自然灾害，牧民抗灾能力一般都较弱。根据占内蒙古中西部牧区 500 年的旱滞史料分析，干旱年份占 70%～75%，三年约有两年旱，7 年左右一大旱。在 1951～1990 年，内蒙古牧区干旱发生频率为 92.1%，真可谓十年九旱。其中出现中旱以上的频率为 76.3%，三年中有两年中旱。出现大旱的频率为 28.9%，三年一大旱。旱灾及雪灾给畜牲业带来的损失是巨大的。以锡林郭勒盟为例，1953～1999 年的 40 多年间，发生旱灾雪灾 27 次，其中 7 次严重的雪灾共死亡牲畜 549 万头。其中最严重的 1977 年大雪灾，死亡牲畜达 337.6 万头，占全盟牲畜总头数的 2/3。在国家财力、物力大力支援以及实行联产承包责任制条件下，经过 10 余年的努力，锡林郭勒盟牲畜总头数才恢复到灾前水平。

此外，牲畜疫病和市场变化也大大增加了畜牧业生产的风险性。疫病往往会导致整个牲畜群的感染，甚至会造成整个地区牲畜的毁灭，给牧民带来巨大的损失。更为严重的是一些畜染疫病会导致人发病，对人体健康产生威胁，特别是近年来出现的新疫病，如疯牛病等，其潜在危害极大，所以疫病已经成为畜牧业面临的重要风险之一。市场供求变化、价格变化对畜牧业经营的影响也很大。畜牧产品作为一种初级产品，在生产上不但存在着滞后性，而且缺乏供给弹性和需求弹性，很难通过市场机制自身的作用来实现供求平衡，因而价格波动较大，从而也增加了畜牧业的风险。

（2）牧区经济发展缓慢

自西部大开发以来，内蒙古自治区的经济发展取得了巨大成绩，特别是近年来，其经济增长速度位列全国前茅。尽管如此，在内蒙古经济中占有重要地位的

牧区经济，却是长期处于封闭与自然化的发展状态。在多种因素的影响和制约下，加之与现代科学技术的融合程度较差，牧区经济发展速度缓慢。

在内蒙古的广大牧区，牧民的生产方式仍然以自然放牧加冷季补饲为主，集约化、产业化的程度偏低。全区主要草食家畜中，除了牛的出栏率（34.4%）略高于全国平均水平外，羊的出栏率为52.5%，比全国水平低17.5个百分点，有许多旗县牲畜出栏率处在40%以下，母畜存栏比重为30%～40%，牧区绵羊的繁殖成活率仅在80%，山羊和牛则更低。近年来，国家加大了对草原建设力度，牧区政府和牧民也做出了很大努力，但由于受其自然条件限制，畜牧业基础建设成本偏高，这就导致建设规模比较小，远远不能满足畜牧业生产发展的需要。况且，草原局部建设不能有效地遏制草原环境整体退化、恶化趋势，不能有效地抵御较大自然灾害。一遇到灾年，牧民就会损失惨重，严重影响了牧民正常的生活及再生产。

（3）牧民收入增长速度较慢

改革开放30多年来，牧民收入水平虽然有所提高，但是牧民收入在经历了20世纪80年代由快速增长到稳定增长、90年代前期高速增长、90年代后期开始出现增长缓慢的趋势。牧民无畜户、贫困户逐渐诸多，收入差距呈现扩大趋势。据资料显示，截至2014年，内蒙古农村牧区贫困人口由2010年底的266.58万人减少到117万人，减贫149万人。57个贫困旗县农牧民人均纯收入由4142元增加到7580元，年均增长18.1%。在33个牧业旗县中，有18个贫困旗县，牧区旗县的贫困面达到54.5%。以锡林郭勒盟为例，阿巴嘎旗全旗约70%的牧民人均只拥有28只羊，仅占全旗牲畜总量的3成，该旗牧民人均欠政府和金融部门各类债务达4300元。东乌珠穆沁旗一直是牧民收入最高的一个草原畜牧业旗，吉仁宝力格嘎查牧民人均收入几十年一直名列内蒙古自治区近3000个牧区嘎查之首，但是据东乌珠穆沁旗政协的调查报告，该嘎查贫困牧户还是占到61%。

经济的增长促进金融的发展，金融的发展推动经济的前进。在内蒙古牧区经济出现增长迟缓、牧民陷入贫困时，牧区金融服务也随之下降。牧区金融市场的乏力会进一步加剧牧区经济的贫困，导致牧区经济陷入贫困的恶性循环中。

（4）牧区经济呈现二元结构

我国是一个典型的发展中国家，经济二元性特征明显。特别是改革开放以来，国家采取了一系列推进工业化的战略和政策，大量的资金从第一产业流入第二产业，从农村牧区流入城市地区，城市与农村牧区之间的发展差距不断扩大。国家政策偏向工业的同时，农村牧区的生产由于资金、技术的短缺，因而发展速度缓慢，盈利性低下，金融服务更是落后，甚至是空白。许多城市凭借优越的经济地理优势及活跃的经济活动，金融市场得到快速发展，城市金融机构在网点的分布、金融产品和金融服务的供给方面远远超过农村牧区。可以看出，城市与农村牧区二元经济结构的存在导致城市与农村牧区二元金融结构的出现。

在内蒙古广大的牧区，正规金融机构（如商业性银行、政策性银行、农村信用合作社等）与非正规金融（如合作基金、借贷公司、私人借贷者等），二者通常是共存的。在牧区金融市场上，无论是正规金融机构还是非正规金融组织，主要从事储蓄和信贷两种金融业务。由于牧区金融市场存在金融抑制及严重的信息不对称现象，正规金融机构尤其是商业性银行通常只向带有抵押或者担保的牧民提供短期贷款，这就难以满足牧民生产与生活方面对资金的需求。畜牧业生产的天然脆弱性和低效益以及抵押担保贷款形式，大大限制了牧民从正规金融机构获得贷款。为了维持生产和生活，当牧民无法从正规金融机构获得贷款时，他们大多只能通过亲友、小额贷款公司进行借贷，急需时甚至会借高利贷。非正规金融的存在虽然暂时满足了牧民对资金的需求，但也大大增加了牧民的经济负担。从长期来看，牧区的非正规金融借贷不仅影响了牧民的增收和致富，而且制约了畜牧业的健康发展。

（5）牧区消费具有特殊性

消费是经济循环的起点与终点，一个群体的消费行为不但会对经济发展结构产生影响，而且也会对地区的金融活动产生影响。畜牧业的生产主要依靠牧民，牧户是牧区经济生活中的基本单位。草原实行承包以来，牧户由集体化时期的最基本的单纯消费决策单位，转变为生产与消费为一体的最基本的经济决策单位。由于自然、地理、历史、经济、社会、文化等多种因素的影响，牧户的经济行为，尤其是消费行为与农户消费行为、城镇居民消费行为相比，呈现出一定的特殊性。具体表现如下：

其一，牧民生活消费支出较大。内蒙古牧区自实行草畜承包以来，牧区集体经济逐步瓦解，但是集体经济时期的消费观念和生活习惯对牧民的影响依然存在。新经济体制的建立给牧民带来了新的生活方式和消费观念。此外，牧区周边地区居民的消费模式也会对牧民带来一定的影响。

内蒙古牧民传统上比较注重饮食，在穿着等其他方面相对从简，因此牧民一般在食品方面的消费支出较大。近年来，随着经济发展及社会开放程度的加深，牧民消费支出出现了较大变化，他们除了把收入中的一部分用于提高物质生活水平之外，另一部分用于丰富精神文化生活。牧民用于生产、储蓄等方面支出占比也比较低，这就造成了牧民在再生产过程中对于资金需求较大。

表5－3反映的是2000年与2010年内蒙古牧区牧民家庭人均生活消费支出变化情况。从实际消费支出情况看，从2000～2010年，牧民人均生活实际消费支出从2958.94元大幅增加至7066.75元，10年间牧民人均生活消费水平有了显

著提高。从边际消费倾向看（边际消费倾向表示的是增加 1 单位的收入中用于增加各类消费支出的比率），内蒙古牧民 2000 年与 2010 年总边际消费倾向分别为 0.5238 和 0.7295，意味着牧民每增加 1 元纯收入，其中超过一半收入要用于生活消费支出，其余部分用于生产性投资、储蓄或增加手持现金。分析 2000 年与 2010 年牧民边际消费倾向可以看出，虽然位次不同，但食品、居住和交通通信这三类消费支出的边际消费倾向居前三位，这与牧民消费特点与生活居住环境的特殊性相符。从平均消费倾向看（平均消费倾向表示的是任意收入水平上消费支出在可支配收入中的比率），2010 年内蒙古牧民总的生活消费倾向为 0.9，即牧民把当期纯收入的 90% 都用于生活消费，余下的 10% 用于再生产、储蓄或手持现金，其金额非常有限。从边际预算份额来看（边际预算份额表示的是各边际消费倾向与总生活消费边际倾向的比值，即生活消费支出每增加 1 个单位，其中用于某一具体类别的消费所占比例，是从未来的角度表明各项目在所增加的生活消费支出中的地位），2010 年，内蒙古牧区家庭人均居住、食品、交通通信的边际预算份额分别达到 0.3783、0.3370、0.2475，居前 3 位，占所有生活消费项目边际消费份额的 96% 以上，这说明住、食、行在内蒙古牧民未来消费中仍占有较大比重。

表 5-3 内蒙古牧区牧民家庭人均生活消费支出情况

年份	2000				2010			
项目	实际消费支出（元）	边际消费倾向	平均消费倾向	边际预算份额	实际消费支出（元）	边际消费倾向	平均消费倾向	边际预算份额
食品	1000.02	0.0805	0.2982	0.1537	2259.87	0.2459	0.2878	0.3370
衣着	266.35	0.0484	0.0794	0.0924	545.37	0.0421	0.0695	0.0577
居住	507.22	0.1592	0.1512	0.3039	959.97	0.2760	0.1223	0.3783
家庭设备用品及服务	140.83	0.0139	0.0420	0.0265	264.43	-0.0066	0.0337	-0.0091
医疗保健	215.75	0.0413	0.0643	0.0788	821.50	-0.0848	0.1046	-0.1162
交通通信	333.16	0.1283	0.0993	0.2449	1513.67	0.1806	0.1928	0.2475
文教娱乐用品及服务	387.44	0.0341	0.1155	0.0651	465.77	0.0245	0.0593	0.0336
其他商品及服务	108.16	0.0181	0.0322	0.0346	235.98	0.0518	0.0301	0.0710
合计	2958.94	0.5238	0.8822	1.0000	7066.75	0.7295	0.9000	1.0000

其二，牧民消费观念特殊。中国农民家庭是典型的小农经济型家庭，他们自古以来就崇尚宗族与祖先，他们甚至可以把大部分维持生存的资金拿出来对祠堂进行修缮以及安置婚丧嫁娶。面子经济、人情消费，农户甚至不惜举债。蒙古族

牧民历来重生轻葬，结婚也只是互赠牲畜、生活用品或蒙古包等。但是近年来，面子经济、人情消费已潜移默化地传到了牧区，结婚、寿辰、产子及子女升学等事情越来越被人们所看重，礼金的名目扩大与金额不断的增长，同时由于交通、通信的便利，牧民交际圈不断扩张，所以用于维系人际交往部分的人情往来消费也随之增加。人情消费如今已成为牧户，特别是中低收入牧户的负担。

表5－4　2006～2010年锡林郭勒盟农村牧区家庭人均婚丧嫁娶现金支出情况

年份	2006	2007	2008	2009	2010
农村（元）	282	201	131	188	269
牧区（元）	123	255	221	271	348
占现金总支出比例（%）	1.16	2.62	1.75	1.86	2.19

资料来源：锡林郭勒盟统计局。

表5－4反映的是2006～2010年锡林郭勒盟农村牧区家庭人均婚丧嫁娶的现金支出情况。农村家庭人均婚丧嫁娶的现金支出2006年为282元，2007年与2008年呈大幅度下降趋势，2009年开始逐渐反弹，2010年虽然反弹至269元，但仍然略低于2006年时的数值。与此相对，农牧区人均婚丧嫁娶现金支出额只有在2008年时略有下降，其他年份总体上还是呈增长趋势，2006年仅为123元，2010年增长至348元，几乎是2010年支出额的3倍。而且，农牧区人均用于婚丧嫁娶现金支出额占牧区人均现金总支出的比重，基本上也呈均衡上升趋势。2006年牧区人均婚丧嫁娶现金支出额占牧区人均现金总支出的1.16%，到2010年这一比重升至2.19%。锡林郭勒盟农牧区近5年期间，人均用于婚丧嫁娶的现金支出，无论是在数量上还是在比重上，总体上都呈现增长趋势。正是当下这些行为的普遍流行，导致消费水平和收入水平差距越来越大，最终形成负债消费。

改革开放以来，农村正规和非正规的信贷市场都十分狭小。正规金融机构的贷款严格限制在生产性用途上，且期限接近生产周期，非正规贷款几乎都用于突发、大额以及明显的特殊消费（如丧葬婚嫁或用于建造新房舍等），贷款方一般为亲朋好友，属于友情借贷，一般不计利息，偶尔也有高息借贷。正规金融机构贷款时，对贷款用途有着明确的规定，但是非正规贷款几乎可以用于各种用途。由于友情借贷等非正规信贷占据了农牧区信贷市场的绝大部分，且都用于非生产性用途，所以农牧区金融缺口的弥补只能是依赖非正规借贷，正规金融机构借贷在中国农牧区借贷市场无法生存和发展。

从以上分析可以看出，内蒙古牧民在消费行为上表现出一定的特殊性，牧民生活消费支出比重偏大，这对再生产投资及储蓄都有一定程度的影响，从而使得

牧区金融在需求以及供给方面都呈现出一定的特殊性。正是这种特殊性，催生了牧区民间借贷。

（6）牧区劳动力缺乏

一个地区的经济发展需要一定的人口和劳动力，如果人口，特别是劳动力短缺或过剩必然阻碍生产力的发展。历史原因造成了牧区的劳动人口缺乏。

清代移民容易在内蒙古地区扎根的重要原因是多方面的，除了内地的自然灾害、可耕种面积减少、清政府的政策之外，内蒙古地区的劳动力短缺也起了重要作用。一定的人口状况是社会生存和发展的必要基础，人口状况主要指人口的数量、质量、结构、分布及流动。如果人口状况与整个社会发展比例失调，就会给社会的发展速度和发展水平带来直接的影响。就清代初期的内蒙古地区来而言，蒙古族总人口约 200 万人，人口数量相对不足，缺少生产发展所需的劳动力，这就大大影响了内蒙古地区社会经济的发展。大量移民人口弥补了蒙古族劳动力的不足。清朝初期，土默特蒙古部原有 60 个佐，经过林丹汗的兵祸惨遇杀掠后，所剩丁口仅够编 30 个佐。为充实丁口和佐的缺额，土默特部首领小顺义王，号令不论出身、等级、不分蒙汉人丁，只要谁能集齐 150 户丁口，即编为苏木（佐，相当于现在的乡），并允许其子孙世袭。由于这种纳丁编佐制度，使得当时由山西、陕西一带流亡迁入的农民，有许多自愿加入蒙籍，注册入丁，很快补充了 30 个佐的缺额。各蒙古王公私招移民，大量私垦。

内蒙古地区缺少劳动力是多种因素造成的。在归附清朝之前，蒙古各部落之间的战争及清朝与蒙古部落间的战争葬送了许多蒙古人的生命。蒙古部落归附清朝之后，清政府又从蒙古部落中大量征兵，充军作战，又不知夺去了多少蒙古男子的性命。康熙二十七年，噶尔丹侵略喀尔喀。康熙准备对噶尔丹宣战，于是从蒙古札萨克中挑选士兵，征战噶尔丹。阿巴哈纳尔部出兵 1300 人，苏尼特部出兵 2000 人，鄂尔多斯部出兵 2000 人。在后来的乌阑布通战役中，仅噶尔丹的士兵死伤就达 5000 人。雍正九年，在清朝对噶尔丹策凌的战役中，准噶尔死伤 10000 多人。清朝初期，部分蒙古地区的蒙古王公搞起了反清活动，也牺牲了很多蒙古士兵。1724 年，随罗卜藏丹津洪台吉举事反清的蒙、藏、土族及喇嘛 20 万人，竟有 8 万人惨死于清军的屠刀之下。另外，清朝镇压国内农民起义和对外抗击外国侵略者的时候，也经常征用蒙古士兵。第二次鸦片战争时期，以僧格林沁为首的清朝精锐部队坚决抵制英法联军的进攻，但最终被联军密集的枪弹和霰弹炮击击退。在大沽海口保卫战中，蒙古官兵（不含八旗蒙古）占清军总兵的 1/3 以上。在八里桥决战中，蒙古官兵占总兵力的 1/4 以上（近万人），从天津海口到八里桥一直参战的 1000 名昭乌达盟骑兵，战后只剩 100 余名。

按照传统的农耕技术，在相同的土地面积上，经营畜牧业所养活的人口少于种植业。农耕维持一个人一年的口粮只需要 1～1.5 亩的土地，而畜牧养活一个人则至少需要 10 倍以上的土地。内蒙古地区与内地自然条件相差很大，在恶劣的自然环境条件下，经营畜牧业的人口少于土地肥沃的农耕业人口是属于正常的或符合自然环境的承载能力。蒙古族原本人口就少，加之很多男子又去当喇嘛，这是内蒙古地区劳动力短缺的又一重要原因。清朝对内蒙古地区采取的佛教政策的直接后果之一就是从事生产的劳动力减少。相当数量的男性当喇嘛，既不从事生产，也不娶妻室，蒙古族人口中的男女比例严重失调，造成蒙古族的经济和人口繁衍的停滞甚至衰退。以哲里木盟杜尔伯特旗为例，宣统元年（1909 年），全旗蒙古族男女才 3165 名（不包括 18 岁以下幼男幼女及奴仆），而喇嘛却有 196 名，有数十户因被迫勒派充当喇嘛而绝嗣。全旗约 5 万平方公里，如果只计蒙古族，平均要 10 平方公里才有一人（将未入档册的幼男幼女及奴仆也估算进去）。据德勒格在他的《内蒙古喇嘛教史》一书中统计，截至清末，内蒙古各旗平均每旗有寺庙 30～40 座。清朝中期（乾隆、嘉庆年间），内蒙古约有寺庙 1800 多座，喇嘛 15 万多人，喇嘛数占当时蒙古男性总数的 40%～50%。当然，不能否认这些僧人虽然不直接从事生产，但他们对蒙古族的医疗、卫生、文学、建筑、天文历法、手工业乃至伦理道德、价值观等方面起到了相当重要的作用。这种教育与生产的脱节，使得从事生产的牧民的素质技能提高缓慢，进而影响了畜牧业生产的技术创新和畜牧业的进一步发展。另外，男性公民中的喇嘛人数较多，这种畸形的人口结构影响了蒙古族社会分工的进一步发展，进而制约了蒙古地区社会经济的发展。同时，在这种人口结构性别比例失调下，很多外来移民与蒙古族女子成婚，组成家庭，他们依蒙族、习蒙语、行蒙籍，进行农耕业和畜牧业生产。据统计，清朝初期，蒙古族为 216.9 万人，到清末已下降为 171.6 万人。从历史发展进程来看，人口增加不是社会生产方式变化的决定因素，但是从局部地区来说，人口增长有可能导致社会生产方式发生变化。仅就哲里木盟来说，乾隆三十五年（1770 年），哲里木盟蒙古族人口为 18.3 万人，几乎是当时哲里木盟的全部人口，人口密度仅为 0.87 人/平方米。经过百余年的招垦后，哲里木盟总人口已达 250 万人。其中，蒙古族人口为 19.3 万人。新增加的人口是历经百余年越边而来的内地农业人口，即纯迁入人口。新增的农业人口，彻底改变了科尔沁纯游牧的生产方式。

5.2 内蒙古牧区金融发展现状及问题

下面以数据的相关性和可得性为原则，选取内蒙古自治区的城乡储蓄余额作

为资金性农牧区金融资源的代表，以涉农贷款作为信贷性农牧区金融资源的代表，以农牧业保险作为非银行农牧区金融资源的代表，对内蒙古的农牧区金融资源的现状做一个简要的描述。

5.2.1 内蒙古牧区金融发展现状

由于无法获得单独的农村储蓄余额的数据，因此以内蒙古自治区各年的农牧区居民家庭人均纯收入和农牧民人均总支出的差额作为进行农牧区金融资源的代表数据。尽管年份间农牧民的收入支出差额有波动，但总体上呈现上升的态势，尤其在2012年，农牧民的收入支出差额达到峰值1229.34元，而在2013年，这一数据大幅度下降了483.86元，呈现出入不敷出的状态。2014年，农牧民的收入支出差额为3.76元，由于剩余的钱很少，因此农牧民可用来储蓄的钱就越少，导致内源性的资金性农村金融资源很少。

表5－5 内蒙古自治区2006～2014年农牧区居民家庭人均纯收入和居民家庭人均总支出情况

单位：元

年份	农牧区居民家庭人均纯收入	农牧区居民家庭人均总支出	收入支出差额
2006	3341.88	2771.97	569.91
2007	3953.10	3256.15	696.95
2008	4656.18	3618.11	1038.07
2009	4937.80	3968.42	969.38
2010	5529.59	4460.83	1068.76
2011	6641.56	5507.72	1133.84
2012	7611.31	6381.97	1229.34
2013	8595.73	9079.59	－483.86
2014	9976.00	9972.24	3.76

资料来源：根据内蒙古统计年鉴整理而得。

在内蒙古自治区政府和各金融机构的支持下，内蒙古自治区涉农贷款的数量逐年增加，2014年全年，内蒙古自治区的涉农贷款增加额为1222.93亿元，占各项贷款合计额的8.18%，比2013年增加了0.44%个百分点。内蒙古自治区涉农贷款的环比增长率较高，尤其在2009年时，达到43.87%，增长了近一倍。近9年来，内蒙古自治区的涉农贷款占全部贷款合计额逐年增长，近9年的平均值在

6.9%左右。相对于农业对国民生产总值的贡献，内蒙古自治区的涉农贷款规模还处于较低的水平。

表5-6 内蒙古自治区2006~2014年涉农贷款和各项贷款合计情况

年份	涉农贷款（亿元）	各项贷款合计（亿元）	环比增长率（%）	涉农贷款比例（%）
2006	192.13	3205.19	9.79	5.99
2007	229.43	3767.74	19.41	6.09
2008	313.81	4527.86	36.78	6.93
2009	451.50	6292.52	43.87	7.18
2010	501.02	7919.47	10.97	6.33
2011	640.30	9727.30	27.80	6.58
2012	814.90	11284.20	27.27	7.22
2013	1002.33	12944.20	23.00	7.74
2014	1222.93	14947.10	22.01	8.18

资料来源：根据内蒙古统计年鉴整理而得。

内蒙古自治区的农业信贷主要由中国农业发展银行、中国农业银行和农村信用联合社提供。从涉农贷款的组成情况来看，以2014年为例，中国农业发展银行内蒙古分行认真执行农业政策性银行的主要职责，全年发放农牧业贷款485.5亿元，占全区涉农贷款发放额的31%。中国农业银行全年累计发放农牧业贷款389亿元，占25%。内蒙古自治区农村信用联合社全年发放涉农贷款184亿元，占其全部贷款增量的63.4%。剩余涉农贷款由新型农村金融机构等其他金融机构发放。

（1）内蒙古自治区农村合作性金融情况

内蒙古自治区农村信用联合社（以下简称内蒙古农信社）是内蒙古自治区主要农村合作金融机构。内蒙古农信社成立于2005年8月20日，至今已成立了10年。自成立以来，内蒙古农信社为内蒙古经济社会的健康稳定发展提供了支持，尤其在支持“三农”发展方面做出了突出贡献。目前，内蒙古农信社共有农村商业银行21家，农村合作银行3家，统一的农村合作信用社69家，共设机构个数2236个，从业人员2.7万余人。近年来，内蒙古农信社总社全力指导地方各地农村信用社服务于“三农三牧”，全面推进新农村新牧区建设，促进农牧民增收。根据区情和农牧民实习需求，推出7大系列信贷类产品，用于扶持农牧民脱贫致富。截至2015年7月，内蒙古农信社的资产总额达到3898亿元，存款

余额为2900亿元，贷款余额为2348亿元。10年来，内蒙古农信社累计发放农牧业贷款8177亿元，对内蒙古自治区农牧业的发展做出了重要贡献。2015年，内蒙古农信社将继续以“稳中求进”作为工作方针，积极适应经济发展新变化，坚持服务“三农三牧”宗旨，信用社还决定将在2015年增加投放贷款300亿元，其中涉农贷款数额不少于200亿元。

（2）内蒙古农村政策性金融情况

中国农业发展银行内蒙古分行在政府支持“三农”的工作上担当了重要角色。截至2014年底，农业发展银行内蒙古分行贷款余额共计969.42亿元，同比增加了75.6亿元。存款余额共计227.5亿元，同比增加了54.25亿元。盈利总额达到18.59亿元，同比增加了1.93亿元，超总行预期利润3.61亿元。2014年间，农业发展银行内蒙古分行充分发挥了农业政策性银行的重要作用，全年共投放各类支农贷款485亿元，其中包括粮油收购、农村农业基础设施建设以及农牧业产业化投资等方面，为内蒙古农牧业经济发展做出了突出贡献。这其中，全年累计投放跨年度粮食、夏粮、秋粮收购调销轮换贷款近356亿元，同比多投放33亿元，帮助扶植各类企业收购粮油共计337.7亿斤，同比多收购109.4亿斤。农业发展银行还积极响应新型城镇化和农牧业现代化的发展新形势，全力支持农村农业基础设施建设。2014年底，全行农村农业基础设施项目贷款余额已达到328.29亿元，占全部余额的33.86%。此外，农业发展银行内蒙古分行仍然不断提高服务水平，扩大业务领域，向其他涉农企业以及相关机构提供存贷款业务、咨询顾问及投融资服务等相关服务。全年存款日均余额达191.04亿元，充分发挥支农资金的整合作用，同时起到了引导发展的效果。

（3）内蒙古农村商业性金融情况

中国农业银行作为商业银行在“三农三牧”发展过程中的重要组成部分，紧密围绕内蒙古自治区关于农牧业产业化发展的整体工作部署，积极配合“面向三农、商业运作”的市场定位，充分发挥了自身在“三农”金融服务中的作用，农行不仅积极支持龙头企业，同时带动上下游农牧户发展，将二者有机结合，使其成为促进农牧业产业化发展升级的关键切入点，扎实开展工作，在带动广大农牧民脱贫致富为目的工作中，取得了卓越成效。2014年，农行共累计投放有关农牧业贷款389亿元。伴随“金穗惠农通”工程不断落实，内蒙古新增加“惠农通”服务站点3713个，在县及县以下农村牧区村镇布置电子机具近1.9万台，村覆盖率达83.2%。此外，农行还不断拓展互联网金融项目，同伊利、蒙牛等大型企业积极合作，并发展推进“数据网贷”业务，使其在农行系统内部率先实现了农牧业龙头企业及其上下游相关企业的数据并网。

5.2.2 内蒙古牧区金融发展存在的主要问题

近年来，尽管内蒙古牧区金融环境有所改善，但还是存在以下诸多问题：

（1）缺乏信贷性农村金融资源配置主体

内蒙古的农牧业问题一直受到自治区政府的关注，在国家相关的支农政策的引导下，政府和各类金融机构从资金供给、政策等方面都向“三农三牧”方面倾斜。2006 年，银监会颁布了《放宽农村地区金融机构准入条件的若干意见》，作为首批试点地区之一，内蒙古取得了可喜的成绩，已经初步建立了协同发展的多元化农村金融体系，构建了以农村合作金融、政策性金融和商业金融等正规农村金融体系为主，以民间非正规农村金融为辅的复合模式。近年来，作为首批农业保险补贴试点地区之一，内蒙古农村金融体系更加完善，政策性农业保险试点稳步推进。但是，综上所述，尽管内蒙古金融机构涉农贷款规模显著扩大，但涉农贷款占各项贷款总额的比重仍然很低。内蒙古农村金融资源配置主体缺位，农村金融资源投入农村渠道变窄，农牧民多样性需求无法满足，导致资源配置的效率低下，降低了对农村经济的支撑作用。

政策性银行——中国农业发展银行是支持内蒙古农村金融发展的主体，近年来，尽管农业发展银行内蒙古分行对内蒙古的“三农三牧”的发展给予了一定的支持，但由于农发行的地域分布及自身特点，很难适应快速增长、区域发展不平衡的农村金融需求。农村政策性金融的功能弱化严重，在弥补市场机制缺陷方面起道的作用微乎其微。其问题主要表现在以下几个方面：首先，农发行的资金来源有限，主要依赖于政府的财政支持和中国人民银行的再贷款。其次，近年来，内蒙古农发行不良贷款率增加，缺少风险管理方面的先进经验，资金压力巨大，降低了支农资金的循环效率，大大降低了其对“三农”发展的支持能力。再次，尽管近年来农业发展银行内蒙古分行积极拓展贷款业务，但其贷款结构单一，不能满足农村金融需求主体的多样性需求。最后，农业发展银行所投放的信贷资金地区分布不均衡。因此，要提高农发行内蒙古分行对农村的信贷性农村金融资源的投入，优化其配置农村金融资源的效率，使其有限的资金投入能给农村经济的发展提供更有力的支撑。

农村信用社——内蒙古农村信用联合社在提供农村金融资金配给方面起着举足轻重的作用，其深入贫困农村牧区的网点是内蒙古农村金融体系的重要组成部分，其网点众多，深入偏远贫困的农村牧区，是为“三农三牧”的发展提供金融服务的重要机构。纵观内蒙古自治区农信社的成长历程，它生于农村，长于农村，因此，它应该扎根于农村，服务于农民，渗透于农村经济，履行它成立之初承诺的贴近农村、服务农民的历史使命。随着中国农业银行的网点撤出农村牧区的金融市场，农信社在农村牧区的金融支持领域尤为重要。但由于历史原因，内蒙古的农村信用社的发展也受到了制约，存在着历史包袱重、资产质量低下、产权不清晰、体制不完善等问题。农村信用社由于要实现盈利性和规避风险，因而难以大幅度增加对农村牧区的信贷性农村金融资源的供给。总体来看，现阶段内蒙古农村信用联合社的发展主要存在以下两个方面的问题：一是与增长的农村金融需求相悖，农村信用社的机构网点数量有减少的趋势，2006 年全区的农信社的机构个数为 2584 个，而截至 2015 年 7 月，这一数据为 2236 个[①]。作为农村金融资源的重要供给主体，农信社金融机构网点的减少，会减少农牧民获得贷款支持的机会，会造成农村金融资源的供给短缺，从而形成供给方面的金融抑制。二是，农信社的商业气息越来越浓，更倾向于参与商业金融间的竞争。由于“三农三牧”贷款的风险高，资金回收周期长，坏账率居高不下等原因，农信社逃离农村金融市场也是情有可原。但是，农信社仍然为农村牧区中农牧民首选的存款机构，若其贷款投向偏离农村牧区，就会造成大量的农村金融资金资源的外流，给农村经济的发展带来阻滞的后果。

商业性银行——在内蒙古自治区的农村牧区金融市场体系中，商业银行从来不是资金供给的主体，只有中国农业银行目前的信贷资金还在一定程度上向农村牧区倾斜。在内蒙古农村金融发展的历史上，中国农业银行曾经是农村牧区信贷性农村金融资源供给的主角，对内蒙古的农村牧区的经济发展起到了重要的推动作用。然而，随着农业银行的市场化改革，其市场定位和经营策略逐步脱离农村牧区，向盈利性商业银行靠拢。在对农村牧区金融资源投入方面，中国农业银行主要存在着以下几个方面的问题：首先，由于历史原因导致的对“三农三牧”的排斥思想。在 2006 年末，农业银行内蒙古分行的涉农贷款总额为 127.03 亿元，然而其涉农不良贷款余额高达 94 亿元，占全部涉农贷款总额的 74%，占全银行不良贷款总额的 76.4%[②]，这大大挫伤了农业银行对农村牧区信贷性金融资源投入的积极性。其次，农行支持“三农三牧”的金融产品创新不足。农业银行在农村地区的机构缩减，人员配备不足，其在农村牧区所提供的金融服务也只有传统的存、贷、汇等，对农村的贷款项目单一，难以满足农村市场的住房贷款、教育贷款等需求。其服务模式简单传统，农牧民很难享受到融资的优惠。最后，农业银行没有硬性的政策限制，为达到追求利润的经营目标，中国农业银行的支农力度必将进一步减弱。一个健康的农村金融机构的持续经营应该是基于农村经济发展和农村金融市场发展的需要，而我国农村现有的正规金融的存在主要

① 中国人民银行呼和浩特中心支行．内蒙古自治区区域金融运行报告［R］．2006.

② 布仁吉日嘎拉．中国农业银行内蒙古分行服务“三农三牧”问题研究［M］．呼和浩特：内蒙古大学出版社，2012.

是出于政府的行政干预。

（2）农牧业保险区域发展不平衡，普及率较低

农牧业保险是农牧区金融中的重要组成部分，通过建立农牧业保险制度，可以进一步改善农牧民“靠天吃饭”的现状，提升农牧民从事农牧业种养的积极性。对于农村来说，农业保险可以促进农村金融和农村经济的持续发展，是农牧业发展的重要保障措施。内蒙古自治区是农牧业大区，但是由于自然和地理条件，农牧业一直饱受旱、霜、雪、虫等各种灾害的侵害，其中旱灾的发生最为频繁，对农村牧区的农牧业生产影响面积最大。干旱和半干旱地区约占内蒙古全区面积的60%，因此，建立一个体系完善、覆盖面广、发展平衡的农业保险体系十分重要。近年来，在政策性农业保险的促进下，内蒙古自治区的农牧业保险发展迅速，保费收入处于全国的前列。

（3）农牧区金融基础环境较薄弱

目前，内蒙古农牧区金融基础环境较差，没有形成一个合理有效的竞争市场，信用环境建设滞后，农牧区金融法律法规不健全，大大阻碍了农牧区金融资源配置效率的提高。内蒙古农牧区金融的信用环境较差主要体现在两个方面：一方面，在于内蒙古农牧区的信用贷款坏账率很高，尤其是转型前的农业银行和农牧区信用社，导致农牧区金融主体在向农牧区投入信贷资源方面的积极性降低。对于不按时全额偿还贷款的农牧民和农业企业，还没有明确的惩罚机制，导致农牧区信贷性金融资源的进一步减少。另一方面，内蒙古自治区农牧区金融环境还处于建设过程中，对于农牧民的信用更没有一个完善的记录、监控体系。由于信用环境建设严重滞后，没有相关法律法规的限制，内蒙古的农牧业企业和个人的信用观念很差，法律意识不强，失信行为频频发生。

（4）内蒙古农牧区的经济发展还十分落后

农牧区金融发展在很大程度上依赖农牧区经济社会的发展程度。由于目前内蒙古的农牧区牧区发展还十分滞后，能够发展壮大的新型农业经营主体还较少，因此，多数家庭承包经营主体不符合正规农牧区金融机构提出的繁杂的贷款条件。一些较有实力的龙头企业、农业合作社等倾向于股权融资、民间金融等方式进行融资，削弱了对农牧区正规金融的需求。对于农牧民来说，个体经营的模式导致其对于农牧区金融资源的需求还很少，有效需求的不足必然会导致农牧区金融供给主体的服务意识和创新意识低下。

（5）农牧区金融制度建设较为落后

目前，内蒙古自治区已经形成了以正规性农牧区金融机构为主体，非正规性农牧区金融为补充的农牧区金融组成体系。但是，内蒙古的农牧区经济发展滞后，农牧区金融市场化程度较低，农牧区金融制度建设还不完善。农牧区的正规

金融机构的服务水平低，业务功能单一，对于农牧区金融需求的满足能力差，不能跟上农牧区金融日趋增长的需求，这就导致了农牧区金融资源无法获得有效配置。农牧区金融市场的资金难以自由流动，利率缺乏弹性，影响了农牧区金融资源的优化配置，导致金融资源流失。同时，政府难以摆正自己在农牧区金融市场制度建设中的位置，要么监管干预过度，要么政府对农牧区金融发展的支持作用缺失。

(6) 农牧区金融担保体系发展滞后

长期以来，影响农牧区金融发展的难点问题仍然是农牧民借款难的问题，这其中最主要的问题就在于农牧区金融资源供给主体无法衡量农牧民的偿还能力，因此只能通过发放担保贷款的方式对农牧民进行融资。然而，目前农牧民基本上除了土地、草场承包经营权以外，没有可以值得作为担保的东西，而目前内蒙古土地草场整包经营权产权体系还不完善，因此，农牧民很难从正规金融机构获得所需数量的贷款。加快内蒙古自治区农牧区金融担保体系的建设是提高农牧区有效金融资源供给数量及配置效率的重要手段。

5.3　锡林郭勒盟牧区经济发展现状

锡林郭勒盟位于内蒙古自治区中部，驻地锡林浩特市，是距京津冀经济圈最近的草原牧区。常住总人口 104 万人，有蒙、回、藏、朝鲜、满、达斡尔等 23 个少数民族，其中蒙古族人口占人口总数的 30%，土地总面积 20.26 万平方公里，可利用草原面积 18 万平方公里。辖 9 旗 2 市 1 县和 1 个管理区，其中：2 市（锡林浩特市、二连浩特市）、9 旗（阿巴嘎旗、苏尼特左旗、苏尼特右旗、东乌珠穆沁旗、西乌珠穆沁旗、太仆寺旗、镶黄旗、正镶白旗、正蓝旗）、1 县（多伦县）、1 管理区（乌拉盖管理区）。

锡林郭勒盟北与蒙古国接壤，边境线长 1098 公里，有二连浩特和珠恩嘎达布其两个常年开放的国家一类陆路口岸；南邻河北省张家口、承德地区，与北京市直线距离 470 公里，境内最南端与北京直线距离仅 180 公里，西连乌兰察布市，与呼和浩特市直线距离 470 公里，东接赤峰市、兴安盟和通辽市，与沈阳市直线距离 620 公里，是东北、华北、西北交会地带，具有对外贯通欧亚、区内连接东西、北开南联的重要作用。锡林郭勒盟属中温带大陆性气候，年平均气温 0～3℃，1 月气温最低，平均零下 20℃，7 月气温最高，平均 21℃，是华北地区著名的草原避暑消夏胜地之一。锡林郭勒盟是一个以高平原为主体，兼有多种地貌的地区，地势南高北低，东南部多低山丘陵，盆地错落其间，为大兴安岭向西和阴山山脉向东延伸的余脉。西北部地形平坦，零星分布一些低山丘陵和熔岩台地，为高原草场。海拔在 800 ~ 1800 米，最高山峰为古如格苏乌拉山峰，海拔 1957 米。浑善达克沙地又称小腾格里沙地，由西北向东南横贯中部，东西长约 280 公里，南北宽 40 ~ 100 公里，属半固定沙地。

锡林郭勒盟地处欧亚大陆草原区，是世界驰名的四大草原之一，是我国天然草原最有代表性和典型的地区。草场总面积 19.2 万平方公里，天然草场放牧牲畜拥有量居内蒙古自治区前列，主要有牧区、农区和半农半牧区三种经济类型区，是内蒙古乃至全国重要的绿色农畜产品生产加工输出地区。锡林郭勒盟草原大致分为五大草地类型（即草甸草原、典型草原、荒漠草原、沙地植被和其他草场类）：

草甸草原——主要集中分布在锡林郭勒盟东北部和东部地区，以低山丘陵、高平原与宽谷平原地形为主，是森林向草原的过渡地段，草原面积 3928.21 万亩，优良牧草占草群的 50%，是水草丰美的牧场。

典型草原——主要分布于锡林郭勒盟中部，是锡林郭勒草原的主体，地形以平原和低山丘陵为主，可利用面积 17019.85 万亩，占全盟可利用草场的 50.6%，地表水比较丰富，牧草质量好，优良牧草占 50% ~60%。

荒漠草原——位于锡林郭勒盟西部，可利用面积 5141.10 万亩，占全盟可利用草场面积的 15.9%，植被属旱生类型，植物群落主要由旱生丛生小禾草组成，并混生小半灌木与葱属植物，适宜饲养羊和骆驼。

沙地植被——主要分布在锡林郭勒盟的西部和中南部地区，植被是发育在纯沙性母质土壤上的植物群落的组合，沙生系列植物为沙地植被的主体，伴有大量榆、柳、桦等灌木、半灌木林，沙地植被可利用面积 3000 多万亩，占全盟可利用草场面积的 13.6%。

锡林郭勒盟具有气候冷凉、太阳辐射强、昼夜温差大、大气环境好的高原气候特点，土壤比较肥沃，多为暗栗钙土和栗钙土，以旱作农业为主。种植区主要分布在太仆寺旗、多伦县、正蓝旗、正镶白旗、苏尼特右旗及国有农牧场，耕地面积 380 万亩，绝大部分地区农作物为一年一熟，主要种植小麦、莜麦、马铃薯、胡麻、甜菜、蔬菜等农作物。其中小麦、莜麦、胡麻品质优良，胡麻产品油远销区内外，锡林郭勒盟已逐渐成为华北地区主要食用油产地之一。

锡林郭勒盟拥有优质的天然牧场，是国家和自治区重要的畜牧业生产基地，牛、马、羊、驼等畜种拥有量居全国地区级首位。2014 年，牧业年度全盟牲畜存栏头数达 1469 万头（只），其中羊存栏 1332 万只，大牲畜存栏 137 万头，年出栏加工牲畜 850 万头（只），出产肉类 26.3 万吨、牛奶 59.2 万吨、马奶 1.4 万吨、羊毛 1.02 万吨、山羊绒 177 吨。主要畜种有西门塔尔牛、荷斯坦奶牛、

乌珠穆沁牛、草原红牛、锡林郭勒马、苏尼特羊、乌珠穆沁羊、乌珠穆沁白绒山羊、察哈尔羊、内蒙古细毛羊和苏尼特驼等，羊类占主要畜种的90%左右，其中苏尼特羊和乌珠穆沁羊以其肉质鲜嫩、绿色有机、营养价值丰富等独特品质享誉国内外肉食品市场。

锡林郭勒盟草原植被类型繁多、种类丰富，野生动植物资源十分丰富，野生种子植物达1200多种，其中饲用植物671种，可栽培植物60多种，可供药用植物400多种，油料科植物50余种，树木18种，拥有黄芪、防风、柴胡、知母、麻黄、甘草、黄岑等中草药材，蘑菇、发菜、蕨菜、黄花等食用植物，同时在中、东部地区还分布着极其丰富的芦苇资源。拥有各类野生动物260余种，其中一类保护动物包括梅花鹿、盘羊、斑羚、丹顶鹤、白枕鹤；另一保护动物包括马鹿、驼鹿、猞猁、天鹅、细嘴松鸡、鸳鸯，境内淡水湖、河流和水库的鱼种主要有鲫鱼、华子鱼、鲤鱼和草鱼等。

锡林郭勒盟地处欧亚大陆草原区，草场类型齐全，动植物种类繁多，是世界驰名的四大草原之一，是我国天然草原最有代表性和典型的地区，拥有丰富的旅游资源，境内有全国唯一被联合国教科文组织纳入国家生物圈检测体系的国家级草原自然保护区——锡林郭勒盟草原保护区。全盟共有旅游景区（点）78处，A级景区达到23处，其中4A级景区5处、3A级景区7处、2A级景区11处，国家工农业旅游示范点2处，旅行社37家，星级饭店25家，餐饮住宿企业9778家，“牧人之家”420家。2010年，被中国马业协会授予“中国马都”称号。

锡林郭勒盟是蒙元文化的发祥地，蒙古族文化特色鲜明，是最具魅力的传统游牧文化传承地，民族风情浓郁，素有“博克之乡”“长调之乡”的美誉。元朝先后有七位皇帝在锡林郭勒盟正蓝旗元上都登基就位，形成了草原文化与中原文化、游牧文化与农耕文化、东方文化与西方文化交流融合的元上都文化，成为蒙元文化的核心，2012年元上都遗址成功入选《世界文化遗产名录》。以蒙古长调、民族舞蹈、马头琴和民族服饰表演为代表的民族文化艺术，以摔跤、赛马、射箭、蒙古象棋和马术为代表的民族体育运动，以奶食品、手把肉、烤全羊为代表的蒙古族风味食品，以草原那达慕、草原婚礼、祭敖包等为代表的民族风情，构成了浓郁的民俗文化。横贯草原中部的秦燕金古长城、典雅庄重的洪格尔岩画、明成祖北征留下的玄石坡和立马峰、内蒙古四大庙宇之一的贝子庙、祭祀圣地白音查干敖包、世界闻名的“恐龙之乡”通古尔盆地以及汇宗寺等为代表的历史文化遗产，构成了独具特色的人文历史资源。独特的草原风光、灿烂的蒙元文化和浓郁的民族风情展现了锡林郭勒盟浑厚的历史文化积淀。

5.3.1 锡林郭勒盟牧区经济发展现状

（1）东乌珠穆沁旗

东乌珠穆沁旗（以下简称东乌旗）是典型的以草原畜牧业为经济主体的纯牧业旗县，牧业经济曾一度位居内蒙古自治区乃至全国牧业旗县之首，在我国草原畜牧业旗县中称为“第一大牧业旗县”。东乌旗的社会经济发展主要是以畜牧业生产方式的转变而转变，因为当地的自然条件以及民族特性决定了这种生活与生产方式。

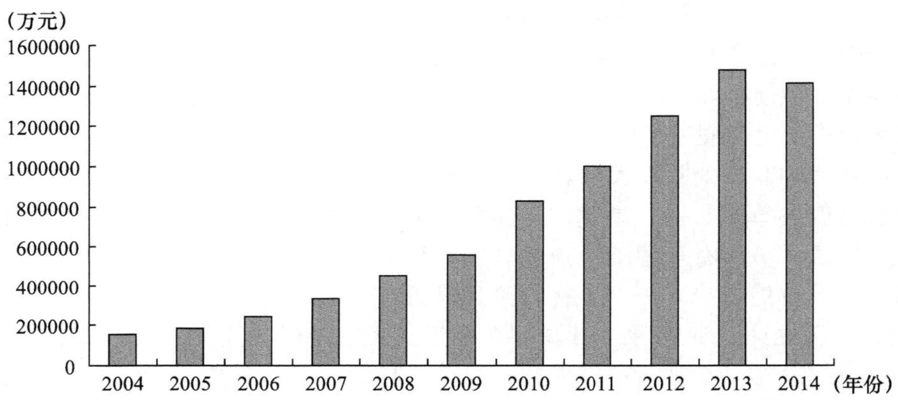

图 5－1　2004—2014 年东乌珠穆沁旗 GDP

资料来源：根据内蒙古统计年鉴整理而得。

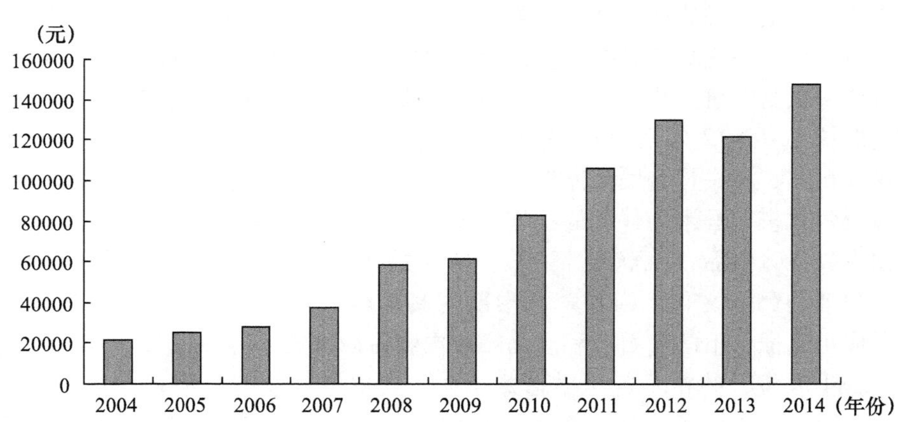

图 5－2　2004～2014 年东乌珠穆沁旗人均 GDP

资料来源：根据内蒙古统计年鉴整理而得。

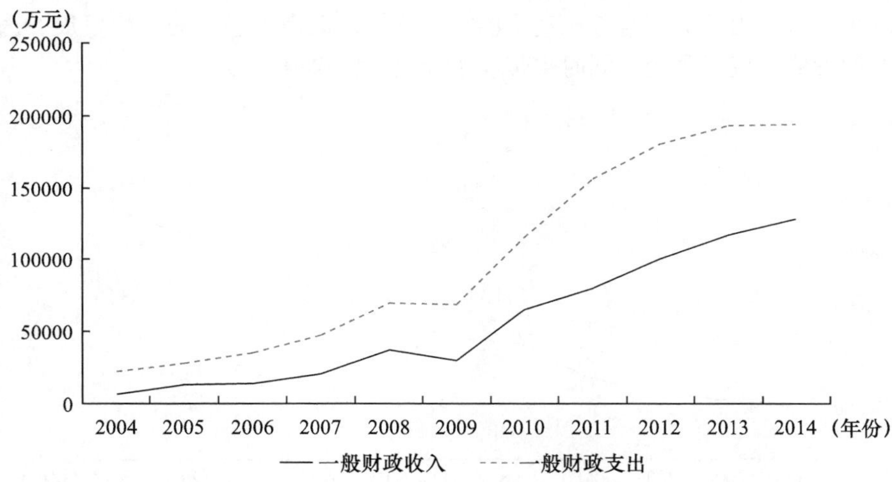

图 5－3　2004～2014 年东乌珠穆沁旗财政收支

资料来源：根据内蒙古统计年鉴整理而得。

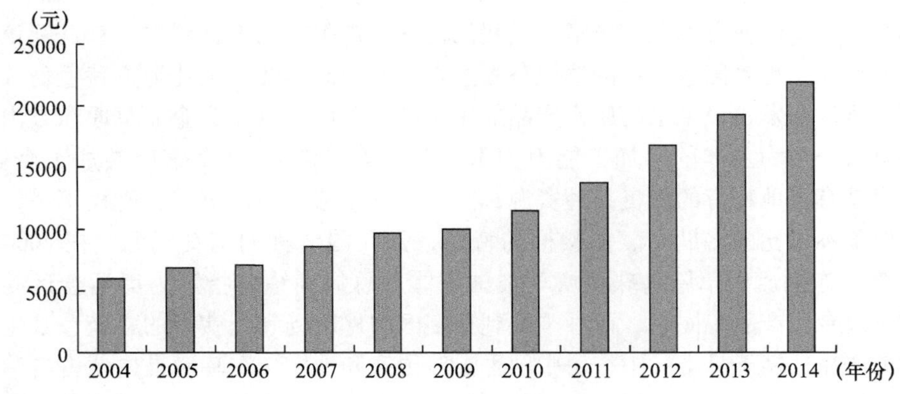

图 5－4　2004～2014 年东乌珠穆沁旗农牧民人均纯收入

资料来源：根据内蒙古统计年鉴整理而得。

自 2004 年起，东乌旗在减轻农牧民负担、恢复和发展粮食生产以及粮价上涨等方针政策的双重拉动下，其农牧业总产值与农牧民收入呈现发展态势。政府于 2005 年全面实行取消农业税的征收。减税支农政策的实施，大大促进了农牧民的生产积极性，有利于惠农惠牧政策的实施，进一步增加了农牧民的收入。随着市场经济的发展及牧民收入的提高，牧民消费能力也逐渐增强，尤其在食品、衣着、居住、家庭设备用品、交通通信、医疗保健等方面支出比过去都明显提高。居民消费能力的提高直接拉动了内需的增长，促进了经济的平稳发展，为第三产业的发展搭建了平台，同时也带动了大量居民再就业。

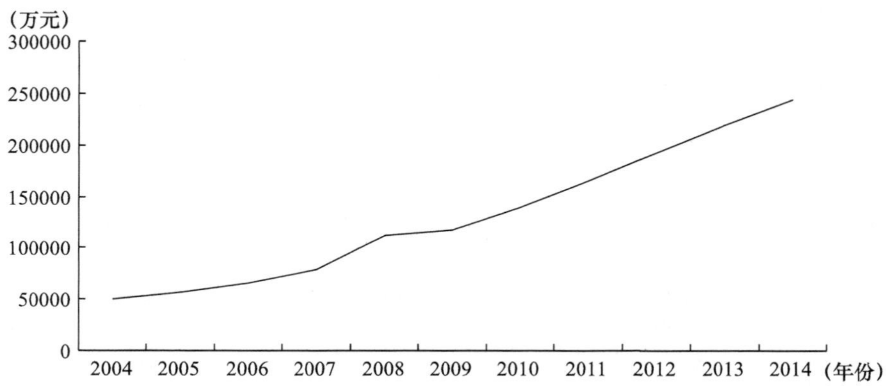

图 5－5　2004～2014 年东乌珠穆沁旗社会消费品零售总额

资料来源：根据内蒙古统计年鉴整理而得。

东乌旗畜牧业资源尤其丰富，是我国乌珠穆泌牛、乌珠穆泌羊、乌珠穆泌马的主要产区，也是国家重要的草原畜牧业生产基地。因此，依托地方特色畜牧业资源禀赋，开发建设了东乌旗畜产品加工园区，形成了以龙头企业草原东方肉业食品有限公司为主体的年加工能力为 150 万只羊单位的 20 多家肉类加工企业。东乌旗具有当地特有的优良品种资源，同时乌珠穆泌羊肉质鲜美，肥而不腻，有着其他羊不可比的多肋骨、多腰椎的特性，是我国宝贵的肉食资源。在 2004～2008 年，东乌旗的草原乌珠穆泌羊被国家体育总局训练局指定为奥运会运动员使用羊肉专用产品。同时，该种羊受到很多国内外市场和消费者的喜爱，其生肉与加工产品远销于日本、中东、中国香港等国家和地区。东乌旗是内蒙古自治区首屈一指的牧业大旗，存栏、出栏羊总数名列全国牧业旗县之首，是国家重要的草原畜牧业基地，凭借其丰富的畜牧业资源优势，东乌旗积极发展以畜牧业为主导的第一产业，依托其特色畜牧业资源的比较优势，开发建设了东乌旗首个综合性的畜产品加工园区。不仅加工以乌珠穆泌羊和西门塔尔牛重点的屠宰加工以及熟食制品的加工，还利用科技优势，延伸其产品深加工的产业链条，如羊胎素加工、生物有机复合肥加工、肉食品精深加工、牛羊脏器、骨血等生物提取以及生物制药、马奶制品等具有一定规模的产、销、售为一条龙的畜牧业产业链条。当畜牧业刚刚产生时期，其生产方式主要靠自然生产为主，根据牲畜的繁殖能力决定头数和质量，并且数量规模也是非常小。如今，现代化的畜牧生产不仅是可以决定繁殖公母，还可以通过品种改良繁殖出体型、规格完全不同的下一代牲畜，

完全改变了传统的接种模式。大规模的生产带来了规模化的效益，产业化的经营模式带来了更多的市场附加值。

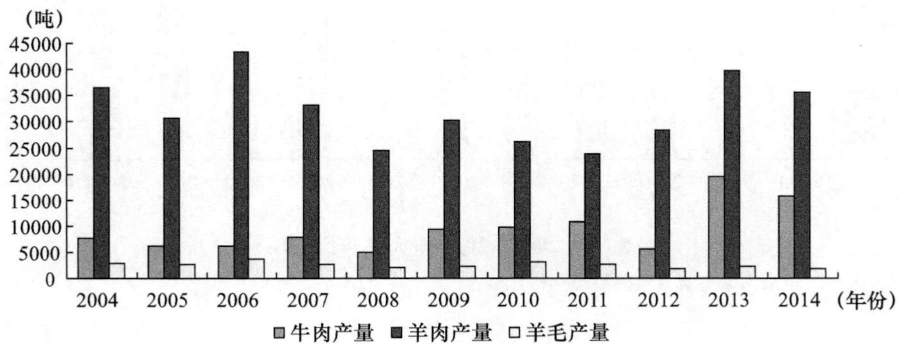

图 5－6　2004～2014 年东乌珠穆沁旗主要牧业产量

资料来源：根据内蒙古统计年鉴整理而得。

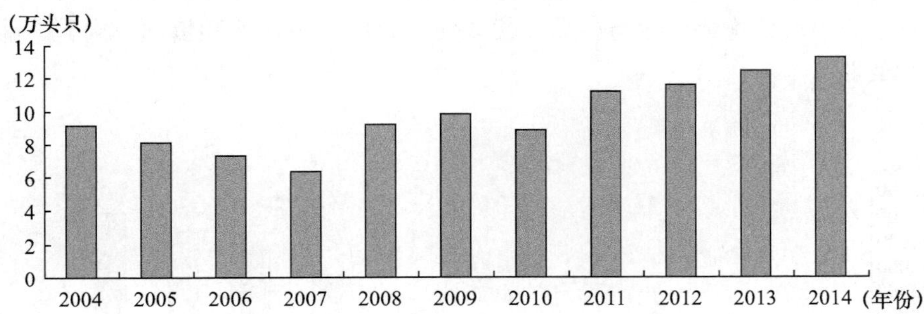

图 5－7　2004～2014 年东乌珠穆沁旗年末大牲畜数量

资料来源：根据内蒙古统计年鉴整理而得。

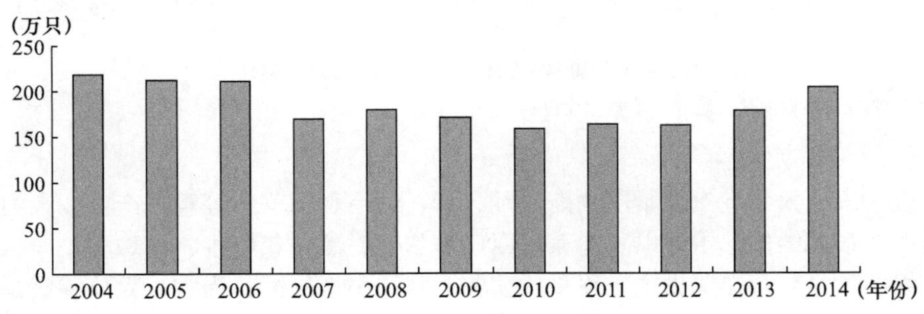

图 5－8　2004～2014 年东乌珠穆沁旗年末羊数量

资料来源：根据内蒙古统计年鉴整理而得。

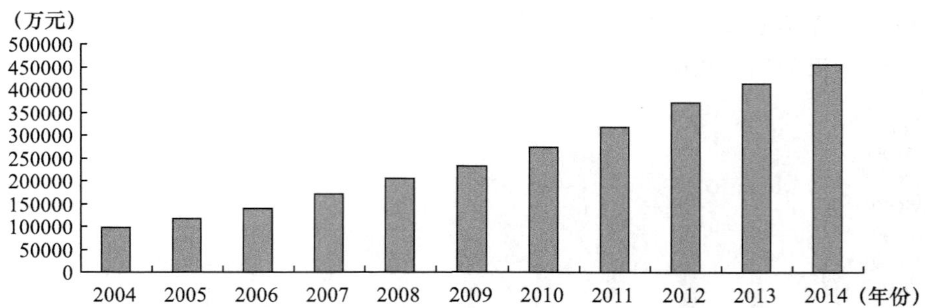

图 5－9　2004～2014 年太仆寺旗 GDP

资料来源：根据内蒙古统计年鉴整理而得。

（2）太仆寺旗经济发展现状

锡林郭勒盟充分考虑区域特点和优势，重视生态保护和建设，注重规模效益，提高产业聚集度，加速区域生产要素在区域空间上的合理流动，进行产业结构调整，突出培植优势产业与产品，使太仆寺旗成为锡林郭勒粮油、肉乳、蔬菜的生产基地。

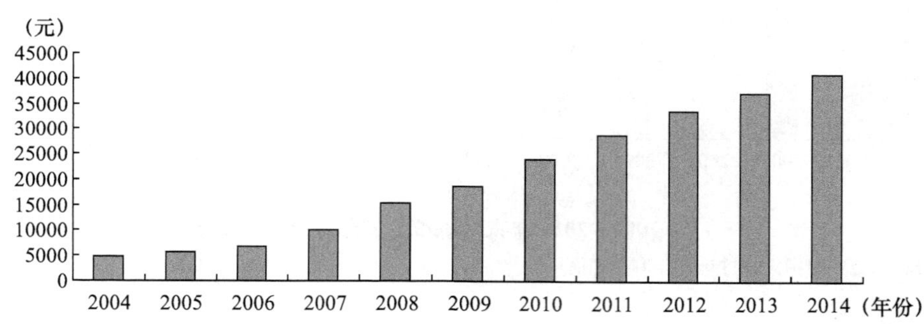

图 5－10　2004～2014 年太仆寺旗人均 GDP

资料来源：根据内蒙古统计年鉴整理而得。

近年来，太仆寺旗紧紧围绕肉、乳、蛋、绒毛和饲草料等重点产业，大力调整畜群、畜种结构，主要以乳肉兼用西门塔尔牛、黑白花奶牛、乌珠穆沁羊、内蒙古绵羊和经济杂交羊为主，逐步压缩驴、骡和小畜的饲养头数。太仆寺旗是农牧结合、农为主的经济类型区。

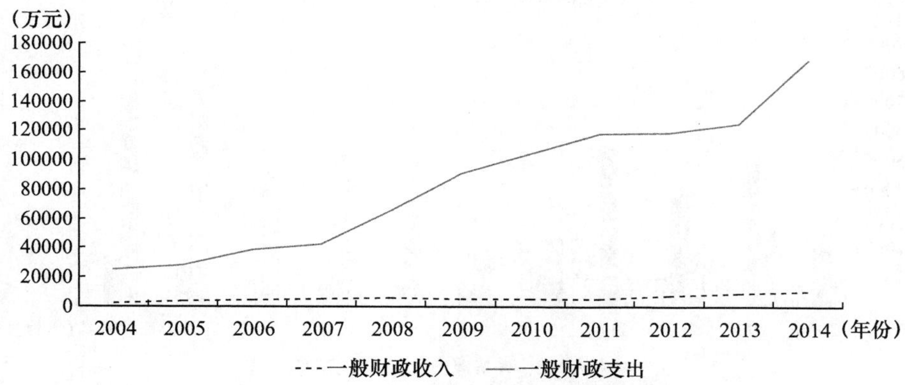

图 5－11　2004～2014 年太仆寺旗财政收支

资料来源：根据内蒙古统计年鉴整理而得。

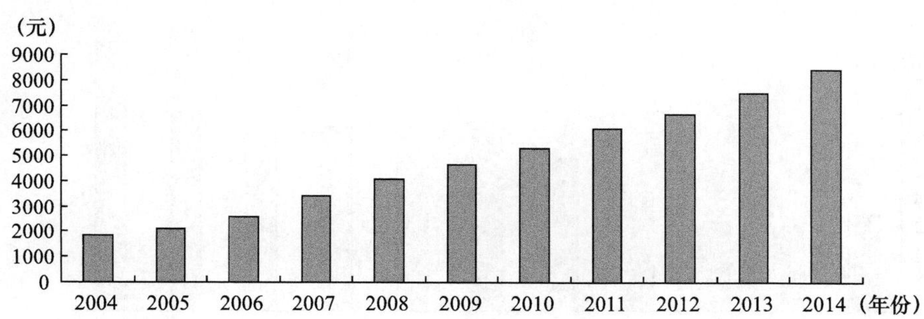

图 5－12　2004～2014 年太仆寺旗农牧民人均纯收入

资料来源：根据内蒙古统计年鉴整理而得。

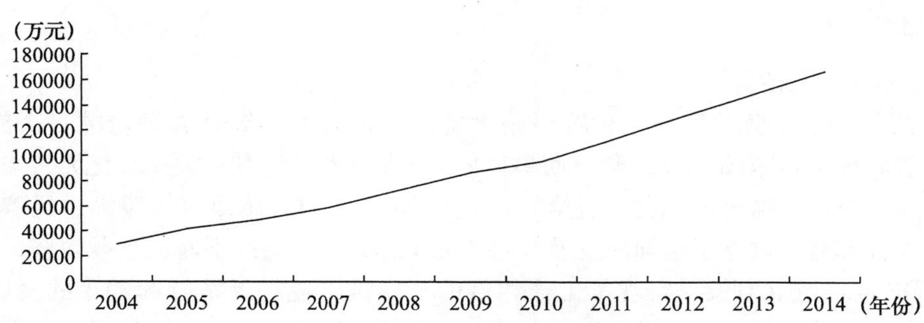

图 5－13　2004～2014 年太仆寺旗社会消费品零售总额

资料来源：根据内蒙古统计年鉴整理而得。

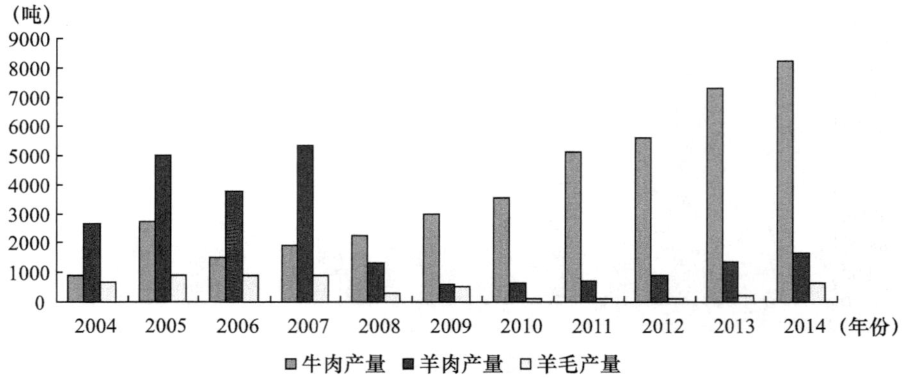

图 5－14　2004～2014 年太仆寺旗主要牧业产量

资料来源：根据内蒙古统计年鉴整理而得。

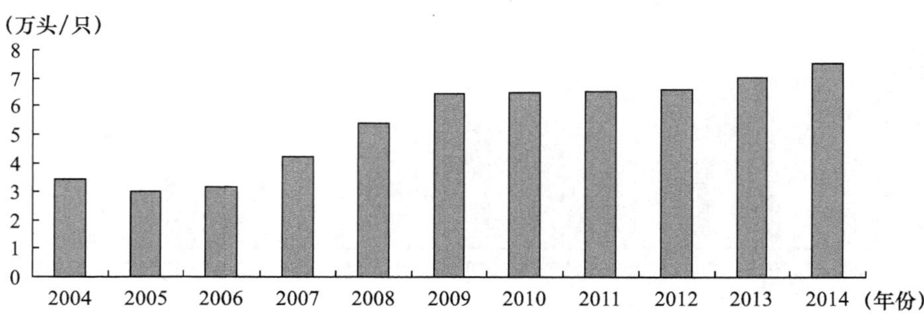

图 5－15　2004～2014 年太仆寺旗年末大牲畜数量

资料来源：根据内蒙古统计年鉴整理而得。

（3）西乌珠穆沁旗

西乌珠穆沁旗（简称西乌旗）是隶属内蒙古自治区锡林郭勒盟的一个旗，位于锡林郭勒盟东部。2013 年，西乌珠穆沁旗地区生产总值达到 112 亿元，增长 14.7%，总量和增速均排在全盟第二位。自 2004 年西乌旗政府按照推进经济转型的总体部署，确立了正确的发展方向和工作思路后，通过不断的立题攻坚，全旗 GDP 连年稳定增长，实现了工作领域的新突破，使得经济持续健康的发展。经济的大幅稳定增长，人民的生活条件也变得越来越富足，收入增加了，消费水平也提高了。

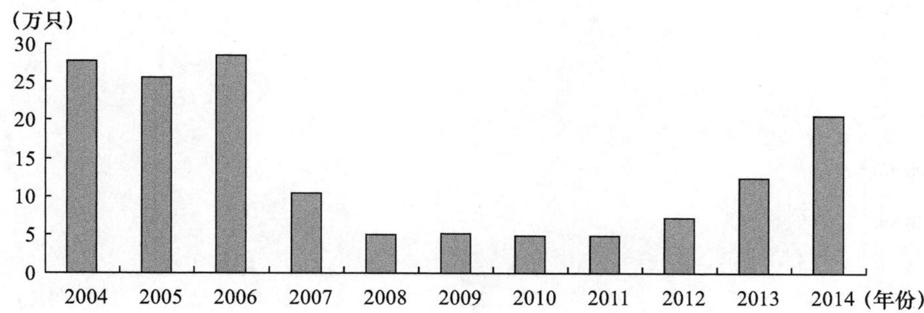

图 5－16　2004～2014 年太仆寺镇年末羊数量

资料来源：根据内蒙古统计年鉴整理而得。

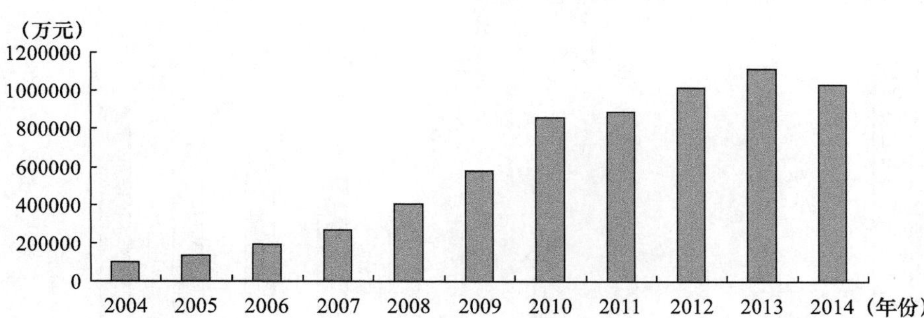

图 5－17　2004～2014 年西乌珠穆沁旗 GDP

资料来源：根据内蒙古统计年鉴整理而得。

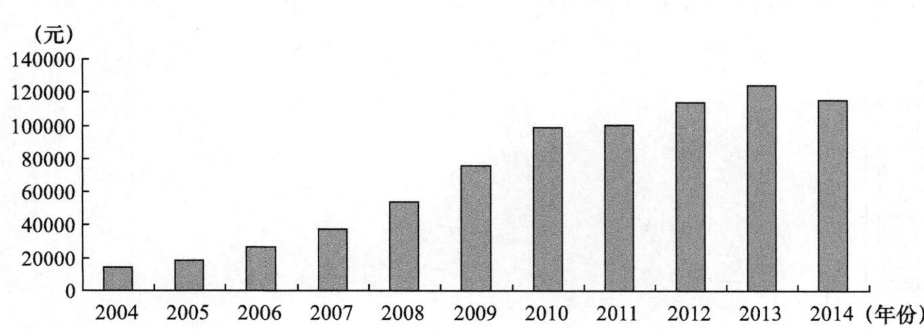

图 5－18　2004～2014 年西乌珠穆沁旗人均 GDP

资料来源：根据内蒙古统计年鉴整理而得。

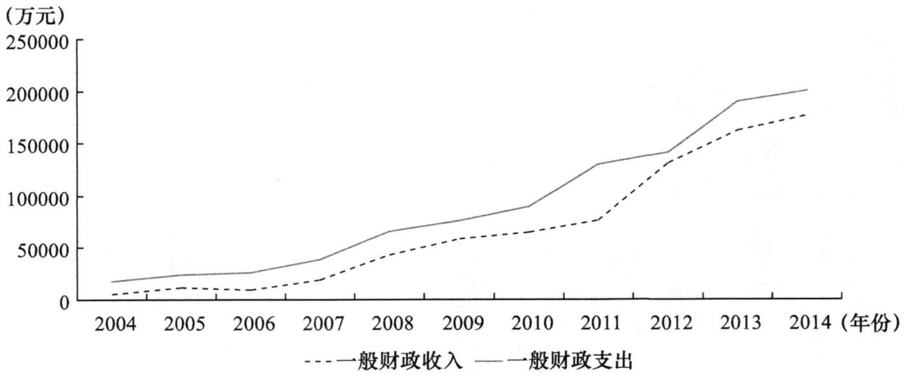

图 5-19　2004~2014 年西乌珠穆沁旗财政收支

资料来源：根据内蒙古统计年鉴整理而得。

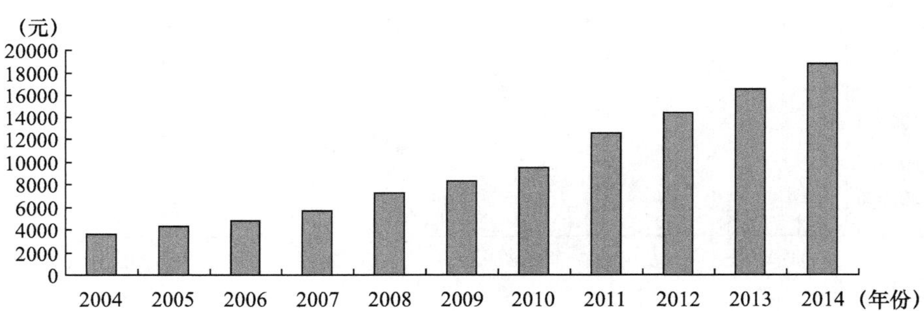

图 5-20　2004~2014 年西乌珠穆沁旗农牧民人均纯收入

资料来源：根据内蒙古统计年鉴整理而得。

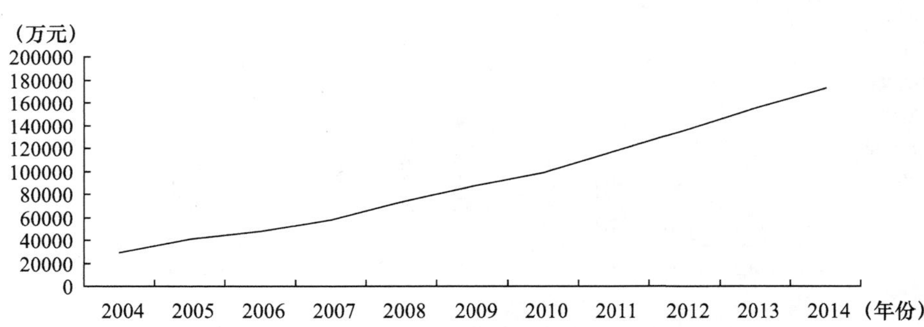

图 5-21　2004~2014 年西乌珠穆沁旗社会消费品零售总额

资料来源：根据内蒙古统计年鉴整理而得。

西乌旗政府逐年加大工业反哺畜牧业力度，用于推进畜牧业产业化进程，促进牧民增收。同时，政府更是以市场为导向，适应产业化发展需要，加快调整牲畜品种和畜群结构，不断提高牲畜个体品质和效益，发展订单式畜牧业，不断提高牧民组织化程度。近年来，西乌珠穆沁旗的畜牧业正处于快速发展兴旺阶段。牛、马、能、驴、骡、绵羊、山羊和猪是西乌珠穆泌旗的主要牲畜种类。其中，牛、马、绵羊和山羊等以食草为主的牲畜最为常见，且数量可观。牧民的主要经济来源于畜牧业，因此，牧户饲养的牲畜头数多少直接与他们的收入水平挂钩。近几年由于市场机制的作用，牲畜出售价格和畜产品价格走势较好，促进了牧民饲养牲畜的积极性。

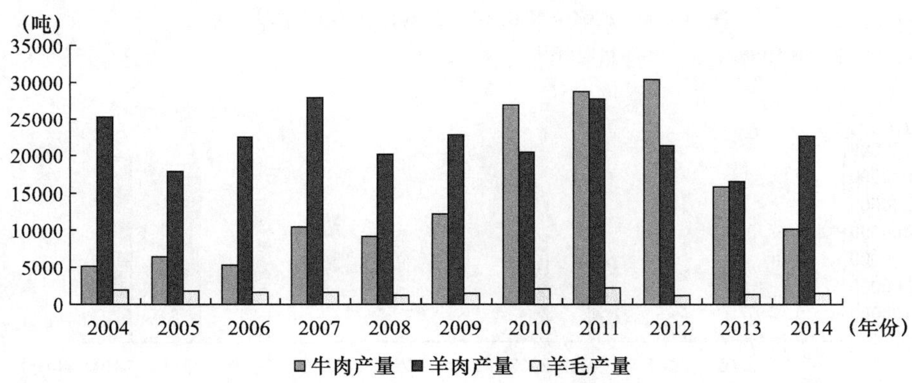

图 5-22　2004~2014 年西乌珠穆沁旗主要牧业产量

资料来源：根据内蒙古统计年鉴整理而得。

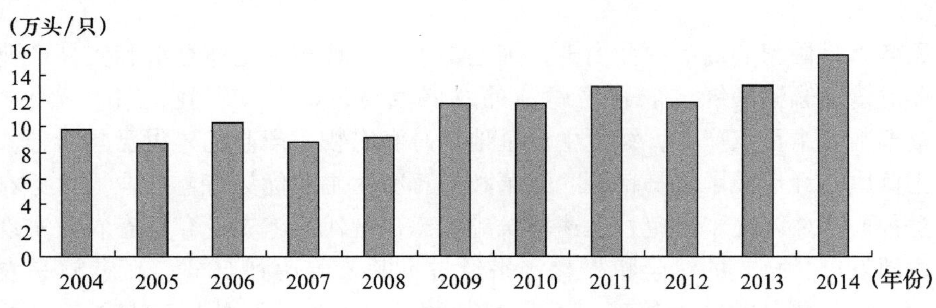

图 5-23　2004~2014 年西乌珠穆沁旗年末大牲畜数量

资料来源：根据内蒙古统计年鉴整理而得。

（4）正蓝旗经济发展现状

近几年，正蓝旗坚持“以牧为主，多种经营”的经济建设方针，充分发挥本旗的资源优势，狠抓畜牧业基础建设，有效提高了畜牧业和多种经营的经济效益，保持了全旗社会经济的稳步发展。

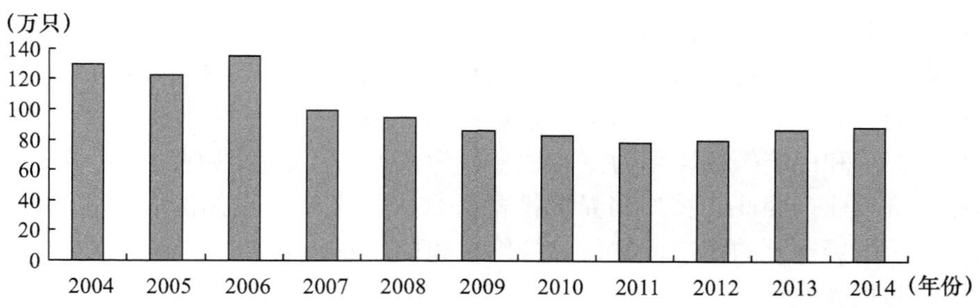

图 5－24　2004～2014 年西乌珠穆沁旗年末羊数量

资料来源：根据内蒙古统计年鉴整理而得。

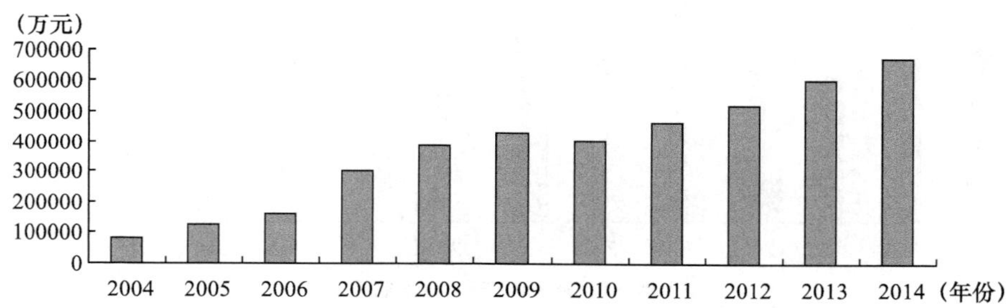

图 5－25　2004～2014 年正蓝旗 GDP

资料来源：根据内蒙古统计年鉴整理而得。

正蓝旗是国家的商品牛和内蒙古细毛羊生产基地，其主体经济和支柱产业是畜牧业。该旗紧紧围绕“农牧稳旗”的发展战略，着重发展乳、肉、绒毛、蔬菜、饲草料五个重点产业，绿色生产基地培育和农牧业产业化建设已具雏形。目前，正蓝旗已经形成了以马铃薯、蔬菜和饲草料为主的优势特色产业，优势农作物的播种面积始终处于稳定且迅速增长的状态，现代设施农业和生态农业实现又好又快地发展，全旗的综合机械化水平经过不断改善达到 60%。正蓝旗是农畜产品加工的重要基地。近年来，正蓝旗肉食品加工和乳制品加工有了长足的发展，除了原有的汇力多、长虹、康子郎、顺城肉业、元源等农畜产品加工企业外，又引进了上都牛业、上都牛肉、草原今朝等企业。同时为了更好的发展传统奶食和特色产业，正蓝旗筹划建设了元上都民族文化特色产业园区，目前该园区已基本建设完毕，已有部分企业入驻。另外，传统奶食——奶豆腐和奶皮子顺利通过了国家地理标志产品的审核，为打造正蓝旗特色产品又增添了重要的砝码。

正蓝旗通过进一步转变生产经营方式，实施畜牧业产业结构调整，畜牧业生产布局得到了优化，目前形成了肉牛、奶牛、细毛羊养殖业这三大产业。

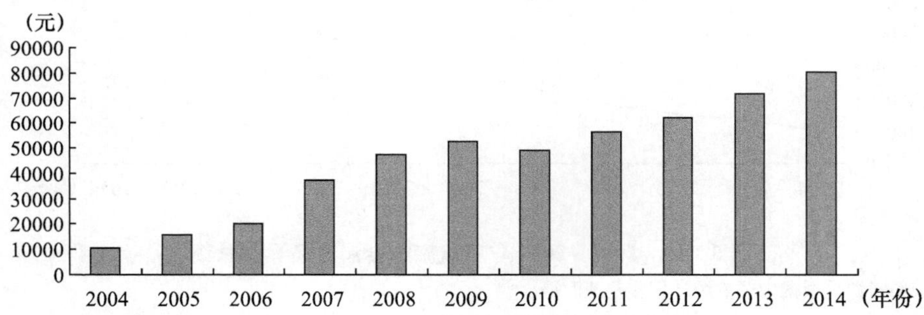

图 5－26　2004～2014 年正蓝旗人均 GDP

资料来源：根据内蒙古统计年鉴整理而得。

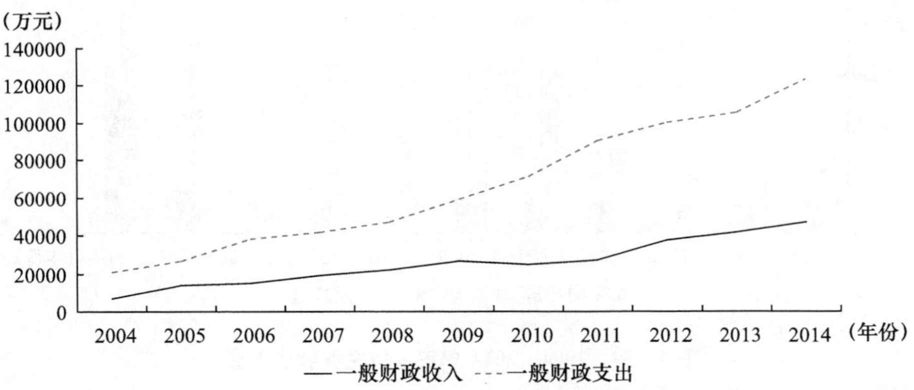

图 5－27　2004～2014 年正蓝旗财政收支

资料来源：根据内蒙古统计年鉴整理而得。

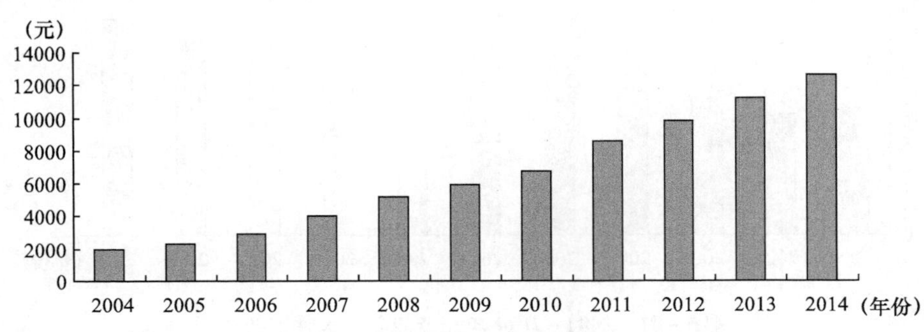

图 5－28　2004～2014 年正蓝旗农牧民人均纯收入

资料来源：根据内蒙古统计年鉴整理而得。

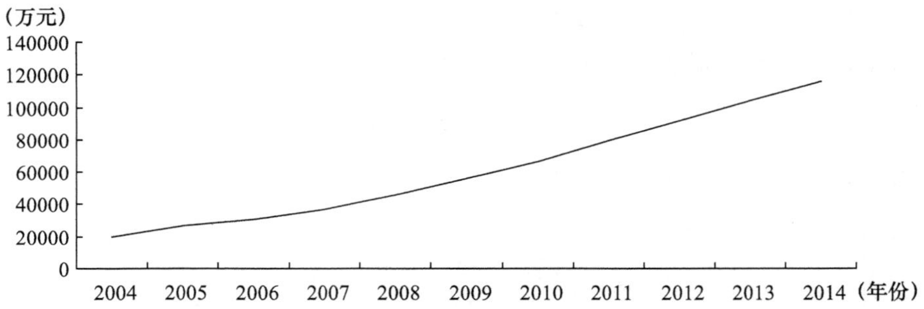

图 5-29 2004~2014 年正蓝旗社会消费品零售总额

资料来源：根据内蒙古统计年鉴整理而得。

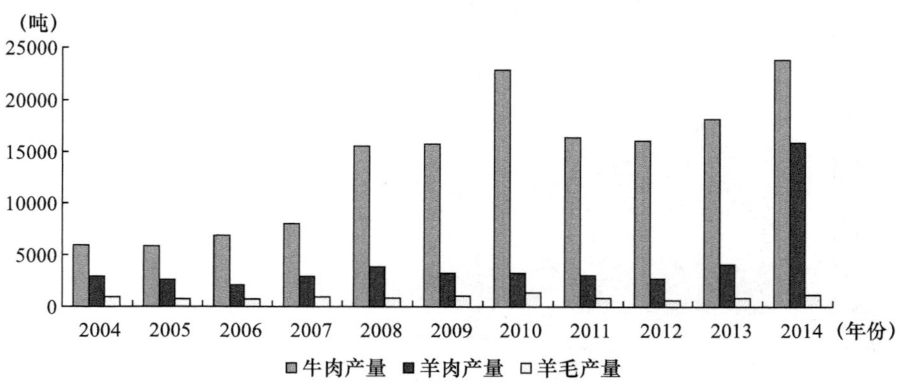

图 5-30 2004~2014 年正蓝旗主要牧业产量

资料来源：根据内蒙古统计年鉴整理而得。

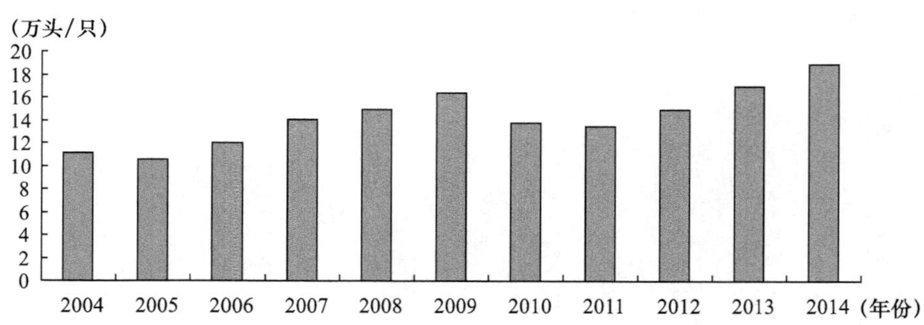

图 5-31 2004~2014 年正蓝旗年末大牲畜数量

资料来源：根据内蒙古统计年鉴整理而得。

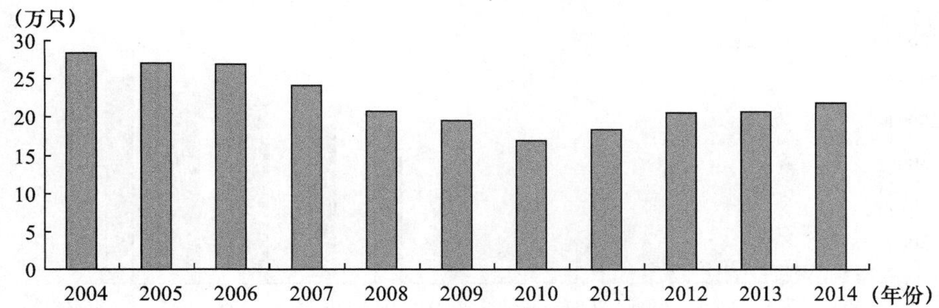

图 5 - 32　2004 ~ 2014 年正蓝旗年末羊数量

资料来源：根据内蒙古统计年鉴整理而得。

5.3.2　锡林郭勒盟金融发展现状

2003 ~ 2014 年，锡林郭勒盟金融机构人民币存款逐年递增。其中，个人存款余额多于单位存款余额，且增幅较大，如图 5 - 33 所示。

2003 ~ 2009 年，金融机构贷款余额逐年递增，其中工业短期贷款余额和农业短期贷款余额占比较多。2010 ~ 2014 年，金融机构贷款余额同样递增，其中中长期的单位普通贷款余额多于短期的单位普通贷款余额，如图 5 - 34 所示。

2003 ~ 2014 年，锡林浩特盟各旗县的居民储蓄存款余额均有所增长，其中锡林浩特市和二连浩特市的居民储蓄存款余额比其余旗县更多，而且增长速度更快，如表 5 - 7 所示。

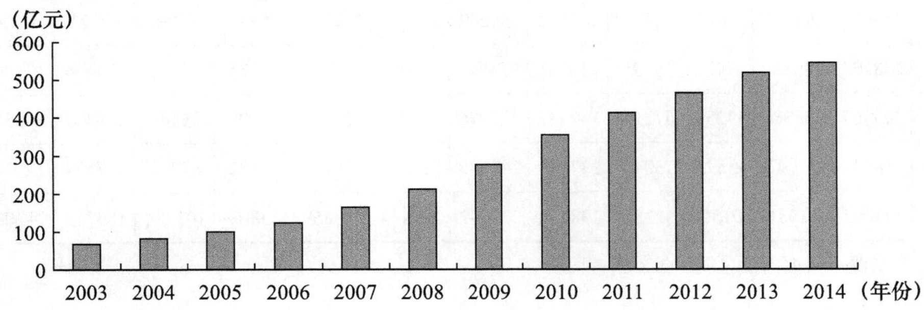

图 5 - 33　锡林郭勒盟金融机构人民币存款余额

资料来源：根据内蒙古统计年鉴整理而得。

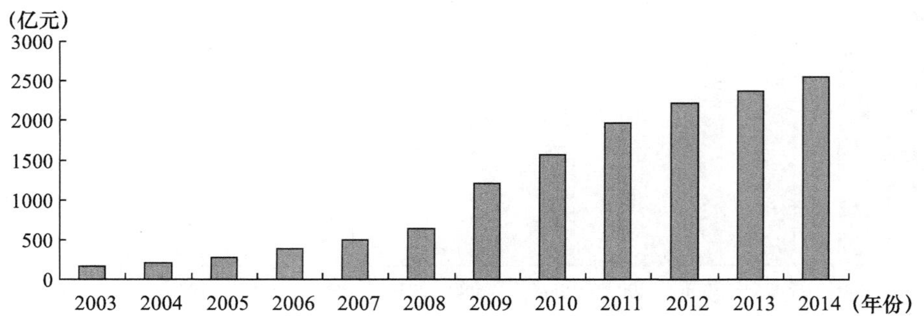

图 5－34　锡林郭勒盟金融机构贷款余额

资料来源：根据内蒙古统计年鉴整理而得。

表 5－7　锡林郭勒盟各旗县居民储蓄存款余额　　单位：元

统计年份	二连浩特市	锡林浩特市	阿巴嘎旗	苏尼特左旗	苏尼特右旗	东乌珠穆沁旗	西乌珠穆沁旗	太仆寺旗	镶黄旗	正镶白旗	正蓝旗	多伦县
2003	71951	138076	22237	12841	40095	34468	20459	36814	8160	17963	17371	19505
2004	82358	191501	26040	14726	47875	39185	26170	43665	9722	20018	23054	24221
2005	100661	237190	28615	15648	54130	50103	31643	49515	10967	23075	30280	11388
2006	134423	323403	35078	22905	65865	56514	54782	72943	18293	31499	52657	59342
2007	134423	323403	35078	22905	65865	56514	54782	72943	18293	31499	52657	59342
2008	171178	440065	40572	28763	79763	85003	72042	91979	24252	34229	61575	70687
2009	266440	566730	49546	36356	90639	123814	83021	115971	31107	71346	74020	81372
2010	248696	699222	59021	44312	103752	134292	107354	149980	36823	52190	90921	100363
2011	258109	800222	76427	56755	126331	173641	127597	185536	45285	59358	109654	121765
2012	306967	958380	89259	67214	162447	221976	164990	220212	54400	72863	146347	163518
2013	338441	1049979	93575	73049	177349	247696	193802	249706	57522	84721	167524	186360
2014	372005	1170317	101502	82385	198258	271092	209414	283859	63803	102774	185772	212032

资料来源：根据内蒙古统计年鉴整理而得。

锡林郭勒盟的城市社会固定资产投资数量远超过农村社会固定资产投资数量。其中，城市社会固定资产投资在 2011 年时有所上升。近年来，随着锡林郭勒盟对各类经营主体在投资政策上积极支持和引导，使得其林业和畜牧业投资实现了快速增长，农村社会固定资产投资也出现了大幅增长，如图 5－35 所示。

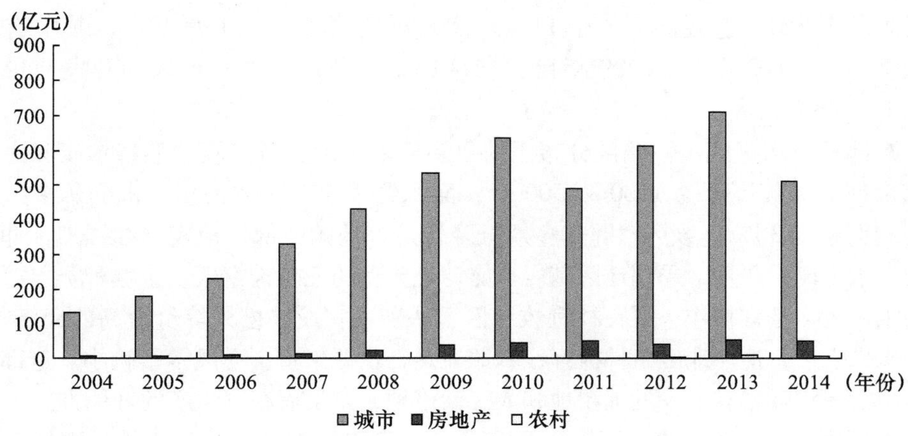

图5-35 锡林郭勒盟社会固定资产投资

资料来源：根据内蒙古统计年鉴整理而得。

5.4 内蒙古鄂尔多斯市牧区经济金融发展现状

鄂尔多斯（汉语意为“众多的宫殿”）市位于内蒙古自治区西南部，西北东三面为黄河环绕，南临古长城，毗邻晋、陕、宁三省区。鄂尔多斯市辖七旗一区，是一个以蒙古族为主体、汉族占多数的少数民族地区。

鄂尔多斯市自然地理环境的显著特点是，起伏不平，西北高东南低，地形复杂，东北西三面被黄河环绕，南与黄土高原相连。地貌类型多样，既有芳草如茵的美丽草原，又有开阔坦荡的波状高原。鄂尔多斯市境内五大类型地貌，平原约占总土地面积的4.33%，丘陵山区约占总土地面积的18.91%，波状高原约占总土地面积的28.81%，毛乌素沙地约占总土地面积的28.78%，库布其沙漠约占总土地面积的19.17%。

北部黄河冲积平原区——该地区总面积约5000平方公里，占鄂尔多斯市总土地面积的6%，分布于杭锦旗、鄂尔多斯高原达拉特旗、准格尔旗沿黄河23个乡、镇、苏木内。成因和地质构造与整个河套平原相同，同属沉降型的窄长地堑盆地。现代地貌主要是由洪积和黄河挟带的泥沙带的泥沙等物沉积而成。海拔高度1000~1100米，地势平坦，水热条件极好。该地区土壤类型可分为草甸土、沼泽土、盐碱土、风沙土四个类型，其中以草甸土为主。草甸土是该区土壤中质地与生产性能良好的土壤，是培养稳产高产农田的基础土壤。整个黄河冲积平原区，土壤中有机质的含量在1%左右，全氮含量0.05%，速效磷含量 12 个 PPM，速效钾 228 个 PPM。该区耕地面积达到 130 万亩，其中有保证灌溉面积 80 多万亩，1989 年粮食产量达 2 亿公斤。这一地区的开发前景相当乐观，潜力很大。

东部丘陵沟壑区——该区分布于鄂尔多斯市、伊金霍洛旗、准格尔旗和达拉特旗南部，海拔高度为 1300～1500 米，面积约 2.6 万平方公里，占鄂尔多斯市总土地面积的 30%。该区属鄂尔多斯沉降构造盆地的中部，地表侵蚀强烈，冲沟发育，水土流失严重，局部地区基岩裸露，是典型的丘陵沟壑区。土壤种类以栗钙土为主，大多不宜耕作，属宜林宜牧地区，特别适宜发展松柏等价值高的经济林。对于水果生产，这一地区条件极好，日照充足，水源丰富，受风沙影响小。这部分地区内沿河沟畔也有不少的下湿地和人工淤澄地，是发展粮食生产的好地方。

中部库布其、毛乌素沙区——库布其、毛乌素两大沙漠，位于鄂尔多斯市中部，库布其沙漠北临黄河平原，呈东西条带状分布。毛乌素沙漠地处鄂尔多斯市腹地，分布于鄂托克旗、鄂托克前旗、伊金霍洛旗部分和乌审旗。两大沙区总面积约 3.5 万平方公里，占鄂尔多斯市总面积的 40% 左右，其中库布其沙漠面积为 1 万多平方公里、毛乌素沙漠 2.5 万平方公里。这一地区大多为固定半固定沙丘，流动性的新月型沙丘及沙丘链极少。库布其多为细、中沙，而毛乌素则以中、粗沙为主，地下水赋存条件很好，发展林牧业前景广阔。

西部坡状高原区——该区位于鄂尔多斯市西部，包括鄂托克旗大部和鄂托克前旗、杭锦旗的部分，总面积约 2.1 万平方公里，占鄂尔多斯市总面积的 24% 以上。该区地势平坦，起伏不大，海拔高度 1300～1500 米。这里气候较为干旱，降雨稀少，年平均降水量在 200 毫米左右，属典型的半荒漠草原。土壤成分以钙土为主，部分地区也有不少风积沙，植被以野生植物为主，是发展草原畜牧业的地方。

鄂尔多斯属北温带半干旱大陆性气候区，冬夏寒暑变化大。多年平均气温 6.2℃，日最高气温 38℃，日最低气温 -31.4℃。多年平均降水 348.3 毫米，降水多集中于 7、8、9 三个月，占全年降水量的 70% 左右。多年平均蒸发量 2506.3 毫米，为降水量的 7.2 倍，以 5～7 月为最大。全年多盛行西风及北偏西风，年平均风速 3.6 米/秒，最大风速可达 22 米/秒，最大风速的风压 0.6 千牛/平方米。

鄂尔多斯自然资源富集，拥有各类矿藏 50 多种，其中煤炭已探明储量 1676 亿吨，占全国的 1/6。天然气探明储量 8000 多亿立方米，占全国的 1/3。已探明稀土高岭土储量占全国 1/2。“温暖全世界”的鄂尔多斯品牌服饰从这里走向世界，羊绒制品产量约占全国的 1/3，占世界的 1/4，已经成为中国绒城，世界羊绒产业中心。

鄂尔多斯历史悠久，是人类文明的发祥地之一，萨拉乌苏文化、青铜文化源远流长。早在 37000 年前，“河套人”就在这块广袤的土地上繁衍生息，并创造

了著名的“河套文化”。在3500年前的商代前期，中华游牧民族的曙光便在这里初现，形成了著名的“朱开沟文化”，它是北方游牧民族从蛮荒走向文明的重要标志。公元前2800年至公元前2300年，以饰有各种动物图案的青铜器为代表，形成了著名的“鄂尔多斯青铜文化”。1457～1464年（明朝天顺），蒙古鄂尔多斯部驻牧河套，始称鄂尔多斯；1648年（清朝顺治六年），鄂尔多斯各旗会盟王爱召，形成伊克昭盟；2001年，撤盟设地级鄂尔多斯市。

5.4.1　鄂尔多斯地区经济发展现状

（1）鄂托克旗

丰富的天然草地资源是各族人民赖以生存的物质基础，随着牧区经济体制的深化改革以及中央政府的惠农惠牧政策的逐步落实，内蒙古牧区经济发生了翻天覆地的变化。鄂托克旗牧民的收入逐年增加，生活得到了很大的改善。

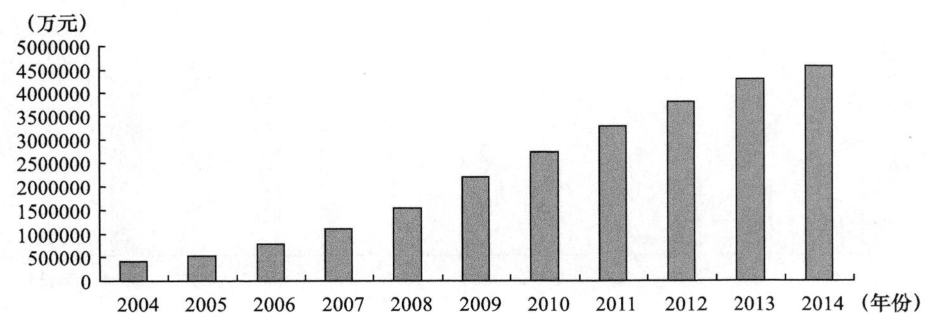

图 5－36　2004～2014 年鄂托克旗 GDP

资料来源：根据内蒙古统计年鉴整理而得。

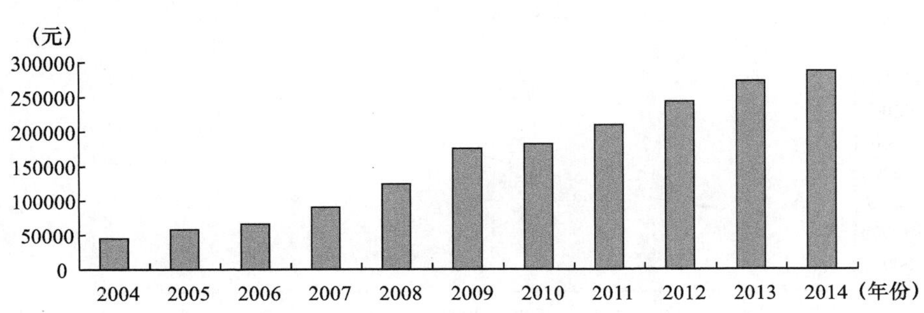

图 5－37　2004～2014 鄂托克旗人均 GDP

资料来源：根据内蒙古统计年鉴整理而得。

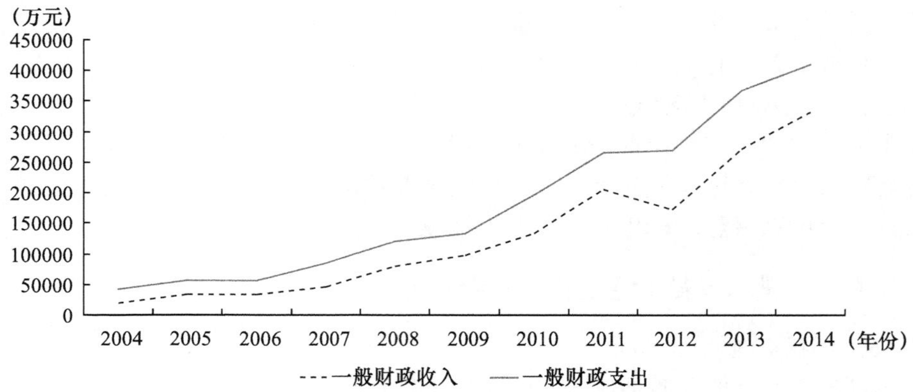

图 5－38　2004～2014 年鄂托克旗财政收支

资料来源：根据内蒙古统计年鉴整理而得。

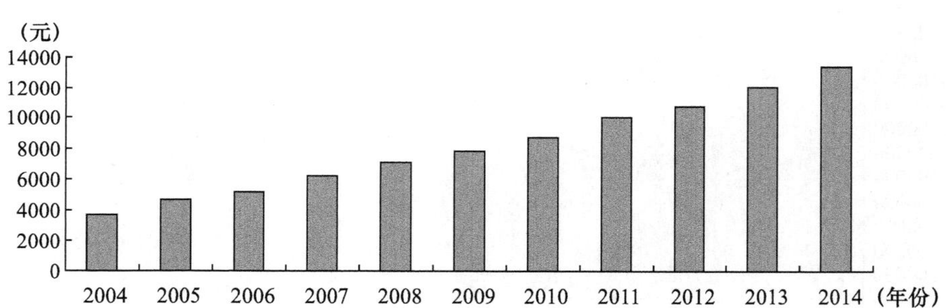

图 5－39　2004～2014 年鄂托克旗农牧民人均纯收入

资料来源：根据内蒙古统计年鉴整理而得。

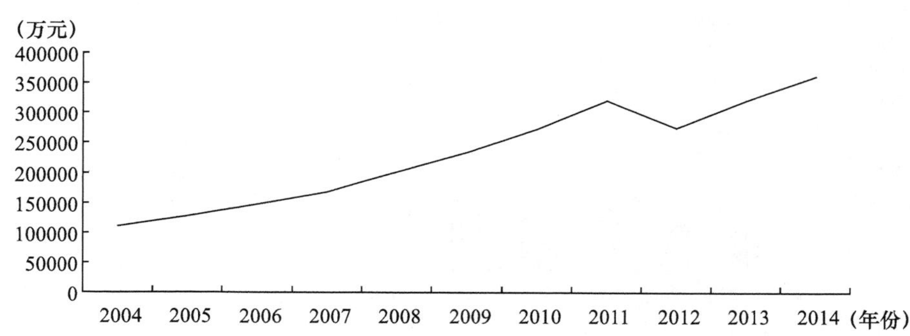

图 5－40　2004～2014 年鄂托克旗社会消费品零售总额

资料来源：根据内蒙古统计年鉴整理而得。

人均纯收入呈现上升趋势，说明牧民收入水平增加，生活质量不断提高，消费需求也在不断增加，可启动农牧民消费市场有较大的潜力和开发余地。对于牧民来说，在生活水平改善、纯收入提高后会考虑继续扩大再生产或是生活上非日常消费额的提高，表现为生产性支出如生产资料等投入的加大或是一些奢侈品的消费。对于牧民来讲，他们全年的花销是上一年的收入，而不是现期的收入，这里的现期收入是指与支出同期的收入，他们的现期收入只有在年末将农业或牧业产品销售后才有收入。

随着经济的发展及国家惠农惠牧政策的大力支持，牧区人民生活水平得到很大改善，2004～2014 年鄂托克旗牧民的生活水平一直都在提高，因此他们花费在基本需求方面的消费品支出也在逐年增加。

鄂托克旗牧场广袤，水草丰美，资源丰富，牲头数稳定在 140 万头（只）左右，年产山羊绒 30 万公斤，绵羊毛 12618 万公斤，各类皮张 40 多万张，商品肉 100 多万公斤。驰名中外的阿尔巴斯白绒山羊就源于本旗，阿白山羊绒在国际市场上被誉为“纤维宝石”“软黄金”，曾获意大利柴格纳纺织公司绒毛生产奖。

鄂托克旗拥有绒山羊、细毛羊两大优势畜种。鄂托克旗是驰名中外的阿尔巴斯型白绒山羊原产地，也是世界驰名的“鄂尔多斯”牌羊绒制品原材料产区，绒山羊产业是鄂托克旗畜牧业的重要组成部分，是牧区经济的重要支柱，也是牧民生活的主要经济来源。现有一个国家级内蒙古白线山羊种羊场、一个自治区级鄂托克旗阿尔巴斯白纸山羊原种羊场、一个内蒙古白纸山羊（阿尔巴斯型）保护区。鄂托克旗是鄂尔多斯细毛羊主产区，也是闻名全国的细毛羊生产基地，细毛羊产毛量、品质在全国名列前茅。

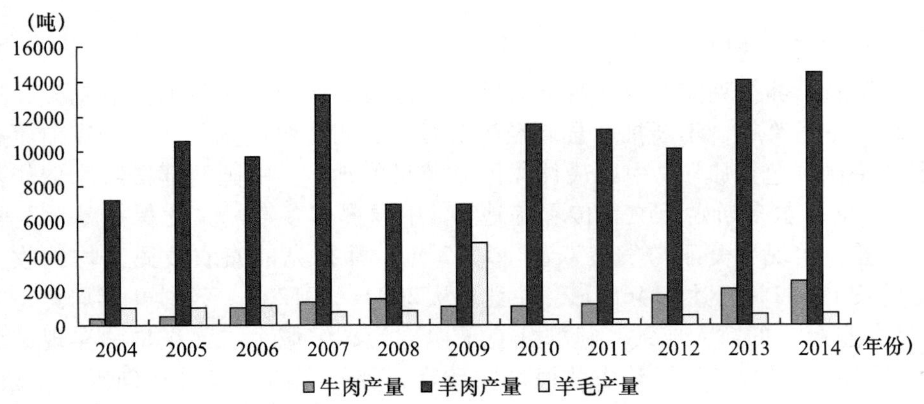

图 5－41　2004～2014 年鄂托克旗主要牧业产量

资料来源：根据内蒙古统计年鉴整理而得。

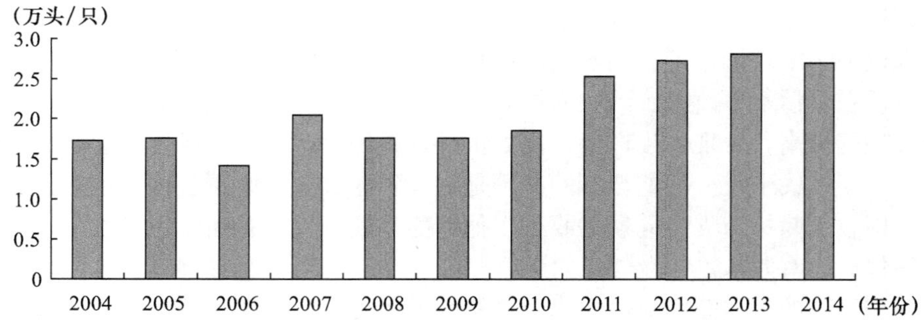

图 5－42　2004～2014 年鄂托克旗年末大牲畜数量

资料来源：根据内蒙古统计年鉴整理而得。

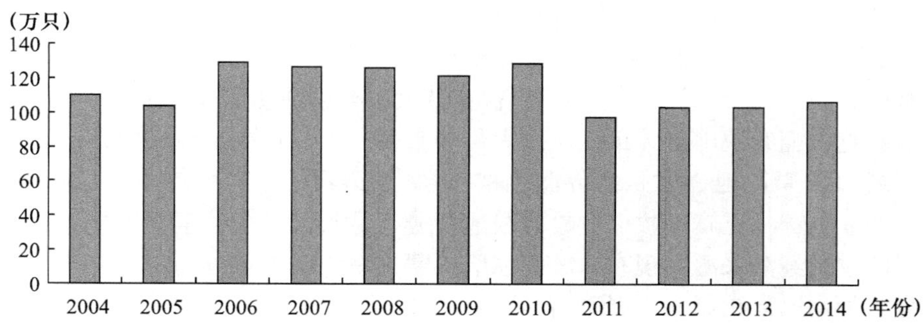

图 5－43　2004～2014 年鄂托克旗年末羊数量

资料来源：根据内蒙古统计年鉴整理而得。

（2）鄂托克前旗

近年来，鄂托克前旗依托富集的资源、优越的区位、良好的发展基础，后发赶超、奋力跨越，不断推动县域经济全面、协调、快速发展。鄂托克前旗赢得了“中国绿色名旗”“中国最佳休闲旅游目的地”“中国西部摄影家创作基地”“中国鄂尔多斯婚礼文化传承基地”“中国鄂尔多斯马文化保护基地”等众多美誉，实现了美丽与发展双赢。2012 年，鄂托克前旗农牧民人均纯收入同比增长 13.62%，达 11468 元，并且，从 2004～2012 年，连续 9 年居全市第一。“九连冠”的骄人成绩，让鄂托克前旗成为破解城乡二元结构、实现城乡统筹发展的新样板。为了让农牧民增收致富，鄂托克前旗以科技创新为手段，以提高质量效益和保护生态环境为目标，推进农牧业产业结构调整和经营方式转变。

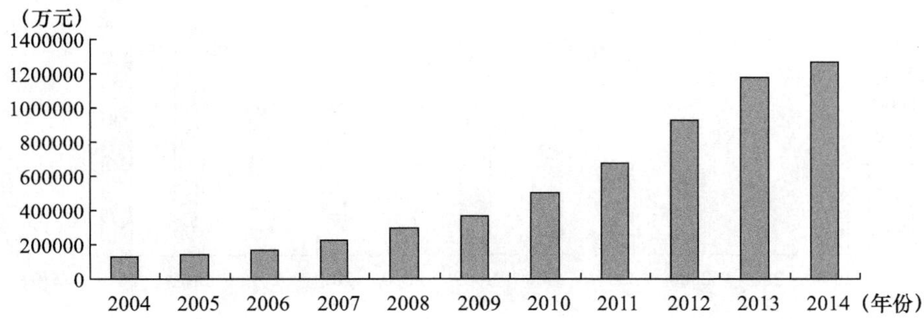

图5－44 2004～2014年鄂托克前旗GDP

资料来源：根据内蒙古统计年鉴整理而得。

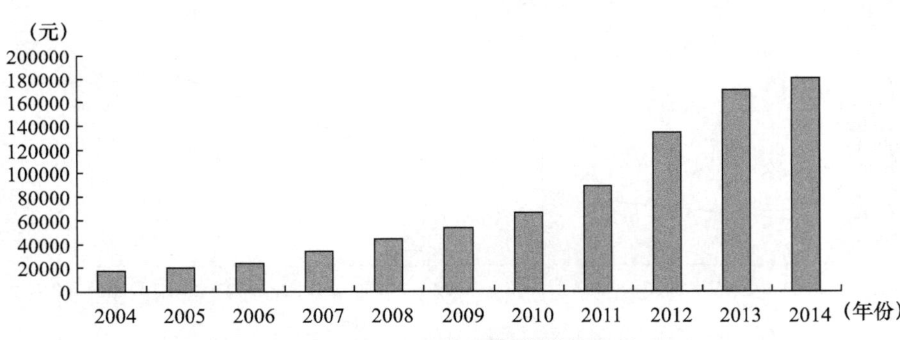

图5－45 2004～2014年鄂托克前旗人均GDP

资料来源：根据内蒙古统计年鉴整理而得。

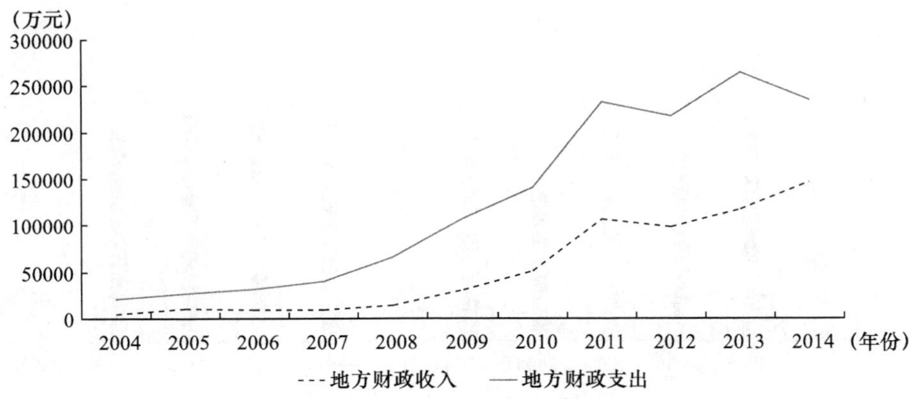

图5－46 2004～2014年鄂托克前旗财政收支

资料来源：根据内蒙古统计年鉴整理而得。

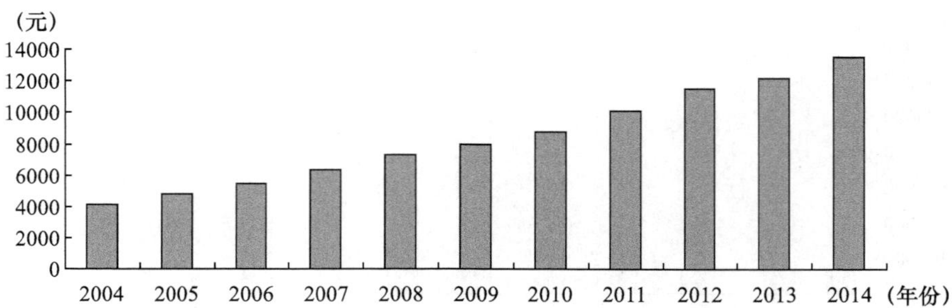

图 5－47　2004～2014 年鄂托克前旗农牧民人均纯收入

资料来源：根据内蒙古统计年鉴整理而得。

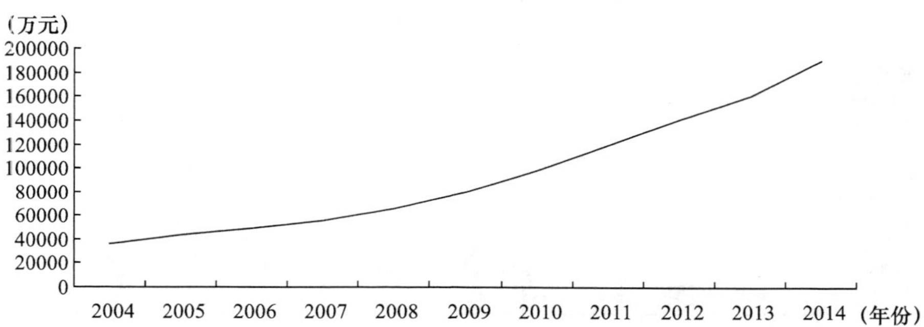

图 5－48　2004～2014 年鄂托克前旗社会消费品零售总额

资料来源：根据内蒙古统计年鉴整理而得。

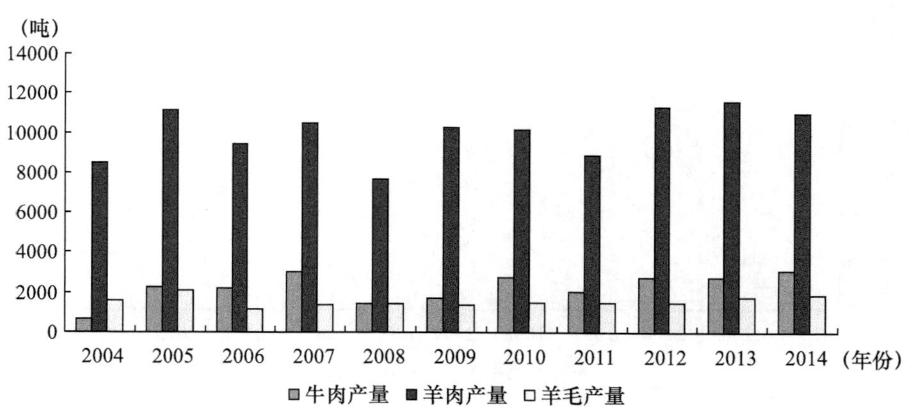

图 5－49　2004～2014 年鄂托克前旗主要牧业产量

资料来源：根据内蒙古统计年鉴整理而得。

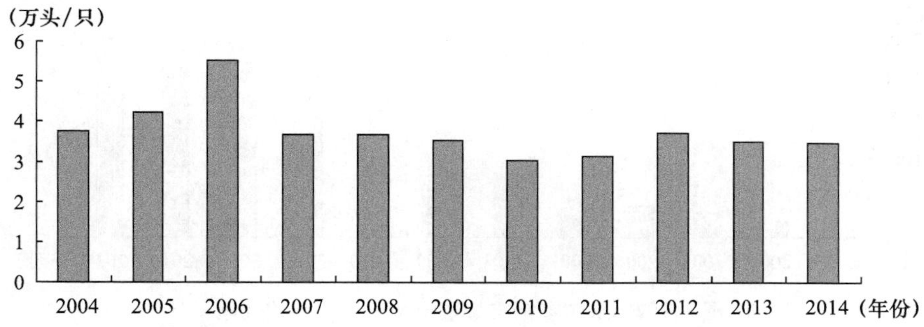

图 5－50　2004～2014 年鄂托克前旗年末大牲畜数量

资料来源：根据内蒙古统计年鉴整理而得。

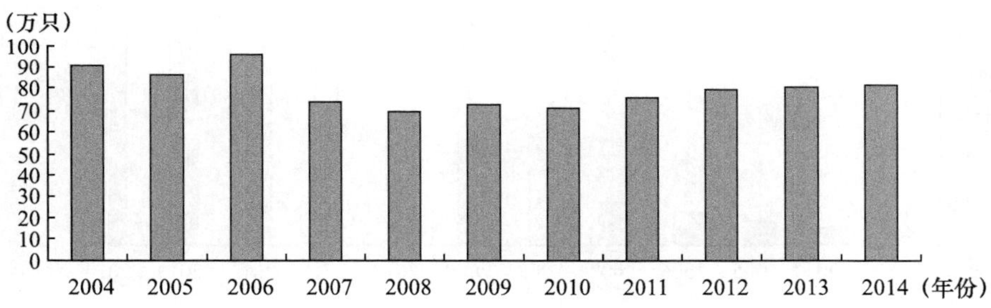

图 5－51　2004～2014 年鄂托克前旗年末羊数量

资料来源：根据内蒙古统计年鉴整理而得。

鄂托克前旗政府鼓励牧民加大科学养畜力度，不断缩短育肥羊出栏时间，提高绒山羊出绒率，在减轻生态压力的同时，不断提高牧民养殖性收入。根据最近几年的市场行情，以牛和羊养殖业为主导，积极发展牛羊畜牧养殖产业，经济效益比较高。在鄂托克前旗，牧民对于动物养殖有着很高的积极性和热情，近几年国内市场对于动物性制品和奶制品的需求量越来越大，因此要大力做好全齐养殖发展工作。

5.4.2　鄂尔多斯地区金融发展现状

近年来，鄂尔多斯的支柱产业煤炭和房地产行业陷入低迷，土地出让收入大幅下降，使其金融生态环境有所下滑，经济持续不景气，一些地区出现信用风险和债务风险。

2003～2014 年，鄂尔多斯市金融机构人民币存款逐年递增。其中，单位存款余额的增长速度更快，如图 5－53 所示。

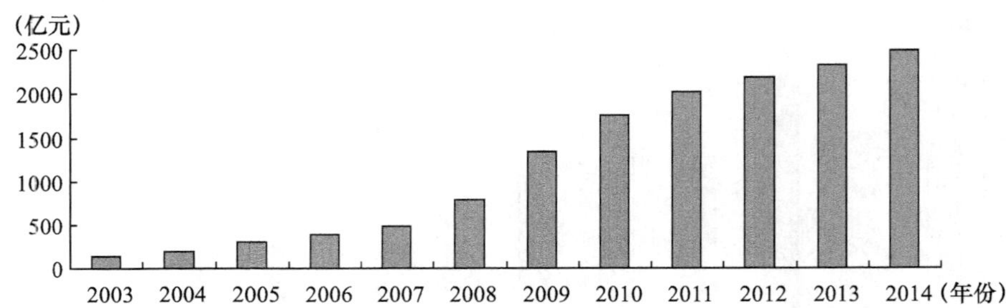

图 5-52 鄂尔多斯市金融机构人民币存款余额

资料来源：根据内蒙古统计年鉴整理而得。

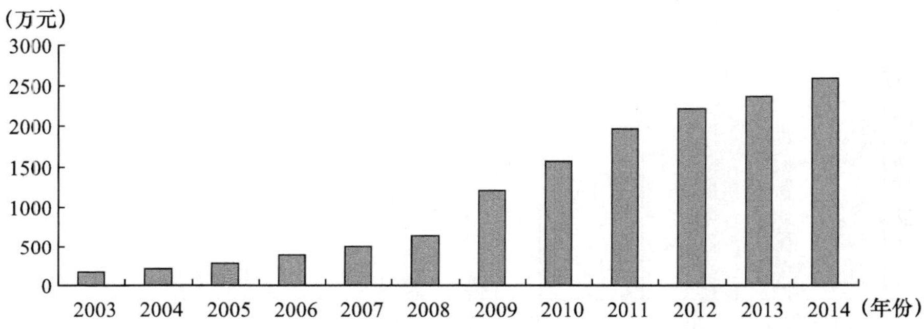

图 5-53 鄂尔多斯市金融机构贷款余额

资料来源：根据内蒙古统计年鉴整理而得。

2003~2009 年，金融机构贷款余额逐年递增，且自 2008 年开始增幅变大，其中工业短期贷款余额占比较多。2010~2014 年，金融机构贷款余额同样递增，其中中长期贷款余额多于短期的贷款余额，如图 5-54 所示。

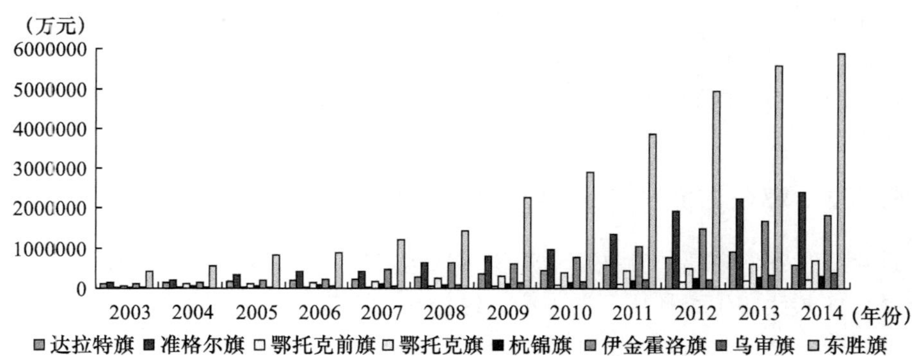

图 5-54 鄂尔多斯旗县居民储蓄存款余额

资料来源：根据内蒙古统计年鉴整理而得。

2006~2013 年，鄂尔多斯居民储蓄存款余额不断上升。其中，东胜区的增幅较大，城区经济发展速度更快。如图 5-55 所示。

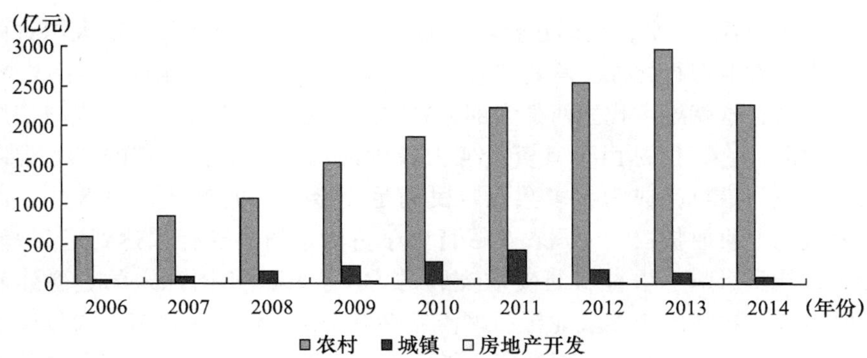

图 5-55　鄂尔多斯按城乡划分全社会固定资产投资

资料来源：根据内蒙古统计年鉴整理而得。

鄂尔多斯社会固定资产投资数量不断上升。其中，城市社会固定资产投资数量远超过农村社会固定资产投资数量。鄂尔多斯在房地产开发方面的投资自 2011 年开始逐年下降。

5.5　内蒙古牧区经济金融环境与民间金融发展

内蒙古牧区面积辽阔、地形多样，气候复杂，地广人稀，部分地区自然环境相对恶劣。一个地区金融的发展，首先受到其所处的自然环境的影响和制约。因此，这些不利的环境因素不仅增加了提供金融服务的难度，而且增加了金融服务的成本。在自然环境相对优越、人类活动频繁的地区，金融活动更易展开，金融发展程度也较高。牧区畜牧业生产的天然弱质性和高风险性增加了农村金融市场的风险。对于金融机构来说，畜牧业对自然灾害的抵抗力偏低，因而牧民的收入不确定，牧民的信用风险相对较大。加之畜牧业生产周期较长，资金占用时间长，资金流通率及相应的资金收益率偏低，因而导致牧区正规金融机构在提供金融服务时有所顾虑。内蒙古牧区自然环境恶劣、许多地区人迹罕至，比较难以开展金融活动，更不利于正规金融服务网点的建立和金融服务的开展，所以基本只是进行简单的民间借贷活动。

促使内蒙古牧区民间金融发展的经济金融因素很多，主要包括金融宏观调控政策、农村信用社资金的流向、西部农牧业产业结构的调整等。

5.5.1 金融宏观调控政策

20 世纪 90 年代以来，我国在金融方面实施了宏观调控政策。四大国有商业银行，除中国农业银行之外，均将其在县级及以下的各个服务网点撤销或合并、上收放贷权限，这就导致我国西部大部分农牧区成为金融服务盲区。农村信用社虽然在农牧区存在，但是由于其资金实力较为薄弱，对支农支牧的任务难以承担，因而，民间借贷就成为大多数农牧民满足资金需求的首选。2008 年，由于正规金融机构上收放贷权，中国农业银行内蒙古清水河县支行仅达到了 27.56% 的存贷比，严重影响了农业银行支农支牧的力度。伴随不断深入的金融体制改革，内蒙古农村牧区的中国农业银行网点在 2003 年基本全部撤销，农牧民的资金需求很难通过现存的农村信用社完全得到满足。因此，面对金融服务缺位的状况，民间借贷成为农牧民出现资金需求时的必然选择。

5.5.2 农村信用社资金的流向

一些农牧区的信用社，存在经营状况不良、资金大量流向城市的现象，这就越发加剧农牧区资金供应紧张的状况。农牧业经济发展受到农牧区信用社的支持是相当有限的，农牧区实际存在的资金需求远高于农牧区信用社对“三农”“三牧”等方面的支持贷款。农牧区信用社对农牧民的支持力度严重不足，使民间借贷成为农牧民存在资金需求时的必然选择。此外，农村信用社发放贷款普遍遵循的原则是“年初发放，年末回收”，这与农业较强的季节性特征以及农业作物的生产周期等不相匹配。农村信用社本身资金供给短缺，加之农牧民普遍缺乏满足条件的抵押物或抵押物价值不高，使民间借贷成为农牧民存在贷款需求时最倾向于选择的方式。

5.5.3 农牧业产业结构的调整

我国政府有关部门相继出台很多对西部农牧业的经济发展进行支持的政策，大大促进了我国西部农牧业产业结构调整，使一些农牧业龙头企业得到优先发展。在其带动下，与之相关的产业也随之发展，从而实现快速提高“三农”“三牧”经济的目标。大量资金支持是调整我国西部农牧业产业结构时所必须具备的条件，但是正规金融机构却很难向农牧民提供资金支持其发展生产，大多数农牧民在出现资金需求时只能依靠民间借贷的方式来解决。内蒙古自治区的正镶白旗是省级贫困旗县，属于半农半牧地区，主要从事牧业生产。随着农牧业产业结构调整步伐的不断深入，近年来，该地区的改革遵循“围封转移”的原则，对牧民提出了经

营逐步集约化、牲畜数量根据牧草进行确定等要求。该地区长期以来一直是粗放的经营模式，牧民们很难在短期内迅速改变。经营集约化的要求无法通过畜种的改变立刻实行，部分牧民收入下降，甚至有些牧民出现返贫。由于牲畜数量的减少，使该地一些牧民的基本生活都难保证，民间借贷活动也应运而生。

第 6 章

牧区民间金融利率影响因素及运行机制

本章首先分析牧区民间金融的利率影响因素，其次挖掘民间金融的社会资本治理机制，最后从博弈论视角分析民间金融的内在运行机制。

6.1 牧区民间金融利率影响因素

利率是资金的使用价格，民间金融利率水平的高低主要取决于资金供求关系。从成本来看，民间金融利率由资金的管理成本、机会成本、风险溢价与垄断利润等构成。从需求来看，民间金融市场中借款人的还贷意愿和还贷能力会影响利率水平的高低。贷款人凭借对借款人以往还贷意愿和当前还贷能力的判断，实行不同的贷款利率。

6.1.1 牧区民间金融利率构成要素

牧区民间金融利率由资金的管理成本、机会成本、风险溢价与垄断利润等构成。

管理成本——在民间金融市场上，交易双方都具有信息优势，拥有银行等金融机构所不拥有的私人信息。这种私人信息随着交易双方的亲疏而变化，关系越密切拥有对方的私人信息就越多。如果关系较为疏远，双方拥有对方的私人信息就会较少。为了确保贷款顺利收回，贷款人需要花费一定的时间、精力及费用，主要包括信息搜集成本和监督成本。当日常交往中所获得的私人信息不足以作为发放贷款的判断依据时，贷款方就必须主动地搜集借款者的信息。关系越亲密，信息搜集成本和监督管理成本就会越小，借贷利率也就越低；反之，借贷利率就会提高。此外，当单笔贷款成本固定时，随着贷款数量增加及期限延长，借款人

违约的风险也会增加，贷款人可能也就需要花费更多的时间及精力对借款人进行监督，这也会导致管理成本增加。

机会成本——资金的机会成本不是真实发生的成本，它是指资金用于发放贷款以外的用途所能够获得的最大收益，如贷款人将资金用于投资可以获得投资收益，将资金存在银行等金融机构能够获得利息收入等。一般来说，借贷资金的机会成本都是以银行存款利率计算，是与正规金融市场的回报率成正比，同期的银行等金融机构的贷款利率越高，民间贷款利率也越高。机会成本与经济繁荣程度也成正比，一个地区经济越繁荣，企业或个人在该地区投资中获得的回报率可能越高，民间金融市场的资金机会成本就越大，因而要求的回报也就越高，利率水平也就越高。

风险溢价——民间金融行为大多是“地下”进行，不受法律所保护。一经发现或查处，贷款者放出去的资金非但得不到法律保障，而且还可能受到法律的严厉制裁。因此，面对制度风险，民间金融市场中的贷款者往往要求相应的高回报作为补偿。政府治理整顿力度越大，措施越严厉，制度风险就越大，贷款者要求的风险溢价也就越高。一个地区的经济形势变化也会影响该地区的民间金融利率。地区经济越繁荣，企业和个人的现金流量就会越充足，归还贷款的意愿和能力就越强，市场系统风险就越小，贷款利率也就越低。此外，民间金融市场还存在借款企业或者个人特有的风险，这种风险很大程度上依赖于交易双方的关系。关系越亲密，双方拥有彼此的私人信息越多，借款者受人情关系和其他关系往来的约束就越强，主动和被动的违约风险就越小，因而贷款者要求的风险溢价也就越小。

垄断利润——民间金融市场上借款人信息的私密性及市场分割，使贷款者的垄断地位得到加强，从而导致贷款者可以轻而易举地获取超额利润。私人信息和市场分割的存在，一方面，可能导致并强化贷款者的垄断地位，借款人只能够在亲戚、朋友或者熟人圈子里获得贷款，在陌生人的圈子内获得贷款较为困难，因而有助于贷款人提高贷款利率水平；另一方面，由于借贷双方都是“抬头不见低头见”的熟人，双方可以通过谈判和沟通来降低贷款利率水平。

6.1.2　牧区民间金融利率影响因素

牧区民间金融利率定价主要受以下因素影响：

（1）资金供求的不平衡

利率是资金的使用价格，当资金需求大于资金供给时，利率水平就会提高，如图6－1所示，图中纵轴代表利率水平，横轴表示资金规模，D代表资金需求曲线，S代表资金供给曲线。在金融市场上，资金需求量为OD_1，由于种种原因，银行等正规金融机构出现“惜贷”现象，造成供给量 OS_1 小于需求量 OD_1，贷款利率水平为 r_1，高于市场出清水平 r_0。

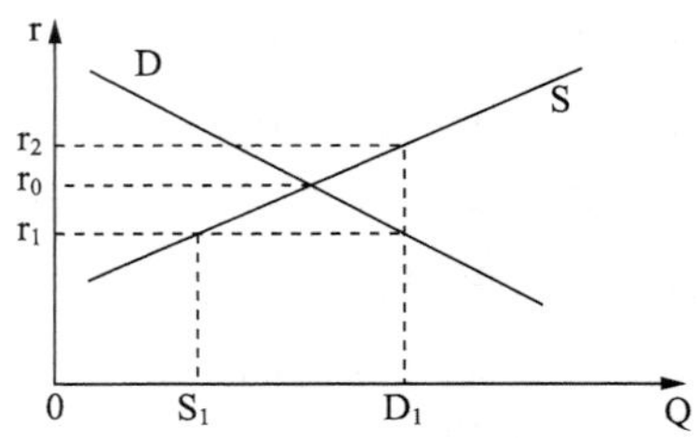

图 6－1　供求不平衡下的利率水平

根据 Stiglitz 和 Weiss 的信贷配给理论，当市场存在信息不对称时，就会出现逆向选择和道德风险，一些愿意支付高利率的资金需求者通常会将资金投向风险较高的项目。此时，金融机构如果提高利率（假设达到市场出清水平 r_0），那些未来收益较低且风险相对较小的资金需求者将会被市场挤出，而那些未来收益较高且风险较大的资金需求者将会留在市场上。为了降低风险，银行等正规金融机构就会将利率锁定在较低水平 r_1，这样一些资金需求者就会被拒之门外。对于那些预期未来会有高收益的刚性资金需求者来说，只能通过民间金融市场来满足 S_1D_1 的融资缺口，但是需要付出较高的成本。民间金融利率水平为 r_2，明显高于银行等金融机构利率水平 r_1，也高于市场出清水平 r_0。

在城镇地区，民间金融资金投向相对集中，其中大部分投向煤炭、房地产、加工业等利润较高的行业，其中房地产行业占到 60% 以上。据调查，城镇地区的房地产业、煤炭企业、运输业以及加工业从投资公司、担保公司、典当行等民间金融机构的融资规模较大，均在 100 万元以上，主要用于企业流动资金周转。汽车、服装、百货、电脑、餐饮等行业的融资规模相对较小，均在 100 万元以下。以上两类贷款利率都较高，月平均利率在 2% ~3%。在农村牧区，农牧民的融资规模仅限定在 1 万 ~5 万元，主要用于种植、养殖、子女上学、盖房等用途，利率较低甚至是零利率。

（2）银行等正规金融机构利率的管制

在图 6－1 中，银行等金融机构的贷款利率水平为 r_1，它不是正规金融市场供给曲线 S 和需求曲线 D 的均衡点，而是由中央银行确定。正规金融市场上利率水平的确定并不遵循市场原则，而是按照国家信贷配给来确定。这就会出现图 6－2 中的“金融抑制”现象。在图 6－2 中，民间金融市场的资金供给曲线用 S′表示，资金需求曲线用 D′表示，由此决定的利率水平为 r′。由于存在“金融抑

制”，金融市场的需求被人为地控制在较小规模，超出银行等金融机构的市场需求只能通过民间金融市场来满足，表现在图6－2中，民间加入市场需求曲线D′位于正规金融市场需求曲线D的右边。由于民间金融市场较高的利率回报吸引，公众会将部分闲散资金转移到民间金融市场，因而导致民间金融市场的供给曲线S′位于正规金融市场供给曲线S的右边。加上国家对民间金融交易的管制和交易风险的存在，最终导致民间金融市场的贷款利率r′高于正规金融市场利率r。

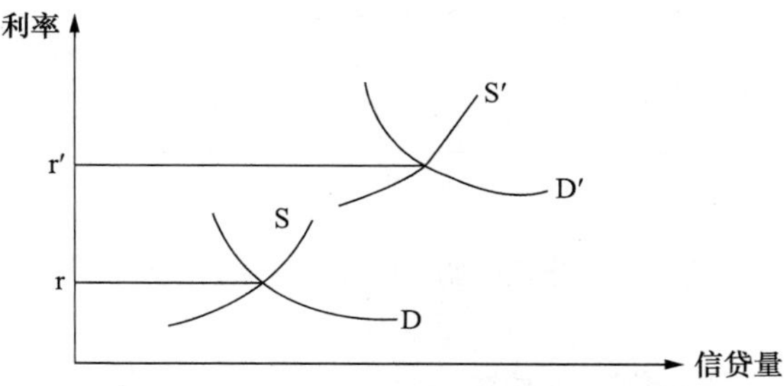

图6－2　正规金融和民间金融的利率水平比较

在我国现行的金融体系结构中，缺少专门为中小企业以及个体工商户提供融资服务的制度安排。目前，鄂尔多斯地区除了股份制银行、城市商业银行以及农信社之外，没有其他正规金融机构提供对民营经济的服务。由于大多数中小企业缺乏贷款所必需的抵押品和信用担保，而且资金需求规模小、时间紧，正规金融机构出于对其信贷风险和信贷成本的考虑，一般很难贷款给中小企业。此外，正规金融机构在旗县地区的信贷供给逐渐萎缩，而且银行贷款手续繁杂，审批时间又长，所以中小企业只能求助民间金融，在民营经济发展越快越好的地方，民间金融规模也就越大。据样本调查显示，在鄂尔多斯市，民间金融总量的68%集中在东胜、准格尔旗和伊金霍洛旗，民间金融在推动私营经济发展、满足中小企业资金需求及解决房地产业、煤炭业的巨大投资需求等方面做出了重要贡献。

（3）民间金融市场的分割

通过借鉴厂商均衡理论，下面对垄断因素导致的较高的民间金融利率水平进行分析。在图6－3中，横轴S表示资金供给规模，纵轴r表示贷款利率，MC表示边际成本曲线，MR表示垄断市场边际收益曲线，AR表示垄断市场平均收益曲线。AR′、MR′分别表示完全竞争市场的平均收益曲线、边际收益曲线。按照厂商均衡理论，资金供给者会遵循“边际收益＝边际成本”原则来决定资金供给量。在垄断市场上MC与MR相交时，资金供给量为S_1，利率水平为r_1。在完全竞争市场上，MC与MR′相交时，资金供给量为S_2，利率水平为r_2。因此，民间金融市场的分割性，导致在一定的空间和时间存在垄断性，垄断性的存在就会导致较高的利率水平。

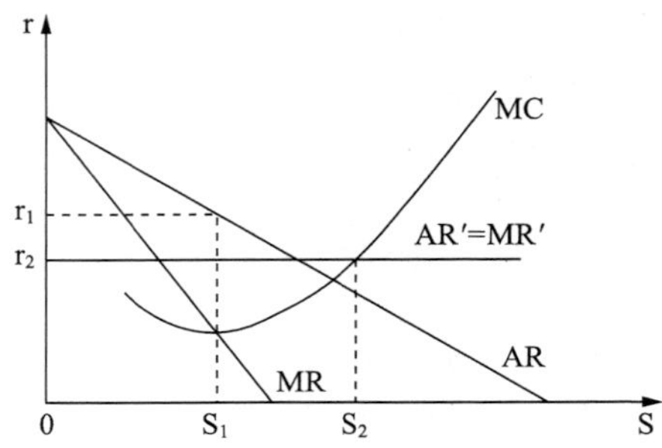

图 6-3　市场分割下的民间金融利率水平

鄂尔多斯地区民间金融活动通常是以亲戚、朋友、熟人等亲缘、地缘和乡缘关系为依托，通过对借款人经济状况、还贷能力、道德品格的了解，只是局限在较小的区域和人员圈子中。民间金融虽然有效地避免了信息不对称下的逆向选择和道德风险问题，但是由于仅仅局限在较小的区域和人员圈子中，因而市场被分割为若干缺少联系的、独立的垄断性市场，圈子之外的人一般很难进入。在经济相对落后的旗县区域以及经济水平中等的传统农牧区，民间金融依然保持着传统民间集资和自由借贷的形式，贷款利率水平较低。在经济相对较发达的地区，由于煤炭以及房地产业的快速发展和高利润回报，资金需求非常旺盛而且规模较大，其资金缺口更趋向于向组织化、规模化的各类民间金融组织进行融资，贷款利率水平也较高。

民间金融一般都是发生在亲戚、朋友及熟人之间，因而对彼此的信息掌握都比较全面，贷款人可以根据借款人以往的还贷记录，大致判断借款人是否愿意主动、及时地归还贷款。此外，借款人是否具有还贷能力，还可以根据借款人拥有的人力资本存量、物质资本禀赋、可采用的生产技术以及实际投资风险等进行判断。贷款人凭借对借款人以往还贷意愿和当前还贷能力的判断，实行不同的贷款利率。

（4）民间金融市场的风险补偿

在民间金融市场上，由于存在着多种不确定性因素，因而风险较大。此外，民间金融手续简便，主要靠信誉进行。在鄂尔多斯地区，民间金融双方仅仅凭借订立口头契约或简单的借据就可达成交易，只有部分大额交易才需要采用担保或者财产抵押，一般 10 万元以下的小额贷款基本是信用贷款，发放贷款主要凭借

借款人的信誉和熟悉程度。一旦发生违约，贷款人的利益无法得到法律的有效保护。正是这种特有的关系型契约和无法享受法律保护的“次国民待遇”，民间金融市场面临的风险远远高于正规金融市场，因此，作为对高风险的补偿，贷款者往往会提高利率最为风险补偿。

6.2　牧区民间金融运行的社会资本治理机制

诸多的研究和调查表明，牧区民间金融具有较低的违约率，但是令人惊奇的是如此高的民间金融履约率背后却是相当不完备的借贷契约，有的甚至连文字性的表述也没有。即使有借贷合同，合同的条款也相当简单，主要包括借款人、贷款人、担保人、借款利息和借款额度，至于偿还期限、担保责任、违约责任等重要信息则基本没有涉及。本应是契约越完备，法律的执行和约束能力越强，履约率越高；契约越不完备，法律的执行和约束能力越弱，履约率越低。新古典经济学认为，法律是唯一与契约实施相关的制度，其运行是完美的。如果没有法律对合同的执行，人们之间的交易就很难进行。然而，信息不对称、契约的不完全性、机会主义和交易成本限制了法律制度的有效性。新制度经济学证明，法律制度的作用被夸大了，法律制度并不是合约得以执行的唯一治理机制，非正式合约也可以支持交易的进行。在国家制度失灵的情况下，私人实施的非正式制度就被内生出来，它包括道德、社会规范、习惯、习俗、信任、声誉、互惠和集体惩罚等机制。

6.2.1　社会资本的内涵

民间金融是游离于我国金融监管范围之外的金融交易，一旦违约行为发生，缺乏正规法律渠道对债权人的保护，因此，国家的法律法规在民间金融契约中的治理作用是极其有限的。在国家制度失灵的情况下，民间金融的非正式制度就应运而生。道德约束、社会规范、传统习俗、相互信任、信誉流传及集体惩罚等社会资本机制在民间金融的运行中起着决定性的作用。

社会资本是20世纪70年代后期在资本概念的基础上发展起来的与物质资本和人力本相对应的概念。最早提出这一概念的是法国社会学家皮埃尔·布尔迪厄（Pierre Bourdieu），他将社会资本定义为一种通过对“体制化网络”的占有而获取的实际的或潜在的资源的集合体[①]。第一次明确使用社会资本这一概念并对其

---

① Bourdieu, Pierre. The Forms of Capital, Handbook of Theory of Research of the Sociology of Education [M]. CT: Greenword Press, 1986.

进行深入论述的是芝加哥大学教授詹姆斯·科尔曼（James. Coleman）[①]。他认为，所谓社会资本就是个人拥有的、表现为社会结构资源的资本。它由构成社会结构的要素组成，存在于人际关系的结构之中并为结构内部的个人行动提供便利。其主要表现形式有义务和期望、信息网络、规范和社会组织等。社会资本具有增值性、积累性和生产性的特征。从增值性来看，作为一种实际的或潜在的资源的集合体，社会资本能够给人们带来大于其自身价值的价值。从积累性来看，社会资本可以通过社会结构中人际关系的互动和彼此信任实现扩张。从生产性来看，社会资本可以作为一种生产要素进入生产活动并给人们带来经济收益。科尔曼认为，关系网络的封闭性和稳定性是影响社会资本形成和存亡的主要因素，社会组织或社会关系的瓦解会使社会资本消失殆尽，稳定不仅是社会组织意义上还是人员意义上的，个人流动将使社会资本赖以存在的相应结构完全消失。

6.2.2 社会资本的治理机制

牧区社会文化传统的特殊性，决定了大部分的社会关系在本质上是血缘关系的延伸和扩展，社会资本在很大程度上具有可继承性。当地社会资本的主要载体，是以家庭和家乡为核心体现的血缘与地缘关系，这些社会资本具有相对封闭且延伸半径小的特点。民间金融市场作为一种非制度化的交易场所，尽管没有整套的法律法规用以规范参与金融交易的主体的行为，但是社会资本在某种程度上“规范”这一市场运作的秩序，保证借款者恪守信用。如果借款者发生赖账不还的行为，其信用就会大大受损，影响其个人的社会资本，严重的将导致个人社会资本的缺失，进而对其能否在该地区正常生活下去产生很大的制约作用，其将处处受到制约并会代际转移。因此可以说，社会资本具有能够不断抑制和排斥非诚信行为的市场力量，加强了民间金融市场主体相互之间的联系，保证了信用关系的稳定性，减少了信用风险，促进了民间金融契约的有效执行。

社会资本机制起作用的典型例子就是钱背。钱背是借贷成交信用的中介人或担保人，他为借贷双方牵线搭桥，从中获取手续费和信息费。作为中介人的钱背的重要性显而易见，他的“面子”越大，对于借贷正常运行就具有更大的保障性。钱背的“面子”就是非物质形式的抵押品。储蓄轮转协会的良好运行，也是利用已经存在的社会网络巧妙地解决了不完全信息和契约执行问题，其交易可持续进行的关键，是利用了群体中的“社会性担保”，这里的社会性担保就是社会资本。正如指出的，金融“会”承担了分担风险的角色，逆向选择和道德风险问题之所以更少地涉及这一组织中，主要因为金融“会”成员之间的社会联

① 科尔曼．社会理论的基础［M］．邓方译，北京：社会科学文献出版社，2008.

系性。

（1）信任机制

社会资本的核心是能够创造信任的社会关系。新古典经济学把社会关系视为交换的障碍，把社会关系排除在经济分析范围之外，他们主张，最有效率的经济是理性人不受其他任何人和社会关系的限制计算得失，非理性的社会和感情关系会妨碍经济人做出最优决策，使得经济资源不能流向最有效率的渠道。但是随着经济分析的进步，经济学家开始关注社会关系。委托代理理论、交易成本经济学等理论把社会关系作为经济理论的分析范畴，重新唤起人们对交换关系本身的重视。Biggart 和 Castanias（2001）把社会资本引入经济金融交易的分析之中。他们认为，作为社会资本的社会关系可以执行抵押品的功能，促进经济交易契约的实施。社会关系可能是自由交换的障碍，也可以是经济活动的媒介和催化剂。从分散经济交易中的风险来看，社会关系是一种抵押品化的社会关系，它执行了一定的经济担保的功能。①

信任是经济交换的基础，信任机制对于保证交易的持续进行具有重要作用，它是执行契约的最有效机制。信任作为一种独特的治理机制，不但可以使“圈子里的人”进行信息分享，而且能够使民间金融交易成本最小化。民间金融的信任主要来源于两种关系，其一是依赖于家庭血缘关系产生的特殊信任，即血缘关系—特殊信任—人情借贷。费孝通（1998）曾在《乡村社会》中描述：“我国农村社会是一个熟悉的社会，没有陌生人的社会，社会结构和人际关系具有以自己为中心由近及远外推的差序格局特征。在这种格局的社会中，基于家庭和宗族血缘关系存在着一种特殊的信任感和安全感”，② 这种特殊信任就促成了民间金融的人情借贷，借贷双方不需要签订任何借贷合同或契约，甚至可以无息贷款，而这种特殊的信任感和安全感确保了人情借贷的有借有还。其二是同住乡镇社区的熟人、朋友或者有交往的人群间形成的信任，即地缘关系—人际信任—非正式合约借贷。牧区相对闭塞且人口流动少，人与人之间都很熟悉，这种特殊的人际信任就为民间金融的产生提供了良好的前提条件。这种人与人之间的信任关系极大地约束着借款人的信用行为，一旦借款人到期不还贷款，这种违约信息就会被邻里邻居口口相传，借款人就会被贴上“不讲信用的人”的标签。人们的流言蜚语威力巨大，不仅借款人自己名誉受损、人际信任消失殆尽，还会累及到自己的子孙后代。因此，借款人对自己及家族名声的追求和对延续的人际信任的渴望，就保障了借款人对契约的有效执行。

① Biggart. N. W. , P. Castanias. Collateralized Relations: The Social Relation in Economic Calculation [J] . American Journal of Economics and Sociology, 2001, (2) .

② 费孝通．乡土中国［M］．上海：上海人民出版社，2007（24）．

民间金融交易中的合作与信任并非出于道德奉献和对别人的幸福和利益的关心，而是出于对自我利益的慎重考虑。不可信赖的人将被从民间金融组织中清除掉，民间金融组织使用激励和惩罚手段建立一种体制，使人们相处时互相信任，这一体制是建立在给每个人以实际利益的互惠基础上的。“谁破坏交易就驱逐谁”是对大家都有好处的办法，这是人们在互动中的理性选择，人们信任合作群体中的交易伙伴。以高昂的代价铲除欺骗是值得的，一旦容忍欺骗，就会危及和动摇整个群体的信任结构，从而导致合作交易无法实现。建立和维护群体中的交易规则，用奖励和惩罚机制使个体得以合作。长期合作之所以在民间金融交易中能够长期存在，正是得益于此规则。此规则符合每个人的利益，也符合大多数人的利益。

（2）抵押担保机制

根据贷款人对抵押品价值的认定，抵押品可分两类：一类是借贷双方都予以较高评价的抵押品，如实物抵押；另一类是借款人看重而贷款人并不看重的抵押物，如对借款人具有特殊意义的物品、可为借款人带来收益但却无法转让的信誉和头衔等资产、身家性命以及家人的安全等。社会资本属于第二类，它可以同物质资产一样作为分散风险和约束借款人的抵押品。如果不能提供实物抵押，社会资本可以在一定程度上起替代作用。如果信赖交易方的道德或相信社会和制度压力的有效性，那么社会资本就会提高交换的比率。

社会资本使民间金融在信息搜寻、客户甄别以及监督贷款投向的成本上具有比较优势。尽管贷款人对借款人的行为难以密切监督，但至少与借款人有一定的地缘、人缘关系，对其人品有一定的信息量，这减少了违约的可能性与道德风险。由于社会关系的约束性，借款人一旦违约，其机会主义行为的成本相当高昂。当然，如果借款者的收益高于割断人缘、地缘关系所付出的成本，借款人就会选择违约。

在民间金融盛行的农村牧区，建立在亲缘、业缘和地缘关系之上的社会关系广泛存在，这些社会关系构成了社会资本。亲朋邻里之间的民间借贷之所以能够发生，就是因为交易双方在长期的共同生活中建立了互信关系。从表面上看，民间借贷契约中一般没有抵押品，实质是这种互信的社会关系即社会资本起到了抵押品的作用，替代了实物抵押。一旦社会关系和借款人还款行为相联系，社会关系就会成为一种无形的抵押机制，促进契约交易的实施。如果借款人还款及时足额，那么借款人就会有好的声誉，社会关系就能够继续得到很好的维持，就会获得大家的尊重和认同。一旦借款人违约，所有的社会关系都将遭到破坏，借款人今后将会面临无人理睬、无人信任的结局，社会关系随之破裂。

此外，由于农村牧区借贷双方彼此的生活空间、交易行为大部分都有交集，彼此之间的社会关系、商业行为等联系非常紧密，这就使得借贷合约能够与其他交易合约捆绑起来。除了借贷交易外，彼此之间还存在商品购销、劳务合作、技术服务等广泛而复杂的合作。借款人一旦违约，恶名就会马上流传开来，不但下次借不到资金，有可能连家里的婚丧嫁娶都无人参加，更别提其他的交易合作。关联交易作为无形担保，能够不断抑制和排斥非诚信行为的发生，加强民间金融双方相互之间的联系，保证信用关系的稳定性和长期性，减少信用违约风险，促进民间金融契约的有效执行。

（3）信誉机制

信誉作为一种行为约束机制，通过动态的威胁和激励保证了借款合约的执行，因为不履行诺言或欺骗的一方会立即受到终止长期合作关系的制裁。随着信息的扩散，潜在的合作者也会拒绝与之合作，违约方就会失去未来获利的机会，为了未来的利益，人们会克服短视，尽量严于律己。这样，信誉机制通过长期利益的诱惑而约束了机会主义行为，从而保证诺言的履行。

信誉机制发生作用需要一定的条件：其一，博弈必须是重复的；其二，当事人必须有足够的耐心，一个人越有耐性，就越有积极性建立信誉，一个只注重眼前利益而不考虑长远的人是不值得信赖的；其三，当事人的不诚实行为能被及时观察到；其四，当事人必须有足够的积极性和可能性对交易对手的欺骗行为进行惩罚。

在农村牧区，农民和牧民从正规金融机构贷款的难度非常大，借款人获得一次贷款的机会相当偶然，难以形成在未来持续获得贷款的稳定预期，因而借贷双方就很难形成长期合作。正规金融机构在一定程度上难以有效制约借款人的违约行为，借贷双方的交易表现了明显的短期性。这种交易的短视性无疑反过来进一步激励了借款人的违约行为，从而陷入越是贷款难越是违约，越是违约越是贷款难的两难困境之中。民间金融交易则不同，特别是同一区域的借贷或是具有特定关系群体内的借贷，相互间的关系比较稳定，有着长期互动与合作的预期。一旦违约，消息会迅速传播，违约者会受到群体性、社会性的惩罚，这就在一定程度上抑制了借款人恶意违约的动机和行为。

在民间金融交易中，交易人由于害怕违反规则而对自己声誉的珍惜从而对其行为的约束力是很强的。在民间金融部门，社会网络中的个人信用和个人之间的相互信任在经济活动中起着至关重要的作用。在东南亚，企业家往往存在着“轮会”组织。在这种组织中，企业家之间关系密切，实际上形成了一种紧密的社会网络、个人信用网络、商业信用网络、信息网络和业务联系网络，网络成员之间的交往发挥一种协同效应和学习效应。违约及失信就会导致违约者声誉和信用丧失，有的甚至被逐出其所在的社会网络，这种非法律途径的制裁措施往往有着莫大的威慑力。

在民间金融交易中，人们往往选择熟悉的人进行交易，人们之间互相信任。贷款人提供信贷时，最初只限于相对较小的额度。只有当借款人的行为表明此笔信贷是值得的并且有保证的，才会增加信贷，放宽信贷。借款人若以负责的方式对信任做出反应，就可以增加自己的信誉等级，获得更多的贷款。信誉可以增加借贷双方承诺的力度，为双方提供一种隐性激励，保证契约的有效执行。在一定的地域、圈子范围内，信誉作为一种无形的约束，甚至可以替代显性合约。从长期借贷关系来看，如果借款人不履行诺言，他（她）不仅会受到终止今后再次合作的制裁，而且一旦违约信息扩散开来，其他潜在的合作者也会拒绝与之合作。违约者失去的不仅是一次合作机会，而是未来所有的获利机会。因此，为了追求长远利益，参与者都会克服短视行为，自觉按期还款。

（4）惩罚机制

民间金融交易中有时出现各种黑社会性质的追债公司、黑帮追杀讨债、直接毁坏借款人住宅和威胁家人安全等非法暴力行为。虽然这种行为极端地缺乏人道，但在如果没有事后严厉的制裁，就不可能形成对借款人的威慑作用。一旦发生违约行为，贷款人将束手无策。民间金融的制裁虽然在债权追索上存在暴力违法行为，但是这种威慑力会使得借款人在事前就知道后果。如果不还款，借款人承担的责任是非常严重的，这就使得借款人借款时非常审慎，从而降低违约风险。

在借贷交易中，有些借款人基本生活无法保障，金融合约执行异常艰难，正规金融机构始终无法解决借款人“要钱没有，要命一条”的反向威胁和合约执行困境，但是民间金融却以“如果没钱，那就没命”的做法强化了合约约束，解决了部分金融合约的执行困难。实际上，如果借款人基本生活都无法保障，生存问题尚未解决，那么在这种状态下发生的并不是典型意义上的金融交易需求，而是基本的社会保障需求。由于贫穷，他们通常面临一个两难困境：不参与民间金融，实在没有生活来源；参与民间金融，又无法执行还贷契约。从两难困境来看，对于社会弱势群体采取非法暴力，就不仅是契约治理问题，而是一个道义问题，更是一个社会问题。

民间金融的惩罚行为大致如下：

第一，社会谴责。顺畅的信息传导既为授信对象的筛选与甄别提供了便利，也为契约的良好履行提供了可能。在相对闭塞的牧区社会，如果有人借债不还，违约信息会迅速而广泛地在村子中传播开来，邻居们指指点点的议论、嘲笑与讽刺，不仅使当事人名誉受损还会使其子孙后代背负骂名，这种连带式的软惩罚有很大的威慑性。为维护自己以及家人的声望与尊严，免受社会与道德的谴责，借

款人不会轻易欠债不还。

第二，暴力手段。与正规金融机构对违约者的惩罚主要借助法律力量不同，牧区民间金融通常会借助暴力手段直接对违约者实施惩罚。一旦违约行为发生，放贷者会强行拿走借款人的财物、对借款人大打出手甚至威胁其身家性命。从法律的角度来讲，通过暴力获取别人财产用以抵债的行为是对私人财产的侵犯，是一种违法行为。但是在当地使用这种追债手段对放贷者来讲理所当然，居民也认为其无可厚非。

第三，群体惩罚。群体惩罚意味着违约发生时，所有放贷人会联合起来，不再与该借款人从事任何交易。群体惩罚会产生强烈的“排挤效应”，它会使违约方失去与周围人交易的机会，面临在其居住地难以开展交易的困境，对借款人而言违约无异于自断生路。群体惩罚的做法强化了契约约束，部分解决了契约的执行困难。

6.3　博弈论视角下牧区民间金融运行的内在机制

现代契约经济学认为所有的市场交易实际上都是一种契约关系。在一次博弈中，选择招认是个体理性选择，但不能达到双方总收益的最优，即合作博弈的结果集体理性。这样，即使签订一个符合集体理性的契约，个人机会主义也将使得符合集体理性的契约难以执行。从这一角度来看，契约履行的目的在于使交易双方避免“囚徒困境”，实现交易双方交易收益的最大化，即合作博弈的结果。所以，契约履行本质上需要通过对签约方机会主义动机的约束而使契约诚实履行。新古典契约理论认为契约具有完全性，契约当事人对其选择的条款和契约结果具有完全信息，缔约双方能完全预见契约期内可能发生的重要事件，愿意遵守双方所签订的契约条款。在这一假设下，交易双方存在的冲突可以通过完善的法律体系使契约得以有效执行。如果没有法律对合同的执行，人们之间的交易就很难进行，法律是唯一与契约实施相关的制度。作为规范契约执行的一种外在制度，法律在契约治理中的作用表现在：第一，限制当事人的选择空间，减少机会主义行为。第二，为契约设置形式要件，起到甄别和筛选契约参与人及优化契约的作用。第三，改变个人行动的预期从而促进契约的实现。现代契约理论从新古典契约理论完全契约的假设出发，分析了其与现实条件不一致的地方，提出了不完全契约的概念。由于个人的有限理性、外在环境的复杂性和信息的不对称，契约当事人无法证实或观察一切，因而契约是不完全的。对于不完全契约的执行，法庭秩序本身不可能是克服机会主义行为的唯一依靠，法庭也受机会主义行为和有限理性的约束。因此，如果可能，法庭秩序会被私人秩序取代或补充。在大多数发达的市场经济国家中，市场交换的治理结构不仅仅局限于法律规则系统，它需要许多其他私人裁决的治理结构作为补充。社会学家强调正式的法律制度在保证契约执行中仅发挥很小一部分作用，契约执行不仅仅依赖正式的法律制度还依赖于交易双方的声誉。因此，不完全契约法律执行存在一定的困难，这就促使不完全契约的执行需要寻找其他的治理机制。在现实中，大多数交易是依赖习惯、诚信、声誉等方式完成的，付诸法律解决往往是不得已的事情。根据这种情况，有必要创立一种自动履约机制，使交易顺利进行。一个自动履约的契约可以利用交易者的性质和专用关系将个人惩罚条款加在违约者身上。私人机制就是一种很好的自动履约机制。私人机制包括个人信任、交易者社会规范、惠顾关系、俱乐部规范、自我实施的雇用合同、道德约束等。私人机制一般通过两个途径促使契约自动履行：一是终止与交易对手的关系，给对方造成经济损失；二是使交易对手的市场声誉贬值，使与其交易的未来伙伴了解其违约前科，对该交易者不再信任。这样一来，交易者会比较违约带来的潜在收益与个人惩罚条款给予的违约损失，如果潜在收益小于违约损失，那么交易者会按照约定的契约目标一致行动；反之，自动履约机制失灵。在契约自动履行过程中，预期具有重要的意义，交易者对违约成本的认识是建立在预期基础上的。如果没有稳定的预期，长期的契约关系或者隐性契约将很难维持。由此看来，契约治理与执行存在两种互相加强的机制，基于声誉的私人治理机制和基于法律的公开治理机制，前者包括道德、社会规范、习惯、习俗、信任、声誉、互惠和集体惩罚，后者包括法律和政府行政管制等，这两种机制共同促进契约的实施。

契约治理理论提供了农牧区民间金融不完备的金融契约与高履约率并存现象存在的理论基础。与正规金融契约不同，农牧区民间金融契约一般没有正式的、法律上有效的文件协议或关系凭据，有的只是口头协议，或者只有各方交易者默认的权利与义务，一般不具备法律强制性，因而在既有的法律体系内没有追索权。加上农牧区金融游离于官方金融监管范围之外，缺乏正规法律渠道对债权人的保护，所以国家治理中的法律机制和政府规制在民间金融契约治理中的作用极其有限。农牧区民间金融维持高履约率的秘密就在于其高效的私人治理机制。

6.3.1 完全信息下的博弈

在牧区的村落中，邻里之间相互熟知，如果一人做出失信的行为，则整个村庄很快都会知道这个人的信用出现问题，整个村庄对此人的信用评价就会集体下降。这就很容易导致该牧民在日后很难获得外部资金，因此，个人或家庭的信用在牧区民间金融中至关重要。

如果信誉机制发挥作用，就必须满足以下条件：其一，市场可以及时观察到双方的不诚实行为；其二，一旦一方不诚实行为发生，另一方立即可以并且能够对其进行相应的严厉的惩罚措施；其三，双方的博弈必须是重复的，只有重复的博弈才能使得签约双方自觉遵守约定，并且建立长远的预期。

民间金融符合上述条件，图6－4是借贷双方在长期重复博弈环境下的行为选择。

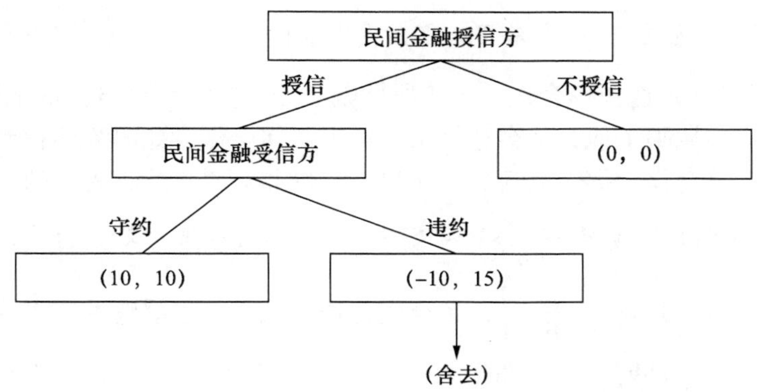

图6－4　重复博弈下信誉机制的作用机理

在民间金融市场上，借款人获得的第一笔贷款额一般都较小，只有第一笔贷款及时足额还清之后，借款人才有可能继续得到更多的贷款。贷款人会根据借款人的初始信誉决定是否继续放贷。如果借款人信誉较差，没有足额还清贷款，贷款人就不会继续放贷，双方失去第二次合作的机会，双方的收益就会变为(0，0)。如果借款人初始信誉好，贷款人就会第二次放贷，借款人第二次得到贷款后可能选择守约，也可能选择违约。如果借款人守约，双方的收益就为（10，10），贷款人就会第三次、第四次……一直放贷。如果借款人违约，贷款人的损失就会最大，净收益为－10；相反，借款人的收益会最大，净收益变成15。如果借贷合作到此为止，那么借款人的违约就是合理的。在牧区民间金融市场上，借贷行为是基于血缘、地缘和业缘关系进行的，个人交情较为深厚，彼此较为熟悉，借贷双方有着长期互动与合作的动机和预期。一旦借款人违约，违约信息就会在乡村邻里迅速传播，违约者将会受到被“圈子里的人”驱逐出去的严重惩罚。正是这种非法律途径制裁的巨大的威慑力，借款人会非常害怕被亲戚朋友视为“坏人”，因而要付出巨大的社会成本与经济成本，这种担忧就会激励借款人遵守契约。“好借好还，再借不难”的信条和对长期合作收益的追求，激励着借款人非常珍视自己的社会信誉，因而也就限制了机会主义行为而最终选择合作与守约。

假设在牧区村落中，信息传递基本上是完全的，即博弈的每一个参与人的行为都可以立即被对方观察到，如果一方参与人背信行骗，另一方马上可以知道并对其实施惩罚。这种战略在博弈论中被称为触发战略（Triger Strategy），即冷酷战略（Grim Strategy）。假定参与人选择触发战略，即一开始选择合作，随后一直合作，知道有一天发现对方不合作，然后就永远选择不合作。设博弈双方一直合作到 T 时刻，则某个参与人在 t 时刻的选择即为合作或不合作。此时，给定对方坚持触发战略，如果一方合作，那么能够得到回报 T，并且下个阶段得到的也是 T，之后每阶段得到的也一直是 T，那么收入流的贴现值是$\frac{T}{1-\delta}$（其中，δ 为贴现因子）。但是如果选择不合作，本阶段欺骗对方一次，得到 R，从下阶段开始，由于对方发现你欺骗了他，他会选择永远不再与你合作，此时你能得到的最好结果也是永远不再合作，那么之后你每阶段就只能得到 P，总收入流的贴现值就是 $R+P\frac{\delta}{1-\delta}$。如果 δ 值满足$\frac{T}{1-\delta}>R+P\frac{\delta}{1-\delta}$，你的最佳选择就是合作，而不是不合作。也就是说，只要 $\delta\geqslant\frac{R-T}{R-P}$，每个人都选择双方触发战略（不首先发起不合作）就是最好的。同时，由于在任意一期开始，结果都是如此。将上述条件表述为$\frac{\delta(T-P)}{1-\delta}\geqslant R-T$，其中，不等式右边 R－T 代表的是某次选择不合作带来的当期收入的增加值，不等式左边$\frac{\delta(T-P)}{1-\delta}$代表这一不合作行为导致的未来损失的贴现值。因此，参与人合作与否就取决于长远收益是否能抵得过眼前收益的诱惑以及耐心程度的大小。具体来说，给定耐心程度（对未来利益的重视程度），一次不合作的诱惑越大，也就是不合作带来的眼前收益相对于合作带来的长远收益越大，那么参与人选择不合作的可能性就越大。反过来说，不合作带来的一次性眼前收益相对于合作带来的长远收益越小，那么合作的可能性就越大。此外，给定不合作带来的诱惑和合作能够带来的长期利益，未来越重要，合作的可能性就越大。

在现实生活中，常有这样的例子：正常的时候两人之间合作很好，但一旦出现暴利的机会，合作就破裂，甚至朋友间也是如此。原因在于，能支持正常情况下合作的贴现因子到暴利出现时就不够了。如果将 δ 解释为参与人预期博弈重复的可能性，上述合作条件意味着博弈重复的可能性越小，合作出现的可能性越小。这可以解释为什么稳定社会中的人比动乱社会中的人更值得信赖。

6.3.2 不完全信息下的博弈

假定彼此信息传递并不完全，即一方行骗的手法比较隐秘，另一方暂时不知

道自己有没有被骗，需要过几期才能知道。假设欺骗两次才会被发现并开始受到惩罚，那么行骗方选择不合作。第一个阶段可以得到 R，下一个阶段仍得到 R，从第三阶段开始，对方不再合作，收益从此变为 P。此时，在任意时期选择不合作的预期收益为：

$$R + R\delta + P\delta^2 + P\delta^3 + \cdots = R(1 + \delta) + P\frac{\delta^2}{1 - \delta}$$

选择合作的预期收益仍然是$\frac{T}{1-\delta}$。这样，如果仍要保证交易双方实现合作，δ 的值必须使得下述不等式成立：$\delta \geqslant \sqrt{\frac{R-T}{R-P}} > \frac{R-T}{R-P}$，如果欺骗一次就会被观测到，δ 只要满足 $\delta \geqslant \frac{R-T}{R-P}$就可以了。可见，与前面的合作条件相比，这里对于 δ 的要求提高了。事实证明，观察越滞后，合作所要求的贴现因子越大。也就是说，当欺骗行为不容易被发现时，要维持合作，需要博弈的参与人更有耐心，对未来的利益更加重视。或者反过来说，欺骗行为越难以被发现，欺骗的可能性就越大，合作就变得越困难。一个人欺骗别人多少次会被发现和一个社会中的信息传递速度有很大的关系。在牧区，人与人之间相互熟悉，牧民之间的家长里短的议论实际上在发挥信息的传递作用，以至于如果“圈子里”有一个人做了坏事，此事很快就会被大家知道。

6.3.3　失信后的惩罚机制

牧区民间金融实质上是以牧民间无限次借贷为基础构成的。牧民间的无限次借贷就是一种重复博弈，而在重复博弈中合作之所以出现，是因为人们单向不合作会受到惩罚。在上述模型中，这种惩罚表现为对方以后不再与你合作，或者本来有利可图的交易中断了。在实际的民间金融中，失信的惩罚则更具体的表现为失信者在村落中信用程度的下降以及日后进行借贷困难程度的上升。如果没有惩罚，或是惩罚的力度不够，那么就不会出现合作。因此，有关惩罚的一个重要的问题就是什么样的惩罚最有利于鼓励人们合作？实际上，即使不使用无限期惩罚战略，使用严厉可信惩罚措施也能够促使人们在博弈中选择合作。例如，甲方执行这样的措施，假设甲方知道乙方欺骗了甲方，那么乙方每欺骗甲方一次，甲方就惩罚乙方三次。此时乙方选择欺骗的总收益为欺骗一次得到的收益 R 加上未来的三次惩罚让乙方得到的收益 $P\delta + P\delta^2 + P\delta^3$，即 $R + P\delta + P\delta^2 + P\delta^3$；而总是选择合作得到的收益为 $T + T\delta + T\delta^2 + T\delta^3$。因此，只要 $T + T\delta + T\delta^2 + T\delta^3 > R + P\delta + P\delta^2 + P\delta^3$，那乙方就会选择合作，而不是欺骗。也就是说，不一定需要无限期的惩罚，只要惩罚期足够长就可以了。在这里，惩罚三次就足够了。也就是说，三次的惩罚就可以使对方收益减小的现值（T－P）$(\delta+\delta^2+\delta^3)$ 超过因一次欺骗带来的诱惑（R－T），从而其选择合作的结果。

以上证明，对不合作行为的惩罚越严厉，合作的程度就越高。正因为害怕惩罚，所以不敢欺骗。但这一结论只在确定的情况下才成立。在确定性的世界里，任何错误都是当事人主观所为，甲方知道什么情况下乙方会欺骗，什么情况下不会欺骗。此时，惩罚只是一种威胁，这一类惩罚没有成本。

但是，现实世界是不确定的，有许多因素在影响人的行为。这些因素是当事人无法控制的，能够观察到的不合作行为也许并非对方故意所为，可能是迫不得已，也可能是判断失误，或者可能只是一个意外事件。人也并不总是理性的，有时会受情绪支配，晕晕乎乎中做出自己本来并不想做的事情。此时，如果惩罚力度过大，就像触发战略，哪怕是对方不小心犯了错误，都会对对方进行无限期的惩罚，并不一定有利于双方的长期合作。假设借款人由于某种不可控制的原因，有一次没有能按时归还贷款，如果贷款人从此就不再贷款的话，本来可进行的合作也就中断了。借款人甚至一开始就不会愿意与这样的贷款人签订合同，因为中断贷款可能导致借款人巨大的损失。因此，为了维持合作，惩罚必须适度。不仅需要惩罚，有时也需要谅解和宽恕。当发现对方违约时，最优的办法可能是先惩罚几次，然后再恢复关系。从这个意义上讲，只要不是明知故犯，你欺骗我一次，我惩罚你一次。只要你承认错误，我就依然与你合作，为你服务，这样合作可能会更容易一些。当然，现实中人们并不是机械地执行给定的惩罚程序，当遇到借款人的违约行为时，应尽量让贷款人获得一些相关信息，判断这种违约行为多大程度上是故意的，多大程度上是客观环境造成的，然后再决定是否惩罚以及多大的惩罚。一个有良好信誉的人偶尔犯一次错误通常会得到原谅，而一个声誉不佳的人的一次错误就可能导致合作的永久中断。

6.3.4 声誉的积累

现实中，无论是个人、企业，还是国家，其声誉的形成是一个不断积累的进程。人们总是听其言、观其行，通过大量的观察和分析形成对某个人品性的判断。通常情况下，当第一次遇到某个人时，我们对他的品性有个先验的判断（可能来自他人的告知或阅读他的简历），然后再根据他的所作所为不断修正自己的判断。因此，声誉的积累可以用贝叶斯法则来解释。

假定每个人有两种可能：做好人或做坏人。干的事也有两种可能：做好事或做坏事。那么，对于任何一个人，在任何时间点上，我们对他是好人还是坏人有一个概念或判断，并且我们知道好人（或坏人）干好事（或坏事）的可能性（条件概率）是多少。现在，我们看到他干了一件好事（或坏事），他是好人

（坏人）的概率是多少？

假设 A 事先认为 B 是好人的先验概率是 $p(\theta^0)$，是坏人的先验概率是 $p(\theta^1)$，（θ^0 代表好人，θ^1 代表坏人），并且知道：好人做好事的概率是 $p(g|\theta^0)$，好人做坏事的概率是 $p(b|\theta^0)$（g 表示做好事，b 表示做坏事），坏人做好事的概率是 $p(g|\theta^1)$，坏人做坏事的概率是 $p(b|\theta^1)$。那么，如果 A 观察到 B 做了一件好事，根据贝叶斯法则，A 对 B 是好人的后验概率 $p(\theta^0|g)$ 为：

$$p(\theta^0|g)=\frac{p(g|\theta^0)p(\theta^0)}{p(g)}=\frac{p(g|\theta^0)p(\theta^0)}{p(g|\theta^0)p(\theta^0)+p(g|\theta^1)p(\theta^1)}$$

比如，假定 A 认为 B 是好人的先验概率是 0.5，好人做这件好事的概率是 1，坏人做这件好事的概率是 0.5，那么，当 A 观察 B 做了这件好事之后，他认为 B 是好人的概率就由原来的 0.5 变成现在的 0.7。接下来某一天 B 又做了同样的一件好事，A 认为 B 是好人的概率将由 0.7 变为 0.8，A 对 B 的看法进一步改观了。如果 B 继续不断做同样的好事，A 最后一定会认为 B 是绝对的好人。这就是声誉的积累问题。

一个人做一件好事不一定意味着他是好人，因为坏人也可能做同样的好事。坏人之所以做好事，是为了假装好人，建立一个好的声誉（这本身不是坏事）。因此，做了好事的信息不一定传递就快。但是一般来说，一旦做了坏事，坏事的信息传递速度就是非常快。人们通常认为，好人不可能干坏事，如果 B 干了一件坏事，那他一定是坏人了。当然现实要复杂得多。如果存在着不确定性，好人本想干好事，但由于无知，结果可能干了坏事。因此，当一个名声卓越的人偶尔犯一次错误时，人们通常会原谅他，说那一定不是故意的。所以，声誉的建立是一个积累的过程。好名声是积累的，坏名声也是积累的。另外，坏名声还有或许更为严重的后果。当一个群体中多数人名声不好时，如果外人不能区分每个个体，那些本来不想作假的人要么随波逐流，要么遭受更大的损害。

在现实社会中，人无信不立。正是由于人们重视声誉，人与人之间才有信任，人们才愿意交换。一个社会人们越重视声誉，社会的信用度就会越高。市场秩序在很大程度上是依靠声誉机制维持的，如果每个人都不在乎自己的声誉，那么再健全的法律也没有办法使市场有效运转。

第 7 章

牧区民间金融组织发展模式

牧区民间金融的组织形式主要有小额贷款公司、村镇银行、资金互助社、私人和私人之间的借贷等。

7.1 小额贷款公司

截至 2016 年 3 月末，全国共有小额贷款公司 8867 家，较 2015 年末减少 43 家，贷款余额 9380 亿元，第一季度人民币贷款减少 23 亿元。截至 2016 年 3 月末，江苏省小额贷款公司机构数量达到 637 家，此外，小额贷款公司机构数量超过 400 家的地区还包括河北省、内蒙古自治区、辽宁省、吉林省、安徽省和广东省。与 2015 年末小额贷款公司统计数据相比，云南省、内蒙古自治区、辽宁省、安徽省、江西省等地区的小额贷款公司机构数有不同程度的减少。数据显示，相比 2011 年至 2013 年期间的每年增加近 2000 家的速度，从 2014 年开始，小额贷款公司的增速已经明显放缓，2015 年小额贷款公司总数比 2014 年仅增加了 119 家，贷款余额不增反减。当前很多小额贷款公司管理水平较低，操作不规范，治理结构有待完善。

2005 年始，中国人民银行先后在山西省、四川省、贵州省、陕西省、内蒙古自治区五省（区）开展了由民营资本经营的“只贷不存”商业化小额信贷试点。至今，五个省（区）的试点县（市）已分别成立了小额贷款公司并开始运作。

2006 年，在内蒙古自治区政府和中国人民银行呼和浩特支行的共同组织下，内蒙古小额贷款公司试点工作开始进行，内蒙古第一家小额贷款公司——内蒙古融丰小额贷款有限公司开始运行。该公司注册资本为 5000 万元人民币，其资本构成是鄂尔多斯市新华结晶硅有限公司董事长乔玉华出资 2000 万元，占投资比例的 40%；鄂尔多斯羊绒集团总裁王林祥出资 2000 万元，占投资比例的 40%；

中国扶贫基金会出资1000万元，占投资比例的20%。融丰小额贷款公司成立以后，坚持为“三农”服务、为微小企业和个体工商户服务的原则，引进先进的管理手段，积极开展各项工作，取得了明显的效果。融丰小额贷款公司贷款的平均利率为27.38%，其中最高为29.88%，最低为14.40%。针对“三农”和个体经营者的特点，公司开发了两种主要的贷款产品：一是“农融乐”，主要针对从事农林牧副渔业的农户、个体和微小企业，其特点是还款计划灵活，根据农业生产的季节性和客户现金流情况量身定做。二是“及时贷”，主要针对从事商贸物流的个体和微小企业，还款计划也主要依据客户的现金流灵活制定，但更强调按月等额还款。这些灵活的信贷产品，填补了商业银行信贷业务的空白，为完善农牧区金融服务发挥积极的作用。

表7-1　鄂多斯市注册资本前5位的小额贷款公司

公司名称	注册地	主要股东	注册资本（亿元）
汇能小额贷款公司	东胜	汇能煤电集团（公司）	25
博源小额贷款公司	东胜	博源控股集团（公司）	6
巨力小额贷款公司	东胜	那仁达拉、王俊山	6
融丰小额贷款公司	东胜	王林祥、乔玉华	4
兴泰小额贷款公司	东胜	兴泰置业集团（公司）	3
恒利元小额贷款公司	东胜	恒元集团（公司）	3

7.1.1　小额贷款公司的制度安排

小额贷款公司是由自然人、企业法人与其他社会组织投资设立、不吸收公众存款、经营小额贷款业务的有限责任公司或股份有限公司。小额贷款公司作为一种服务于“三农”的贷款服务组织，在我国法律文件上还缺乏明确的市场准入和运作程序，各试点省（区）积极探索，模式不尽相同，但小额贷款公司的成立有三个共同点：一是由试点县（市）政府给予小额贷款公司经营贷款的许可文件，再据此到工商局注册，领取营业执照。有的地区采取招标文件许可，如四川省、贵州省、内蒙古自治区，按照预先设定的招投标准则，明确采取公开招标形式评选小额贷款公司投资者。有的地区则直接对选定的投资者进行许可，如山西省、陕西省。二是对设立小额贷款公司采取了最低资本金额的限制。四川省广元市的注册资本金最低要求为500万元，贵州省江口县、内蒙古自治区鄂尔多斯市东胜区小额贷款机构试点的注册资本金最低要求均是1000万元人民币，山西省平遥县要求1500万元人民币。三是对资金来源和小额贷款公司投资人的股东人数进行了限制。投资者必须以自有资金作为小额贷款的资金来源，小额贷款公司不准以任何形式吸收公众存款。为了规避变相吸收存款行为，各试点地区对公司投资人的股东人数进行了限制，如贵州省江口县和内蒙古自治区鄂尔多斯市东胜区要求股东人数不得超过 5 人。

小额贷款公司的制度安排：一是在服务对象上做了明确指引。主要以个体经营者、微小企业、农户贷款服务为主，小额贷款公司业务运作一定程度后，对农户贷款的占比作了相关规定。内蒙古自治区鄂尔多斯市东胜区小额贷款公司招标文件中规定，“三农”贷款比例最初不得低于 10%，第六年不低于 25%；贵州省江口县规定小额贷款公司“三农”贷款比例不得低于 30%；《平遥县开展小额信贷试点实施方案》还规定，小额贷款公司的贷款对象以“三农”为主，“三农”贷款比例不得低于 70%。二是为了控制小额贷款公司风险，对单笔贷款最高额度方面进行了限制。四川省广元市全力小额贷款公司、贵州省江口县华地小额贷款公司规定单笔贷款规模不得超过全部资本金总额的 2%，内蒙古自治区鄂尔多斯市东胜区融丰小额贷款公司规定单笔贷款规模不得超过全部资本金总额的 5%（即最大贷款额度为 250 万元），山西省平遥县小额贷款公司规定单户贷款金额最多不得超过 10 万元，其中 5 万元以下农户贷款比例不得低于 70%。三是经营范围原则上不允许跨县（区）经营。平遥县小额信贷公司、广元市全力小额贷款公司均不允许跨县（区）经营，业务只能在县域范围内开展。贵州省江口县和内蒙古自治区鄂尔多斯市东胜区试点中允许运行 3 年后可以发展到试点县周边。四是贷款利率上，借贷双方自主协商确定，最高不得超过基准利率的 4 倍。五是要求小额贷款公司建立贷款逾期与贷款损失准备金制度。在贷款损失准备金提取办法上，四川省广元市与贵州省江口县和内蒙古自治区鄂尔多斯市东胜区有些差异。山西省平遥县小额贷款公司还要求要保证足够的资本充足率（8%）、设置不良贷款警戒线、实施抵押担保等措施，同时还设立了风险担保基金，以发起人自有资金的 10%、委托贷款人委托资金的 6% 作为风险担保基金，用于委托资金和其他负债资金的担保。

7.1.2 小额贷款公司运作的基本特点

小额贷款公司的贷款利率高于金融机构的贷款利率，但低于民间贷款利率的平均水平。利率分布没有明显的档次特征，不过农业贷款、养殖业贷款的利率明显低于工商业、运输业和服务业贷款利率，商业贷款利率低于工业贷款利率。从小额贷款公司贷款利率和其他农村形式借款利率比较，小额贷款公司的利率介于农村信用社贷款利率与民间金融利率之间，高于非政府组织（NGO）小额贷款的利率。贷款方式上，信用贷款、担保贷款和抵押贷款是小额贷款公司的主要贷款形式。四川省广元市全力小额贷款公司以发放信用贷款为主，信用贷款占比高达 60.7%。山西省平遥县日升隆小额贷款公司和贵州省江口县华地小额贷款公司

70%以上的贷款都是担保贷款，其余主要按照信用贷款方式发放。而山西省平遥县晋泰源小额贷款公司发放贷款方式以抵押为主，占贷款余额的70.87%。在贷款对象上，主要以个体经营者和农户作为目标主体。平遥县日升隆公司种养业贷款占52.3%，农户贷款占100%；平遥县晋泰源公司种养业贷款占54.13%。而广元市全力和江口县华地两家小额信贷公司主要以个体经营者作为放款对象。广元市全力公司发放的贷款中，个体经营户贷款占70%以上，直接用于种养业的贷款占全部贷款余额的比例为14.25%；江口县华地的放款对象中，有26户是农村个体经营户，占贷款对象的72.2%，其余主要为农户贷款。贷款用途多种多样，适应了农村经济的多样化发展。除农户种养业外，小额贷款公司的贷款用途涉及农户产品加工、农村建房及农机、农业运输、农村物流、旅游等多个领域。各小额贷款公司贷款期限灵活，主要以短期贷款为主。江口县华地公司的贷款主要以3个月期和6个月期的短期贷款为主，短期贷款占77.67%，其余贷款为1年期（含1年）以上贷款。广元市全力公司提供了1个月、2个月、3个月、5个月、6个月和1年期的贷款，其中，1年期贷款占总贷款笔数的38%。日升隆公司3个月期贷款占到12.46%，6个月期贷款占到65.87%，1年期贷款占到21.67%。晋泰源公司贷款期限以6个月为主，占贷款余额的53.71%。受试地区经济发展水平的影响，各地小额贷款公司单笔业务的贷款金额差异较大。贵州省江口县小额贷款公司平均贷款金额在1.1万元，高于2万元以上的贷款业务相对较少，而山西省平遥县小额贷款公司的贷款金额一般在5万元左右。形成差别的原因在于，贵州省江口县经济相对落后，尽管江口县小额贷款公司以个体经营户为主，山西省平遥县小额贷款公司以农户为主，但江口小额贷款公司的客户贷款规模的承受能力要小得多。广元市全力小额贷款公司单笔贷款主要集中在5万元及其以下，平均额度高于贵州省江口县华地公司。从小额贷款公司10个最大贷款客户的贷款额度比较，广元市全力贷款公司的大客户贷款额度浮动较大，最高达40万元，最低6万元，10个最大客户平均贷款额度为16.2万元。山西省两个小额贷款公司10个大客户最大额度都是10万元，而江口县华地小额贷款公司10个大客户平均额度仅为2.83万元。

总之，从小额贷款公司的业务状况看，“只贷不存”的商业化小额贷款公司基本能够按照当初准入时的要求正常开展业务，小额贷款公司合理地找到了自身的市场空间，初步展现了商业化小额信贷运作的灵活性和适应性。

7.1.3　小额贷款公司发展迅速的原因

小额贷款公司之所以发展迅速，主要是基于以下原因：

第一，准确定位。相对于农村信用社、国有商业银行等具有官办色彩的金融机构而言，小额贷款公司在公信力上有其先天的不足，但它又有独具的优势：一是产权明晰，资本构成完全为发起人自有资金。二是公司发起人在多年的生产经营活动中，积累了丰厚的个人资产，为公司奠定了坚实的资金基础。三是公司发起人在多年的生产经营活动中，树立了良好的信誉和较高的威望，这成为小额贷款公司的无形资产。

第二，合理的利率定价机制。内蒙古自治区鄂尔多斯市金融市场是一个近乎完全垄断的市场，垄断必然产生低效率经营，没有成本约束的动力。而这种主要由低效率所造成的高成本又以高利率的形式转嫁到小额贷款者头上。自 2003 年以来，农村信用社贷款利率浮动区间已经扩大到了（0.9 ~2.3），农户在贷款过程中还要支付一些隐性支出，贷款利率水平与小额贷款公司的利率水平进一步缩小。但即使在这个利率下，如果没有特殊的“动作”“关系”或政策的明确指示，农户也是难以贷到款的。而小额贷款公司以服务“三农”、支持农业农村经济发展为宗旨，重点对农牧民、个体工商户和微小企业发放信用或担保贷款，他们对现在小额贷款公司的市场利率定价还是可以接受的。

第三，客户信息能及时获得的优势。由于小额贷款公司扎根于民间，与当地住户有千丝万缕的联系，他们之间的信息是对称的。相对于银行与农户的信息不对称来说，小额贷款公司具有先天优势，就算不对称，其克服的成本也很低。小额贷款公司发起人均为当地土生土长的民营企业家，他们在多年的生产经营活动中建立了丰富的人脉关系，成为公司在信息获取上的优势。此外，在农信社贷款，农户往往不能提供符合条件的抵押物品和有效的担保。农信社仍然沿袭“春放秋收冬不贷”的传统做法，致使供需脱节。小额贷款公司则灵活得多，农信社不能做抵押的物品，如房屋、农机具等，在双方自愿的基础上也可以成为小额贷款公司有价值的抵押物。农信社不认可的担保，小额贷款公司认可。在贷款审定、时限、手续上，小额贷款公司及时告知农户能否借款，对借款农户能及时办理，节省农户的时间，解决了农户资金需求。

第四，贷款方式、时间、期限灵活、手续简便。作为一种新型的金融服务形式，小额贷款公司比传统大银行具有更多的优势。因为个体生产者和微小企业的管理不规范、财务制度不健全，面向他们的征信工作往往难以标准化，面向这类客户的小额信贷就成了一项劳动密集型的工作，需要信贷员走街串户直接与客户零接触。而大银行处理此类业务，需要付出高昂的事前交易成本。另外，由于这些农户可能无力提供足够的、合规的抵押物或担保品，又会使大银行面临高昂的风险控制成本和事中事后的高额交易成本。同时，受规模和种类的影响，这些客户的金融服务需求也达不到可以为大银行带来规模经济和范围经济好处的程度。所以，大银行直接操作小额信贷并无任何技术优势。应该说，大银行是嫌贫爱富

的，但是现在农村缺的不是大银行，缺的是真正为农业与农村服务的金融与非金融机构。而小额信贷可以充分发挥其小而精的优势，依靠信贷员的勤奋敬业及其与客户建立的良好服务关系而取得成功。

第五，风险控制谨慎。小额贷款公司作为自主经营、自负盈亏、自我约束的企业，从生存需要出发，从发展的高度认识，把有效规避风险和最大限度地抑制风险作为经营管理活动的重要内容：精简部门设置，保证业务活动的持续和完整；科学职务分工，杜绝交叉任职；岗位设定实现人力资源的优化配置；操作程序的编制做到了严谨、可操作；工作考核上体现公平、公正和公开。

7.1.4 小额贷款公司发展中存在的问题

尽管小额贷款公司发展迅速，但是依然存在以下诸多问题：

（1）缺乏监管主体和法律依据

由于小额贷款公司的性质为有限责任公司，而它经营的是“贷款”这一特殊的金融产品，可以说小额贷款公司是个“非驴非马”的产物。到底应由哪个部门对其实施监管，如何监管，目前尚无明确的法律依据。目前来看，当前成立的地方政府各部门联席的管理办公室不具有行政主体资格，监管也容易形式化。同时，现行由当地政府对小额贷款企业进行监管的操作方式，法律依据不足，在监管的有效性和可操作性方面也存在一定的问题。由于小额贷款组织实行风险自担，不会因吸收公众存款而造成金融风险的扩散，因此，目前的监管压力还不是太大。但从长远来看，统一的监管规则必不可少。现在的央行备案制以及仅作为普通商业企业工商注册登记和监管显然并不能满足要求。此外，小额贷款公司没有相应的政策配套是发展不起来的，应该根据遇到的问题困难，看看小额贷款组织有哪些迫切需要政策解决和支持的，有哪些需要指导完善的，尽快完善配套政策，这些既是政策的层面，又是理论和实践层面的问题，需要三者的有机结合才能完成。

（2）成长环境尚不完善

小额信贷在各地的政府安排不断完善。比如陕西省户县的试点在进入退出机制的设计上进行了积极地探索。首先是在公司招标筹建的过程设置了较高的门槛限制，这是吸取了四川省广元市小额信贷招标的教训，广元市曾出现中标者没有实力组建公司的情况，结果不得不进行第二次招标。陕西省户县信昌、大洋汇鑫两家小额信贷试点公司的中标条件是在正式投标时，除了缴纳30万元的保证金外，还要在指定账户打入1000万元的最低资本金来证明公司的实力。另外，在《陕西省户县小额信贷组织试点工作实施方案》中有专门的“强制退出”条例。强制退出的条件包括信贷公司营运期间抽逃资本金，发生吸收存款或者变相吸收存款行为，出现单户贷款比例超过资本金的2%、对农户贷款比例低于70%等不符合试点规定的行为，以及对外提供担保出现跨试点区域发放贷款等行为。总体来看，目前小额信贷在各地的成长环境尚不完善，随着来自民间的、国外的大量资金的涌入，事实上，规范的制度建设是必不可少的，一套规范的注册、运营、清算退出的管理办法对其发展推广是必须的。

（3）资金来源缺乏可持续性

按照政策的规定，小额贷款公司资金来源为“股东缴纳的资本金、捐赠资金，以及来自不超过两个银行业金融机构的融入资金，且从银行业金融机构获得融入资金的余额不得超过资本净额的50%”。从内蒙古自治区融丰小额贷款公司来看，2008 年 10 月末贷款余额已经达到 1.28 亿元，资本金已经用足，目前内蒙古自治区金融办要求新成立的小额贷款公司开户在建设银行，建行既负责监督小额贷款公司的资金使用情况，也担负着对小额贷款公司的融资支持职能。随着贷款规模的扩大，加上农业类的小额贷款流转周期长，如果没有大量的后续资金注入，这种只贷不存的模式就难以成为真正可持续盈利的商业模式。此外，小额信贷公司面临着一些实际的制约，如借贷者还款能力差、缺乏担保物；信贷员要挨家挨户开展业务，操作成本高等，这会使投资者承担很大的风险，使小额贷款公司本身在财务上很难长期维持。可以说，解决融资难问题已成为小额信贷机构实现商业性可持续发展的关键，事实上这一问题已同时成为小额信贷大规模推广的限制条件。

（4）抵御风险能力差

在运作机制上，虽然小额贷款机构均设计了一定的风险防范机制，防止大额贷款，保证足够的资本充足率（8%），设置了不良贷款警戒线（不良贷款超过一定比例如10%时停止办理委托贷款业务），实施抵押担保，提取风险准备金等措施，同时还设立了风险担保基金。但是，正规金融机构贷款业务发展的经验表明，在贷款发放的操作过程中，贷款额度趋大冲动很难避免，因此，加强贷款规模控制的内控机制建设势在必行。同时，农户和中小企业自身防范风险的能力较弱，抵御自然风险和市场风险实力不足，需要与保险、抵押担保等机制结合运作。再者，杜绝各种违章贷款、以贷谋私等不良贷款行为的发生，降低金融风险。

（5）金融基础设施不完善

在业务运作过程中，正规金融系统的金融基础设施不能惠及小额贷款公司，制约了小额贷款公司业务的发展。针对小额贷款公司面对的农村金融市场而言，单独开发客户信用数据库的成本太高，而目前几个试点地方都还没有把小额贷款公司接入人民银行的征信系统，导致小额贷款公司不敢轻易涉足农户贷款。小额贷款公司暂时还不能利用小额支付清算系统，导致小额贷款公司部分汇款业务的准入形同虚设。

7.1.5 小额贷款公司发展的国际经验借鉴

根据亚洲发展银行的统计，目前提供小额信贷的机构主要有三类：一是非政府组织从事的小额信贷组织；二是营利性的非正规金融组织；三是正规金融机构从事小额信贷。非政府组织小额信贷一般依靠捐赠者的捐赠或者其提供的贷款，没有真正的所有者。该类机构都假定他们的董事会向其资金来源负责、向机构使命负责，其经营更多依靠领导者的责任心。营利性的小额信贷机构由不同的投资者组成，包括私人投资者、非政府组织、政府公共部门、专业股权基金等，他们治理能力和治理意愿的不同、在董事会中保持比例的不同将导致该类机构不同的治理效果。正规金融机构如农村银行和农村合作金融所从事的小额信贷，其股份掌握在其成员手里，每个成员既是机构所有者同时又是客户，股权比较分散，且在管理上采用一人一票制，其管理权与持股份额是脱节的，因而一般比较关心资金的使用，通常希望有较高的回报率和还贷率。下面以孟加拉乡村银行、玻利维亚阳光银行、印度尼西亚人民银行和拉丁美洲村银行为典型模式，比较研究他们的治理结构与运作机制特点。

（1）孟加拉乡村银行模式

孟加拉乡村银行是世界上影响力较大的金融扶贫模式，主要为贫困人口，尤其是为农村贫困妇女（约占95%）提供贷款、存款和一些非金融业务。乡村银行于1976年由美国尤诺斯教授在Jobra村的反贫困试验创建。1983年在政府支持下转化为一个独立的银行，但不必遵守公司法和相关金融制度的约束，目前92%的所有权归会员所有，8%的归政府所有。乡村银行采取连带责任和强制性存款担保形式发放贷款。连带责任由同一社区内经济地位相近的贫困者在自愿基础上组成5～6人贷款小组，在小组基础上建立客户中心，作为进行贷款交易和技术培训的场所。会员出席每周的小组和客户中心例会，并存5塔卡在小组基金账户上，组长收取每周还款并将钱还到参加周会的银行助理。如会员出现还贷问题、缺席周会等，都将使贷款小组失去银行贷款的资格。对违反纪律的个别会员，通过会员一致决定对其处以罚款。如出现会员未还清贷款就离开小组，会员有责任偿付欠款。如整个小组在还清贷款之前解散了，客户中心承担还款责任。银行交叉发放贷款，即最初没有得到贷款的会员要等已得到贷款会员都遵守乡村银行的规章制度时才可依次得到贷款。会员必须在得到贷款的一周内将其用于预定用途，否则需将此笔钱存入银行，直到用于预定用途为止。贷款分期偿还，银行每周按规定收取贷款利率，在贷款还清前，用贷款购买的财物被视为银行所有。这种按周分期还款的创新方式提高了贷款的发放率和偿还率，偿还率高达98%～100%。总之，孟加拉乡村银行模式是一种利用社会压力和连带责任而建立起来的组织形式。该模式在国际上被多个国家模仿或借鉴，如菲律宾、印度尼西亚、柬埔寨等发展中国家。

（2）玻利维亚阳光银行模式

玻利维亚阳光银行成立于1992年，其前身是一个以捐款为资金来源的非营利性组织——PRODEM。该组织成立于1987年，通过提供信贷服务和培训来扩大就业，也采取连带责任小组的贷款方式，项目运作颇为成功。1992年阳光银行被玻利维亚银行和金融实体监管处（SBEF）正式批准，成为一家专门从事小额信贷业务的私人商业银行。PRODEM作为非政府组织，其职能仍然存在，它将原有的14300名客户和400万美元的贷款业务量转移至阳光银行，为避免与阳光银行竞争，目标市场也转到农村，而阳光银行经营活动则集中在城市。阳光银行成立时，PRODEM拥有60%的份额，而Accion International（美国）、Calmeadow基金会（加拿大）和私人投资者占其余40%的份额。近年来，阳光银行开始改善股权结构。截至1999年7月，PRODEM在阳光银行的股权占有率已由当初的60%降到35%。然而，由于捐赠机构参与度的增加，私人投资者的股权占有率并没有显著增加（大约保持在18%）。与孟加拉乡村银行相比，阳光银行的运作机制有以下不同：第一，只注重银行业务的开展，不提供其他社会性服务（如技术培训等）；第二，贷款小组由3～7人组成，贷款发放时所有会员可同时获得贷款；第三，利率相对较高，年均贷款利率47.5%～50.5%，之前还须支付佣金2.5%，业绩良好的客户利率稍低，年利率约45%；第四，高利率贷款使银行实现财务自立，不必依赖政府补贴就可获高收益；第五，贷款偿还方式非常灵活，借款者可按周偿还，也可按月归还；第六，贷款期限灵活，1个月到1年不等；第七，每笔借款数额较大，平均额度超过1509美元，是乡村银行的10倍多。因此，阳光银行服务的客户群体主要是生活在贫困线以上的中低收入阶层，不是赤贫者。目前阳光银行模式已被拉丁美洲其他9个国家模仿和借鉴。

（3）印度尼西亚人民银行村信贷部模式

印度尼西亚人民银行是世界上为农村提供金融服务的最大国有商业性金融机构，依靠遍布全国的村级信贷部和服务站（Post）降低经营成本。目前有省级分行15个，区域支行325个，村级信贷部（BRI—UD）3874个。村信贷部（BRI—UD）是基本经营单位（下设服务站），独立核算，自主经营。其开展两大业务：贷款和储蓄，实施动态存贷款激励机制。如储蓄利率根据存款额确定，存款越多，利率越高；借款者按时还款，所获贷款数额不断增加，而贷款利率不断降低。这些激励措施使BRI吸收了印度尼西亚农村约3300万农户手中的小额游资，储蓄成为其贷款资金的主要来源。贷款采用传统抵押担保方式，主要发放给中低收入者，平均贷款额为1007美元。客户根据自己的现金流决定贷款周期

和还款期限，贷款期限6个月到3年不等，还款分周、月、季、半年分期偿还。采用能覆盖成本的市场化利率，年均名义利率约32%～48%。因此，印度尼西亚人民银行村信贷部是以盈利为目的的金融企业，不承担对农户培训、教育等义务。东南亚金融危机时期，村信贷部业绩好于其他银行，不但未倒闭，信贷运营力量反而进一步加强。

（4）拉丁美洲村银行模式

拉丁美洲村银行是以村为基础的半正规会员制机构，20世纪80年代中期由John Hatch及其助手在国际非政府组织——拉丁美洲国际社区资助基金会（FINCA）的基础上创建，宗旨是便利社区会员得到金融服务，最终目标是减少贫困，强调贫困缓解的广度和深度。村银行一般由30～50个会员（5～7人的连带责任小组）组成，会员拥有村银行所有权，不须正式注册，目标群体为贫困妇女，约占总人数的95%。会员自主决定存贷款利率，与商业银行相比，存贷款利率都较高。村银行的优势是会员自主权大，准入制度灵活以及能确立适合当地经济发展的存贷利率水平。但村银行规模较小，除非与大银行和其他村银行联盟，否则其存贷款会受当地经济及规模的制约。这种与正规金融机构及其他存款银行建立联系的机制有助于保证村银行的流动性和贷款的偿还，从而避免单一机构风险高、规模受限制的风险。因此，村银行的可持续性和覆盖的广度，主要依赖与正规金融机构整合的力度。目前开展的小额信贷分农户贸易和种养殖项目两类，农户贸易贷款额度（50美元）比种养殖项目贷款额度（50～200美元）小。两类项目的利率都能覆盖成本，还款方式也较为灵活。该模式已被25个国家3000多个地方模仿和借鉴。

上述几种小额信贷机构的整体运作具有一致性。如以穷人或低收入阶层为服务对象；服务方式着眼于节约交易时间和成本，提高效率和效益；贷款数额小；利率不至于过高。但其具体运作机制与特征也有不同，如印度尼西亚村信贷部采用个体抵押贷款，注重贷后动态激励机制的运用，其余模式采用团体联保贷款，依靠连带责任中的自我选择和监督机制来保证高还贷率；乡村银行模式贷款采用贴息利率，其他模式采用市场化利率等。

表7-2 国际上四种小额信贷机构模式的公司治理结构及运作机制比较

		乡村银行	阳光银行	村信贷部	村银行
公司治理结构	组织结构	总分行制，5～6人贷款小组	单一行制，3～7人贷款小组	总分行制，单个客户	信贷联盟，5～7人贷款小组
	所有权结构	会员、政府	非政府组织、私有投资者	企业、个人、政府等	会员

续表

		乡村银行	阳光银行	村信贷部	村银行
贷款的发放与偿还机制	成员（万人）	312	5.38	300	17.1
	平均贷款额	$134	$1590	$1007	$191
	贷款期限	1年	4~12个月	3~24个月	4个月
抵押担保机制	定期还款计划	每周	灵活周期	灵活周期	每周
	是否小组贷款	是	是	否	否
	是否抵押	否	否	是	否
	是否自愿储蓄	否	是	是	是
目标机制	城乡位置	农村	城市	大部分在农村	大部分在农村
	女性占比（%）	95	60	18	95
	目标客户	穷人	中低收入者	中低收入者	穷人
	财务可持续性	不能	能	能	不能
利率机制	年均名义利率（%）	20	47.5~50.5	32~43	36~48

资料来源：Grameen Bank：figures updated for January 2004；Morduch，Jonathan.（1999），The Microfinance Promise，Journal of Economic Literature，Vol. 37（4），pp. 1569-1614.

抵押担保、贷款激励、目标设计与操作程序等方面的机制创新是获取高还款率和保证经营绩效的关键。但其运作机制设计并不是完美无缺的，在不同方面表现出优劣，从而在不同时间与不同地点采用这些模式导致不同的效果。

第一，联保贷款在减少逆向选择和道德风险上比个体贷款有优势，但个体贷款在满足客户需求和企业现金流上比联保贷款有优势。

理论上联保贷款的自我选择和甄别机制有利于减少逆向选择。在个体贷款市场上，由于银行不能甄别借款者的风险类型，银行按照市场平均风险来确定利率，这样低风险者因不愿支付高于预期的利率被逐出市场。这种次优选择是无效率的，因为低风险者也有高收益项目，不应被排斥在信贷市场之外。不管怎样，联保贷款的自我选择和甄别机制能改善信贷市场的这种低效状况，把低风险者拉回市场，从而减少逆向选择。Morduch（1999）等的研究表明在两类借款者（高风险者和低风险者）模型中，联保贷款形成的“自我选择”导致“物以类聚”，即连带责任天生使贷款团体由风险类型相似者组成，从而减缓了银行的不对称信息。这样，银行针对风险不同的贷款团体采用不同的利率，当两类贷款团体利率差别较大时，诱使低风险团体重回信贷市场，贷款平均偿还率上升，银行即使发放低利率贷款也不会带来亏损（Ghatak，1999）。在个体贷款市场，银行不能区

别借款者的风险类别易引发道德风险，但联保贷款的自我选择和甄别机制能减少道德风险（Stiglitz，1990）。个体借款者在资金成本相同情况下投资安全项目或者投资风险项目。依风险类别不同，预期效应也不同。如每人都投资安全项目，盈亏平衡点的贷款利率应定低一点。非对称性信息使银行不能准确区分个体借款者投资项目的风险类别，有些借款者借机投资高风险项目提高预期收入。结果，贷款偿还率下降，银行出现亏损提高利率，借款者预期收入减少。因此，如果借款者不管什么情况都从事安全项目，低利率会使预期收益更好。由于受信息不对称的影响，个体贷款面临较高的银行利率。不管怎样，联保贷款的连带责任机制可改善这种状况，贷款团体自动形成的甄别与监督机制迫使借款者选择安全项目。在两类贷款团体中，如都选择安全项目，预期收入较低；如都选择高风险项目，预期收入较高。当贷款团体的连带责任较高时，不但对银行有利（获得较高的联保责任支付款），而且额外的风险（高连带责任支付）也会增加借款者负担，这样银行降低联保贷款利率以补偿借款者的超额负担，而借款者总是选择安全项目。利用联保贷款中的连带责任机制实施贷款和进行监督，不仅能降低均衡利率，提高预期收益，也能提高预期的贷款偿还率。

早期研究一般突出个体贷款的优势，强调联保贷款的劣势。Madajewicz（1999）认为，联保贷款通常不考虑客户的个体需求，产品高度标准化，所有客户的贷款期限和条件都相同。Gonzales. Vega 等（1997）也指出在联保贷款中借款者因须参加会议、联合签订合同、互相监督和承受社会压力等，贷款交易成本日益增加。与此相反，个体贷款通常个性化设计，贷款期限和条件与客户需求和企业现金流相匹配。此外，借款者也不必承担其他成员不还贷时的额外支付。按照上述观点，借款者偏好个体贷款而不是联保贷款，只有在无抵押品或小额信贷机构不提供个体贷款时，他们才选择联保贷款。然而，事实并非如此，一些有抵押品的企业也选择联保贷款。Vigenina 和 Kritikos（2004）的研究表明不断发展的企业贷款需求量大且规模日益增加，偏好个体贷款，而停滞不前的企业贷款需求量小，偏好联保贷款。当市场只有个体贷款时，信誉好无抵押品的客户被排除在市场外；当只有联保贷款时，不断发展壮大的企业就面临贷款数额和期限与企业资金需求不匹配的问题。当市场既有个体贷款也有联保贷款时，不存在以上矛盾。因此，同一个市场客户贷款方式的选择既与抵押资产有关也与借款企业预期的动态资金需求相关，整合两种贷款方式可使无抵押但有前景和有抵押而前景暗淡的企业合理选择贷款方式。

第二，市场化利率在财务自立上比贴息利率有优势，但在目标客户覆盖的广度与深度上不如贴息利率。

小额信贷的利率高低有别，分贴补利率和市场化利率两种类型。由非政府组织开展的小额信贷项目常以较低的利率向穷人提供数额不大的贷款，如乡村银行。理由如下：第一，微型经营活动负担不起市场化利率，因绝大部分微型生产活动的利润率较低，小额信贷利率过高不能增加贫困人口的创收能力。第二，由于高交易成本，正规金融机构不愿给贫困人口和微型企业发放贷款。但实践证明贴补信贷存在许多缺陷，主要表现在：被视为赠款、还贷率低和不能实现财务自立。近几年小额信贷开始向市场化利率倾斜。按照 Churchill（1997）的说法，就是“把借款者看作客户而不是受益者、由依赖捐助者转而依赖资本市场、利率足以覆盖成本以及获得可持续发展”。Morduch（1999）称此举既能缓解贫困又能促进金融业发展。市场化利率与贴息式利率相比有六大比较优势：其一，机构的生存和发展能提供连续的金融服务和保证资金供给，从而克服贴息式小额信贷严重依赖外部资金的缺陷。其二，有利于锁定正确的目标受益人。当有贴息贷款时，因腐败问题受益人往往是贫困地区里较富裕的人，甚至是执行此类贷款计划的官员、家属及亲戚；而市场化利率的小额信贷数额小、还款不方便等对富人没有吸引力，贷款反而能达到目标受益人——低收入阶层手中。其三，不会扭曲信贷市场的功能。功能完善的金融市场比受限制的或贴补信贷市场更有效，当存在信贷补贴时，私有银行因无法与拥有大量贴息资金的机构进行竞争而被阻止在信贷市场之外。其四，有利于提高经营效率，降低管理成本，克服贴息信贷的低效率。贴息贷款被借款人看作一种慈善行为，利率低、管理成本和拖欠率高，这种低效率使小额信贷机构不能在盈亏平衡点上方运行，最终导致小额信贷因资金枯竭而失败。其五，可使机构杠杆化程度更高。高杠杆率机构更易使资本增值，从而吸引更多的信贷资金。在慈善捐赠有限而进入全球资本市场融资无限的情况下，财务自立的机构更有助于穷人脱贫致富。如果一个小额信贷机构是有效益的，就能实现财务自立，从资本市场吸引更多资金，更多的小额信贷达到穷人手中，改善人民的生活。财务杠杆率对小额信贷机构经营有积极的影响。其六，市场化利率为客户衡量产品设计优劣和价格高低提供了一个参考指标。当然过多强调财务自立目标的重要性，也会导致小额信贷机构在追求利润最大化时改变运作程序、结构和激励机制，导致小额信贷的性质改变、创新减少以及客户总成本增加。小额信贷最初设计是为穷人服务，过多关心财务绩效，会使贷款数额不断增大，目标客户转向较富有的阶层，而最需要贷款的弱势群体被逐出市场。过度强调财务自立，会破坏日益兴起的小额信贷管理创新和实验，也会阻碍那些成本高但社会价值大的项目创新。影响小额信贷机构财务自立的决定性因素是贷款利率，意味着高利率与较好的财务自立指数相关，如利率决定不能够反映其资金成本、管理成本、交易成本及风险的话，财务自立就不可能实现。

第三，动态贷款对按时还贷具有激励作用但易遭遇重复博弈的困境。

动态贷款机制的典型特征是首批贷款数额较小，随后根据对客户偿还贷款的满意程度不同，数额不断增加。如贷款不按时归还，就切断未来贷款；如借款人希望贷款数额不断增加，动态激励作用就更显著。动态贷款的另一个好处就是在项目启动时以小额贷款考验借款者，随着银行与客户信贷关系的发展，银行在发放大额贷款之前能把前景不好的项目淘汰掉，这样就可克服信息不对称和提高效率（Ghosh 和 Ray，1997）。动态激励在人口流动性相对较低的地区如农村更有效，因为在城市，居民来来往往，不易逮到那些跨镇和在不同分支机构借款的违规者。不过，单纯依赖动态激励也会遭遇重复博弈的困难，如借款者一直有良好信誉，但在最后阶段就可能违约。银行如能预料到这一点，在最后就不会发放贷款，却激励借款者在倒数第二个时期违约，依次类推直到整个机制崩溃。除非末期有很大的不确定性或一个项目将会被更健全的项目所替代，才会在贷款中限定时间范围。

第四，即时启动的定期还款计划可提高还贷率但要求居民有其他收入来源。

小额信贷中最不引人注意但最不同凡响的一点是贷款发放的同时几乎立即启动偿还程序。传统的贷款合同一般是借款者取得贷款后投资，期末再连本带息归还。在 GB 乡村银行模式中一年期贷款的分期偿还额等于到期贷款本息总额除以50，在贷款发放两个星期后开始按周偿还固定数额。阳光银行和 BRI – UD 的还款模式更灵活。如 BRI – UD 发放的贷款由客户根据自己的现金流决定贷款周期和还贷期限，贷款期限 6 个月至 3 年不等，还贷期限则分月、季、半年等不同，以小额资金定期分次偿还本息。定期还款计划有几个优点：一是能把不遵守纪律者淘汰掉；二是给贷款者提供早期预警机制；三是可使银行了解客户现金流状况，防止还款资金被消费或转向。每周还款制度意味着银行贷款的效率要靠居民的稳定性、多元化收入以及安全投资来保证。这暗示着小额信贷在一些以农耕为主的地区或最贫穷的南亚和非洲推广，面临的最大挑战就是资金季节性波动问题。

7.1.6 国外小额信贷机构运作机制对我国的启示

前面的分析表明，对非营利性小额信贷机构，主要依赖机构领导人的责任心来经营。对营利性机构，有所有者的监管和约束，要实现高效治理需建立良好的组织结构与运作机制。我国要发挥小额信贷机构在农村中的积极作用，需借鉴国外小额信贷机构的成功运作机制，对现有从事小额信贷业务的机构进行改进。

（1）建立以农村信用社为主，市场化运作的小额信贷模式

我国农村信用社小额信贷资金主要来源于政府的扶贫资金和中央银行的再贷款，其数量是有限的，而且容易受到政府的左右，不能根据自己的业务确定补偿

成本利率，不能通过吸收社会存款弥补运作过程中的资金缺乏。如果能建立市场化运作的小额信贷模式，使其溶入正规金融机构，不仅可以吸收大量社会存款参与小额信贷，也会吸引大批企业或社会力量参与，这对于健全农村金融市场，提高农村地区的金融服务质量，遏制高利贷也是十分有益的。

（2）建立农村专业经济组织，引入联保还款机制

小额信贷以贷款运作管理为纽带建立起来的贷户联保小组和扶贫中心，有可能发展成新的农村专业经济组织。通过这些农村组织，把小额信贷发放与农业技术推广联系起来，从而解决农民生产的资金与技术短缺困难。随着小额信贷配套服务功能的加强和完善，农村专业经济组织有可能成为连接农户与市场的桥梁和纽带，解决目前农村千家万户小生产同大市场之间的矛盾，促进农业产业化经营，加快农村贫困地区农业和农村经济发展，同时也能促进小额信贷资金的良性循环。

（3）实行差别利率，创造小额信贷“双赢”局面

财务上的可持续性对小额信贷机构的生存与发展至关重要。运用市场法则指导小额信贷，它的利息收入就必须弥补经营成本，并能获利。由于小额信贷的运作成本远高于一般商业贷款的运作成本，其市场化利率就较高。根据发展中国家小额信贷的实践，年均名义利率30%～50%。这样一个利率范围显然高于我国农业生产的平均利润率水平，对绝大多数农户来说难以承担。小额信贷要想在解决“三农”问题和建设社会主义新农村中发挥积极作用，小额信贷市场化利率的设置应能给大范围的农村人口提供可行的、长期的金融服务，因为贴补式利率通常仅能为小范围的借款者带来短时间的利益。要使农村信用社与目标客户群体实现“双赢”，从我国实际来看，应对小额信贷市场进行细分，实行差别利率。如对那些承受不起市场化利率的农村赤贫者或从事特殊行业生产的农户，发放政策性与商业性相结合的混合贷款，以降低利率。这样，实行差别利率定价的小额信贷不仅使农民得到了农业发展所需资金，又使农村信用社通过发展小额贷款实现了战略转型。

（4）小额信贷机构应提高管理效率，实现机构及人员的可持续性

首先要保证机构的常设化；其次应创造条件逐步使人员构成专业化和固定化；最后要加强对小额信贷机构从业人员的职业道德教育和专业知识培训，包括农业政策知识、农业经济知识、农业信息和农村金融知识等，以提高这些人员的综合素质。

（5）理顺小额信贷运作的外部环境

一是健全和完善有关法律法规，明确农村信用社的性质、职能定位，使农村信用社小额信贷业务经营在法律保障下正常开展。二是理顺农村信用社发展农户

小额信贷的政策环境，通过相关利率政策、税收减免或税收返还等政策，保证小额信贷可持续发展。三是采取有效措施帮助农村信用社消化历史包袱，增加支农资金。四是建立农业保险和担保制度，确保农村信用社农户贷款的风险控制与保障能力。五是加大对小额信贷的监管力度，防止金融风险。

7.1.7　小额贷款公司的改革路径

通过对小额信贷理论总结与国际比较，可以找到小额信贷的一般原则，为规范我国小额贷款公司的健康发展奠定了基础。

小额贷款公司主要为小型和微型企业、中低收入居民和贫困居民服务，具有几个鲜明的特征：一是信贷风险管理手段灵活。可以采用贷户联保、额度激励、分期还款等替代措施，不只依赖担保物。二是具有突出的零售特征，信贷额度一般较小。三是小额信贷业务流程简单而便利。但小额贷款公司要实现可持续发展，需有足以覆盖业务成本和融资成本的贷款利率以及审慎性的监管措施等。就小额信贷机构而言，各种小额信贷模式的治理结构与整体运作具有一致性，但他们的具体运作机制与特征也有不同，如印度尼西亚乡村信贷部采用个体抵押贷款，注重贷后动态激励机制，其余模式采用团体联保贷款，依靠连带责任制度来保证高还贷率。孟加拉乡村银行模式贷款采用贴息利率，其他模式采用市场化利率等。这些模式的设计各具特色，一般要与本国经济、法律及社会文化环境等进行有机结合。对小额信贷机构，部分国家如乌干达、玻利维亚、尼泊尔、洪都拉斯等国都建立了相对完善的小额信贷机构监管组织体系和制度安排。

（1）完善小额贷款公司治理结构

第一，强化董事会的职能和独立性。董事会在公司治理中处于中心位置，强化董事会的职能会明显改善小额贷款公司的公司治理。一要增强董事会的权威性和独立性，尤其重要的是引进一定数量的独立董事，保持董事会独立性的另一个重要措施是使大多数董事的任命独立于管理层。二要建立董事会评价制度，明确董事的职责。可以由监事会聘请管理咨询公司按照事先订立的定量和定性的标准，对董事长和董事会成员进行绩效评估，并由监事会向股东大会报告并向董事会反馈结果。三要建立健全董事会下设的各种专门委员会。委员会的召集人应是独立董事，其目的是有效发挥董事会的监督和制衡作用，提高其战略决策和投资决策的科学性。专门委员会的建立将使董事会对公司高级管理人员的领导和监督具体化，真正发挥董事会在小额贷款公司治理中的核心作用。

第二，建立以业绩为导向的管理层激励与约束机制。对于高级管理层，必须优化对他们的激励和约束，防止剩余索取权和控制权的错位。激励机制的建立和完善应是多层面的，报酬激励与控制权激励是两个重要方面。报酬激励中应遵循经营者收入与其贡献匹配原则，即经营者所得报酬应与其贡献对等或相符，而不是简单的“高薪”或者“低薪”。约束机制是指公司的利益相关者针对经营管理层的经营结果、行为或决策所进行的一系列客观而及时的审核、监察与督导的行为。从完善约束机制看，要发挥股东尤其是中小股东在公司治理中的作用，提高他们参与公司治理的热情；要从制度上设计解决好监事会和独立董事的独立性问题，充分发挥他们在公司治理不同层面、不同角度的监督作用；要探索现代企业制度下职工民主管理的途径，让员工分享决策及监督公司经营的权利。

第三，完善信息披露制度，形成有效的公众监督机制。要尽快建立一整套系统的信息披露程序，完善的重大事项报告制度和信息流动制度，及时准确地提供公司风险变化信息，注重披露信息的及时性、准确性、规范性、有效性、开放性，从而加强对高管的监督，推动公司治理结构的完善。

（2）实行差别化的贷款利率，加大风险防范力度

小额贷款公司在实际的贷款发放过程中，应该实行差别化的利率。针对贷款者的不同信用状况及不同贷款项目，应该给予不同的贷款利率。对小额贷款公司来讲，维持好一个老客户比开发一个新客户所花费的成本要低得多，并且老客户还会介绍一些新的贷款者，他们彼此之间会很了解，从而降低信用风险。适当地给资信良好的老客户一定的贷款优惠，比如可以降低贷款利率或者增加信贷额度，激励他们创造贷款信用，让他们体会到信用在贷款中的作用。此外，由于贷款项目本身具有不同程度的风险，回报也不一样，因此，小额贷款公司在发放贷款的时候有必要了解贷款者的贷款项目，并且对项目的风险以及项目的预期收益做一定的调查。对风险小、收益好的项目放宽贷款条件，给予适当的贷款利率优惠。小额贷款公司将贷款利率和贷款项目结合起来考虑贷款的发放，会使得小额贷款公司的资金更具有安全性，从而提高盈利的概率。此外，在运作机制上，虽然小额贷款机构均设计了一定的风险防范机制，防止大额贷款，保证足够的资本充足率（8%），设置了不良贷款警戒线（不良贷款超过一定比例如 10% 时停止办理委托贷款业务），实施抵押担保，提取风险准备金等措施，同时还设立了风险担保基金。但是，金融机构贷款业务发展的经验表明，在贷款发放的操作过程中，贷款额度趋大冲动很难避免，因此，加强贷款规模控制的内控机制建设势在必行。同时，农户和中小企业自身防范风险的能力较弱，抵御自然风险和市场风险实力不足，需要与保险、抵押担保等机制结合运作。再者，杜绝各种违章贷款、以贷谋私等不良贷款行为的发生，降低金融风险。

（3）加大小额信贷专业技术的运用及金融创新

小额贷款公司要加大小额信贷专业技术的运用，加强客户关系的管理。在制定业务发展战略规划的基础上，通过市场调研分析潜在客户群体的存在，分层次

分析潜在客户的贷款需求，从事贷款营销，主动满足客户需求。同时，要为联保贷款、等级评分法、小额授信贷款等小额信贷专业性技术的应用提供基础的技术支持，加大对客户信用数据系统的建设，加大和其他农村金融机构信息共享的力度，推动小额贷款公司可持续发展。此外，要注意防范发展中的风险，强化贷款规模控制的内控机制建设；同时，由于农户和微小型企业自身防范风险的能力较弱，抵御自然风险和市场风险实力不足，需要与保险、抵押担保等机制的配套运作。此外，小额信贷公司的优势在于借款人和贷款人之间相互了解，信息对称度高，贷款手续简便，抵押担保的形式多样，贷款的期限灵活，在满足农业生产小额信贷和微小企业资金流动上，农村信用社和银行都无法与之相比。所以小额信贷公司应该充分认识、发挥自己的这些优势，采用更为灵活的业务经营方式，在保证自己收益的同时，在农村经济中发挥不可替代的积极作用。小额贷款公司一方面要加强信贷产品创新，如联保贷款、收益抵押贷款、小额授信贷款等以及不同期限、不同付息方式的信贷产品；另一方面试点政策的设计者和小额贷款公司要共同促进小额贷款机构业务逐步向综合化发展、向中高端市场推进，不断进行中间业务创新。

（4）加强联保贷款及贷后管理

面对众多农户的贷款需求，小额贷款公司若是按挨家挨户分析他们的信用状况的话，审核成本相当高，并且有些农户可能是第一次贷款，因此根本就不能通过以前的贷款情况来说明信用状况。小额贷款公司在向农户发放贷款的时候，由于种种原因始终解除不了对贷款者的风险顾虑，使得农户贷款的可获得性大打折扣。联保贷款是农户向小额贷款公司借款时相互提供担保的一种借款方式，但是担保人并不承担还款责任，具体几个农户参加才算是联保应当根据实际情况而定。这种贷款方式有以下好处：第一，联保贷款能够有效地降低农户贷款的信息不对称。虽然小额贷款公司不能很好地了解农户的信用情况和资金使用的风险情况，但是邻里之间的长期朝夕相处，使得信用状况不好的或者是资金使用风险很大的农户难以找到联合担保人。这样小额贷款公司可以根据联合贷款来排除高风险的借款者。第二，联合贷款起到一种变相的抵押作用，只不过是用农户的社会关系做抵押。如果贷款农户没有按期或者是出于某种原因偿还不起贷款，他们都会想一切办法去还款，否则他们在联合担保这个群体中的信用就会下降，甚至被开除这一贷款群体。

此外，还应加强贷后管理。小额贷款公司通过贷后管理可以达到与农户沟通的目的，为下一次贷款打好基础，降低审核成本。首先，小额贷款公司应该加强业务培训，提高人员素质。学习小额信贷操作流程、政策、制度、信贷业务管理知识，通过集中培训从而提高信贷员的业务素质，给现有的信贷员搭建一个良好的工作平台，这是加强贷后管理的基础。其次，要深入基层，把农户实际的贷款用途与贷款合约中的用途进行对比，检查贷款者是否按照合约的规定进行生产经营，以防止将资金用在高风险项目中。要把贷后管理与清收不良贷款相结合，对于逾期未归还贷款本金及利息的农户，信贷员要了解原因。对于那些信用状况好，但是由于一时资金周转不便而影响其还款的农户，小额贷款公司可以进行再贷款，帮助农户解困。

（5）多渠道解决后续资金问题

由于小额信贷公司“只贷不存”，注册资本数额虽然不小，但其资金来源渠道有限，必然导致其资金来源短缺。资金来源多元化、可持续，是小额信贷能否可持续发展的关键。要帮助解决运营好的小额信贷公司的后续资金问题，用批发资金和再贷款鼓励小额信贷公司发放小额贷款和农业贷款。应给小额信贷公司一定的预期，在他们合法经营、支持三农和微型企业并满足一定的条件后，可以向他们适当开放其他的金融产品和服务，包括存款服务，从而转变成专门为低收入阶层和微型、小型企业服务的穷人银行。从政策上，试点限定在一个县的范围太小，如果真正搞小额信贷的话，难以实现可持续发展。这也可能促使某些私人资本的小额信贷公司向较大额度的贷款转变。

正如尤纳斯教授所言，小额信贷机构不能只靠一条腿走路，要与传统的农村金融机构有效竞争，就一定要解决“只贷不存”的问题。如何开辟一条合适的融资渠道，仍然在讨论中。一种建议是，建立小额信贷基金，负责批发资金给小额贷款组织。国际上有一些成功的只贷不存的小额贷款机构，它们的贷款资金更多地来自国际组织或国家政策银行的批发性贷款。还有一种建议可能性较大的做法是由其他银行提供转贷资金，国家开发银行已经开始着手研究此事。比如，内蒙古自治区政府为了解决小额信贷机构的后续融资问题，打算利用自治区政府中小企业担保机构，为小额信贷机构获得批发性资金进行贷款担保，利用自治区政府的信用平台，组织国家开发银行和农业发展银行提供资金支持，通过贷款规模的扩大解决较高操作成本的分摊问题。

（6）完善监管主体与制度

对非存款类的小额信贷公司，应实行非审慎监管。要有监管的主体和监管责任。对于非法集资和变相吸收存款的小额信贷公司要坚决予以取缔，从而维护社会的稳定和其他小额贷款公司的利益，使商业性小额信贷的试点得以顺利进行。要监督小额信贷公司的业务，使其主要从事为低收入阶层和微型、小型企业提供金融服务的业务。应该建立一种机制，使运行良好的小额信贷公司可以比较容易的得到批发资金，从而激励小额信贷公司为微型企业和低收入阶层提供贷款服务。为了使小额信贷公司不偏离服务微型企业，服务三农的方向，可以采取以下

措施：对小额信贷公司提供必要的技术支持和培训，使其掌握向小型微型企业和农民发放贷款的技术，认识到发放小额贷款既可以服务三农和微型企业，又可以赢利；鼓励小额信贷公司在向三农和微型企业贷款的同时，发放一部分城镇的贷款和小型企业的贷款，向不同的行业发放贷款，从而控制贷款风险。针对各部门联席组成的管理办公室容易形式化的问题，地方政府可以考虑调用专门的专业人员充实办公室，具体负责小额贷款公司的监管和协调事务。此外，针对小额贷款公司法律定位模糊、设立程序的法律依据缺乏的现实，可以优先考虑出台小额贷款公司地方性条例，降低小额贷款公司的法律风险。相关部门要加大小额贷款公司相关管理条例出台的步伐，有效解决小额贷款组织市场准入、市场退出、日常监管等一系列问题。

（7）加大政策扶持力度

小额信贷主要服务于中小企业、低收入人群，增强弱势群体的“造血功能”，促进经济增长和社会公平，因此绝大多数国家对小额信贷给予了税收优惠，降低借款人成本。我国政府要加大对小额贷款公司税收优惠、政策服务等方面的支持力度。建议充分应用征信系统和小额资金清算系统支持小额贷款公司的业务发展，探索小额贷款公司接入征信体系等基础性技术支持方式。

7.2 村镇银行

为了加快我国农村金融改革进程，支持“三农”和中小微企业的发展，2007年中国人民银行和银监会开始在全国范围内推进新型农村金融机构的试点运营。作为新型农村金融机构的重要组成部分，近年来村镇银行取得了较快发展。截至2014年底，全国已组建村镇银行1233家，其中核准开业1153家，营业网点3088个，从业人员有58935人。全国已有1045个县（市）核准设立了村镇银行，村镇银行的县域覆盖率达到54.57%。截至2014年底，全国村镇银行的各项贷款余额为4862亿元，比2013年增加1234亿元，其中农户贷款达到2111亿元，同比增长48.6%。小微企业贷款2405亿元，农户贷款和小微企业贷款占比合计达到村镇银行贷款总额的92.9%。同期，全国村镇银行的各项存款余额为5808亿元，比2013年增加1176亿元。资产总额7973亿元，比2013年增加1685亿元。

内蒙古自治区鄂尔多斯地区由于雄厚的金融资本及人脉资本造就了良好的金融环境，使得村镇银行发展迅速。村镇银行是国家大力推进的新型农村金融机构，主要以服务于“三农”、牧业和中小企业。其中，成立于2008年的达拉特国开村镇银行是第一家试点银行，目前发展态势良好，盈利能力稳步增强。自村镇银行筹建开业以来规模增长迅速，资本金规模较大。截至 2015 年 5 月末，鄂尔多斯辖区村镇银行共开业 15 家，其中 2008 年开业 1 家，2010 年开业 6 家，2011 年开业 1 家，2012 年上半年开业 5 家。2015 年 5 月末，15 家村镇银行各项存款 23.71 亿元，各项贷款 22.19 亿元，分别占全区的 28.56%、32.70%，从业人员 397 人，占全区的 21.85%。得益于鄂尔多斯市经济的发达程度和民间资本的雄厚程度，已开业的 15 家村镇银行的注册资本金额均较大，这不仅有利于增强村镇银行的抗风险能力，更有利于其在初创阶段存款不足的情况下，开拓信贷市场，满足“涉农”和“中小企业”的资金需要。有效填补了当地农村金融市场的空缺，大力支持当地“三农”经济发展。

表 7－3 鄂尔多斯市 8 家村镇银行

名称	资本金（万元）	发起银行	发起行持股比例（%）	成立年份
达拉特国开村镇银行	3000	国开行	45	2008
伊金霍洛金谷村镇银行	3000	金谷农合行	20	2009
准格尔旗包商村镇银行	3000	包商银行	51	2010
乌审旗包商村镇银行	3000	包商银行	51	2010
杭锦旗大众村镇银行	5000	乌海银行	40	2010
鄂托克旗兴生源村镇银行	5500	伊旗联社	20	2010
东胜蒙银村镇银行	10000	内蒙古银行	20	2010
康巴什村镇银行	10000		35	2010

7.2.1 村镇银行的市场定位

（1）村镇银行的角色定位

根据《村镇银行管理暂行规定》，村镇银行是由境内外金融机构、境内非金融机构、境内自然人出资，在农村地区设立的主要为当地农民、农业和农村经济发展提供金融服务的银行业金融机构。简而言之，村镇银行是服务“三农”的农村商业银行。村镇银行首先是商业性的农村金融机构。村镇银行既不是政策性金融机构，也非合作金融组织，而是以盈利为目的的商业性金融组织。商业可持续性是任何商业性金融机构存在和发展的前提。根据《村镇银行管理暂行规定》，作为银行业金融机构的村镇银行，与其他银行类机构从本质上是没有区别的，是盈利性的企业，同样具有利润最大化的动机和行为准则以安全性、流动性、效益性为经营原则，自主经营，自担风险，自负盈亏，自我约束。村镇银行不承担扶贫或其他政策性的支农任务。

发展中国家政府公共财政对农村地区的供给严重不足，往往会倾向于对金融市场进行干预，比如强制要求农村金融机构实行低利率政策，但这会导致以利润最大化为目标的金融机构要么大量出现政策性亏损，进而使以国家信用作担保的金融体系脆弱化，要么“脱农化”，退出农村金融市场，要么在涉农贷款上实行普遍的信贷配给，金融需求得到满足的往往是有关系的富裕农户或乡镇企业，而为数众多的农户、微小企业等则被排斥在正规金融市场以外。最终结果都是使得农村稀缺金融资源的低效配置和金融机构的低效运行。

引入村镇银行的初衷是为了解决我国农村地区银行业金融机构覆盖率低、金融供给不足、金融服务竞争不充分、金融服务缺位等一系列问题，希望通过村镇银行进行市场“补位”和“激活”市场的意图非常明显。但需要强调的是“补位”不能以牺牲村镇银行的商业可持续发展为代价。新型农村金融机构从一开始就要明确作为商业性金融机构，不承担政策性金融业务，防止重回先前中国金融存量改革的“死胡同”中。条件符合的地区，可以大力推进。村镇银行的设立工作条件暂时不成熟的地区，可以等条件成熟了再推进，农村金融需求可以由政府转移支付、政策性金融机构、扶贫机构和互助金融机构来满足。

（2）村镇银行的市场定位

目前对村镇银行的营业地域范围，监管机构的规定是模糊的。虽然2007年1月银监会发布的《村镇银行管理暂行规定》提出，村镇银行是在农村地区设立的主要为“三农”提供金融服务的银行业金融机构，但在此后的一些文件，比如2010年4月印发的《关于加快发展新型农村金融机构有关事宜的通知》中，银监会又提出村镇银行的主要营业范围是县域。县域既包括县级区域内的农村，也包括县城。于是，绝大多数的村镇银行都设在了县城。执行金融市场“补位”和“激活”职能的村镇银行的主要市场应在被存量正规金融忽视的县域经济中的农村地区，贷款市场应以农村市场为主，县城市场为辅，存款市场则可以兼顾县城乃至地级市和农村。

从权利和义务角度，村镇银行也应将主要市场放在农村。自2007年第一家村镇银行设立以来，国家相关部门为鼓励村镇银行的发展、解决农村金融服务“缺位”的问题，不断出台优惠政策。国家相关出台优惠政策是以鼓励村镇银行为“三农”服务为前提的。如果村镇银行主要的市场定位在县城，从事的是和县城里的其他商业银行一样的业务，主要客户也和县城里的其他商业银行一样的客户，那么村镇银行也就不应该享受涉农金融机构才能享受到的政策优惠。因此，对村镇银行主要为“三农”服务这一宗旨，监管部门不但要强调，而且需要进一步明确，比如明确规定村镇银行贷款用于农业、农民和农村的比例下限。

对村镇银行的经营地域范围要限制，但对村镇银行的客户则需放开。目前农业已经不再仅局限于小规模的传统粮食产业，还包括土地承包经营权流转后出现的越来越多的大规模棉粮油种植业，包括水果、干果、设施蔬菜、花卉、中药材等特色种植业，包括大规模养殖业和特种高附加值养殖业，包括林业、畜牧业、水面养殖和海面养殖。因此，农业金融需求来自包括农林牧副渔生产、储藏、加工、运输、销售等诸多环节在内的整个产业链。目前的农户也已经不再局限于从事小规模传统粮食生产的农户，还包括处于整个农林牧副渔产业链不同环节的农户，包括在农村经营的个体工商户，包括开办微小企业和中小企业的私营企业主，包括越来越多的积累了一定资金和经验返乡创业或就业的农民工等。农户的金融需求不仅包括生产性和生活性信贷，还衍生出消费信贷、结算、支付、信用卡等其他业务需求。

村镇银行的目标客户应是多元的，应完全交由村镇银行根据所在地域“三农”的特点和自身的特点自行选定。村镇银行目标客户与原有农村信用社的客户会重合。这样的重合会“激活”农村金融市场，打破原有农村金融市场农村信用社独家垄断的局面，引入竞争，迫使农村金融机构提高效率、改善服务质量，最终使为“三农”服务的资金规模扩大、服务效率提高。

（3）村镇银行的优势

与农村信用社相比，作为新型农村金融机构的村镇银行具有一些优势。首先，村镇银行都是按照现代公司制度建立，治理结构规范，而农村信用社复杂而混乱的治理结构是长期以来困扰其发展的主要问题之一；其次，村镇银行是新成立的金融机构，没有任何历史负担，而相当多的农信社历史上坏账较多，亏损严重。村镇银行是由符合条件的银行业金融机构发起创立，主发起人银行往往给村镇银行带来比较规范的业务流程和内控机制、先进的经营管理理念以及科技优势和网络优势等，而农信社由于一段时间以来缺乏竞争压力，其服务的意识、质量和手段都有待提高。

此外，与新成立的农村资金互助组和小额贷款公司相比，村镇银行也具有一定的优势。小额贷款公司的业务受到限制，只能以自有资金经营小额贷款业务，不能吸收存款和从事其他业务农村资金互助社的服务对象受到限制，只能为社员提供存款、贷款和结算等业务，不得向非社员吸收存款、发放贷款及办理其他金融业务。而作为银行业金融机构，村镇银行可以在农村地区向所有的经济主体提供各种银行业务服务，包括存款、贷款，发展成熟以后还可以进一步开展国内外结算，票据贴现，代理发行、兑付、承销政府债券，信用证服务及担保，代理收付款及代理保险业务等。

7.2.2　村镇银行的三种模式

依据村镇银行产权构成和组织形式划分，可分为银行独资、有限责任公司、股份有限公司三种模式。这三种模式各自具有不同的操作形式，影响着村镇银行的运营与效果。

（1）银行独资模式

村镇银行由发起银行全额出资，发起银行独资的子银行的各项业务并入其发起银行。中资银行全额出资组建村镇银行最早的是北京农村商业银行，其后出现外商银行全资组建的村镇银行，如汇丰银行。这种模式对发起银行而言，不与其他出资人磋商和磨合，易于决策、执行与监督，直接实施并表监管，充分体现出资银行的意愿。中资银行通过组建村镇银行，直接实现跨区域经营，扩大其在新服务区域的影响力。外资银行通过全资组建村镇银行，简化其步入中国市场的政策屏障，加快人民币经营的步伐，直接参与中国县域银行业的经营。这种模式的弊端在于银行经营本土化的步伐较慢，难以通过产权的协作与要素的优化组合来有效调动多方支持村镇银行发展的积极性，迟滞村镇银行的业务发展。银行独资组建村镇银行，创立与维持费用相对较高，消耗银行的资本基础较大，实现村镇银行的商业可持续相对较难，容易增加出资银行的决策难度，制约着这种模式的扩大试点。

（2）有限责任公司模式

目前将银行控股、出资人在49名以下的村镇银行称为有限责任公司模式。依据银行持股的比重，具体又可以分为银行绝对控股与银行相对控股两种形式。银行出资占总股本50%以上的，称为绝对控股。监管机构对这类村镇银行实施并表监管，其业务并入出资银行汇兑报表。银行出资高于总股份20%低于50%的，称为相对控股，对这类机构实施非并表监管。对于有限责任公司模式的村镇银行，按照相关法律规定，股东会、董事会、监事会对重大事项原则采取票决制，经营及执行一般采取会议与协商方式。这种模式能够促成出资的银行、企业、自然人在村镇银行这一平台上的产权结合，据此实现银行、企业与行政资源在村镇银行的优化与配置，并释放出应有的能量。这种模式可以推进村镇银行的本土化，调动出资人、地方党政、发起银行等各方积极性，降低运行与协调成本，保护合法权益，提升村镇银行的经济与社会影响。因出资人有限，也能够促成重大事项的相对共识，尽快构建村镇银行特有的文化与经营模式。发起银行选择绝对或相对控股村镇银行与否，主要取决于其董事会、资本基础、是否并表及风险隐患的控制能力。

（3）股份有限公司模式

目前将村镇银行出资人多于50个的定为股份有限公司。选择这类模式，取决于发起银行、参与的工商企业和相关的自然出资人。依据发起银行的意愿及出资额比重，也可划分为银行绝对控股或相对持股两种形式。这类机构的优势在于：相对容易募集到预先设置的股本金，满足较多参与者的投资愿望；提升其在工商注册登记的管理层次，产生一定的社会影响力；组织和动员相应的股东资源，促成在村镇银行平台的结合；便于县域的招商引资；促进村镇银行的经营本土化。弊端在于协调阶段的成本高，形成相互认同的价值观较为困难，对股份事务的矛盾协调与处理难度较大，股权相对分散，非银行股东的话语权可能下降。

从运行效果来看，银行独资的村镇银行发展趋势可能受限。这类村镇银行仅占现有总量的7%，其业务比重尤其是信贷业务比重更低于7%。随着改革试点的扩大和深入，采取这种模式试点的比重会继续降低。银行独资组建村镇银行模式，相对尊重并激发了银行的积极性，但在组织动员社会资本、集聚工商企业、自然人和行政资源等方面优势不甚明显，未能通过产权联结、优化、组合本外地的要素，降低总体运行成本，村镇银行的盈利能力和运营模式受到出资银行的重大影响。这类村镇银行几乎丧失动员社会资本的功能，全额消耗出资银行的净资本，创立成本与费用也较高，其与母银行直接办理支行模式相近，试图通过这种模式加快村镇银行的本地化，尚有较远的距离，也面临相应的困难。

有限责任公司为主流模式，控股比重取决于出资银行。实践中选择这种模式约80%。其中银行绝对控股相对较多，主要是村镇银行在创业初期面临较多的风险隐患，这些风险或隐患，需要出资银行予以帮助防范和化解，否则会传导到出资银行，进而影响发起银行的声誉。就实践效果来看，村镇银行采取有限责任公司模式，绝大多数能够动员部分社会资本、优化组合和配置股东及行政资源，再依托发起银行的技术、管理与声誉，提升村镇银行与出资银行的合作，初步实现多方资源在村镇银行这一平台上的整合，产生示范效用。当然，这种模式的矛盾也有显现。特别是绝对控股村镇银行的大股东在自身并表监管的同时，如何既体现自身的办行思想，又激发其他股东的积极性，并办出村镇银行的特色，还需要进一步观察和持续实践。

股份有限公司模式具有良好远景。采取这种模式的村镇银行极其有限，主要是这类村镇银行的注册间接成本较高，股东较多，股东构成相对复杂。作为经营信用的新兴村镇银行，还需要构建自己的特色文化，股东构成复杂，投资目的多元，往往会迟滞其企业文化的形成，也不利于较快确立审慎经营的银行行业文化的建设。对于村镇银行品牌还需要创立、各项业务需要均衡稳步增长、业务活动需要逐步本土化的投资人而言，初始投资风险与创业成本需要时间分摊，较为审

慎的银行，一般不会盲目采取股份有限公司模式。但未来随着村镇银行的资产规模增长、管理水平提升、风险控制能力增强、业务本土化实现，股本增多、股权分散会逐步出现。从这个方面看，股份有限公司模式的村镇银行应该是未来的趋势，出资银行相对控股也会成为趋势。

7.2.3　村镇银行存在的问题

（1）发起人成分单一，扩张缓慢

从新型金融机构的发展情况来看，村镇银行由于其相对于贷款公司和资金互助社的优势而受到政策青睐，但是发展过程中出现很多矛盾，突出的就是发起人问题。《村镇银行管理暂行规定》第二十五条规定："村镇银行最大股东或唯一股东必须是银行业金融机构，最大银行业金融机构股东持股比例不得低于村镇银行股本总额的20%，单个自然人股东及关联方持股比例不得超过村镇银行股本总额的10%，单一非金融机构企业法人及其关联方持股比例不得超过村镇银行股本总额的10%。"这样的规定固然有利于控制风险但同时也存在较为明显的弊端：一方面，大型国有银行动力不足，城商行、外资银行偏离支农动机，村镇银行可能会成为其变相的分支机构。另一方面，规定将很多民间资本排除在外，即使有机会参与其中，往往也无法获得经营决策权，这在很大程度上打击了民间资本的积极性。

（2）社会认同度低，吸储不易

村镇银行的快速发展离不开银监会的大力推动，但是目前村镇银行在社区的认同仍是问题。村镇银行作为一个新生事物，运行时间段，多数人对其不甚了解，认为是"私人的银行"，没有安全保证，因此很难把钱存到村镇银行。另外，村镇银行主要设立于较为贫困的农村地区，这些地区居民收入有限，客观上制约了村镇银行存款资金的来源。再加上由于目前村镇银行网点分布不均，业务简单，又不能异地存取款，在一定程度上影响了存款吸收。

（3）村镇银行社区化，发展偏离政策初衷

银行归根结底是盈利性金融机构，村镇银行作为"自主经营，自担风险，自负盈亏，自我约束"的企业法人，追求利润最大化是其办行目标，而"三农"是高风险、高成本、低效率的事业，受自然条件和市场条件的影响巨大。这与《村镇银行管理暂行规定》服务"三农"的办行宗旨相悖。

（4）支付渠道不畅，金融产品单一

尽管村镇银行可以经营吸收存款、发放贷款、办理国内结算、票据承兑与贴现等业务，但由于村镇银行基本上没有加入人民银行的大小额支付系统、电子对账系统、账户管理系统、银行卡跨行支付系统、同城票据交换系统等，不能充分享受到现代化支付体系带来的便捷服务，这在一定程度上影响业务的正常开展。此外，目前村镇银行主要集中在传统的储蓄存款、小额信贷、质押贷款和票据转贴现业务上，资金投向主要是农业生产资金贷款，业务范围较窄，无法全面满足客户需求。

（5）经营面临高风险，监管难度大

尽管村镇银行是农民自己的银行，具有一定的本土优势，但由于其信贷对象主要是农业和农民，他们对自然条件的依赖性较强，抵御自然灾害的能力较差。不可抗拒的自然灾害、长生产周期、市场供求的不确定性及农业保险体系的不健全，使得村镇银行的经营面临着极大的风险。此外，农户自身投资获利能力和管理经验的不足，也提高了信用风险。所处地区较低的工资水平和相对恶劣的生存环境，制约了村镇银行工作人员整体素质的提高，在管理上存在操作风险，内部风险管理机制也有所缺失。

7.2.4 村镇银行的改革路径

针对村镇银行存在的问题，必须进行相应的制度改革，建立村镇银行的支农绩效增强机制和激励机制，以最大限度地缓解村镇银行的约束条件。

（1）建立担保机制

由于农户缺乏相应的抵押担保机制，村镇银行在给农户贷款时面临较大的违约风险。农牧民信用互助协会的担保模式值得借鉴。农牧民信用互助协会实际上是一个资金互助担保组织，其特点是并不在互助担保组织内部社员之间进行资金的相互借贷，而是社员通过建立互助担保基金，在组织内部形成相互担保的贷款需求主体，通过放大授信额度向金融机构获得更大规模贷款。担保机制的建立，既降低了村镇银行和农信社的违约风险，也满足了农户的规模化贷款需求。

（2）建立存款保险制度

要为村镇银行等新型农村金融机构建立完善的存款保险制度，使村镇银行在公众中的认同度和信用度得以提升，消除储户的顾虑，为其有效的负债管理奠定制度基础。

（3）建立政府支农资金的注入机制

政府应该通过财政补贴和税收优惠等政策，对村镇银行的运营进行政策扶持，政府的各种支农资金，也可以通过委托贷款的方式，通过村镇银行贷给目标客户，这样既提高了资金使用效率，也增强了村镇银行的资金实力。政府还可以通过农户贷款贴息等政策来扶持村镇银行，降低其运营成本。

（4）建立与农民资金互助组织的对接机制

村镇银行在运营初期网点少，可以与当地的农民资金互助组织进行对接，与农民资金互助组织签订委托贷款合约，降低自己的信用甄别成本和风险管理成本。村镇银行也可以在一些产业比较集中的村建立信用站，聘用当地素质和威望较高的社会贤达进行委托收放款，这些准员工可以大大节约村镇银行铺设网点的成本和各种经营成本，克服村镇银行的不完全信息约束。

（5）建立农牧业保险机制

农牧业产业是弱质产业，养殖业和种植业受农牧业风险影响很大，因此政府应该在商业性保险机构、种养殖户和村镇银行之间发挥协调作用，建立农牧业保险机制，降低村镇银行的贷款风险。政府可以运用财政资金建立政府风险保障基金，帮助农牧户分散风险。

7.3 农村信用社

内蒙古自治区农村信用社创建于1951年。65年来，内蒙古自治区农村信用社立足于农牧区，不断加大支农、支牧力度，为自治区经济发展和社会进步做出了积极贡献，已经成为内蒙古自治区最大的地区性金融机构和第二大农村金融机构。目前，内蒙古自治区农村信用社共有93家旗县级法人机构，其中农村商业银行14家，农村合作银行4家，统一法人社75家。一直以来，内蒙古自治区农村信用社恪守服务“三农三牧”宗旨，坚持立足县域、服务“三农三牧”、支持中小企业的市场定位不动摇，积极支持地方经济社会发展，不断增强自身实力。

7.3.1 农村信用社的发展历程

农村信用社经历了曲折的发展历程。1958年农村信用社和银行营业所合并，人事权和资金权下放给人民公社管理。1959年下放给生产大队，工作人员由生产大队管理，业务由生产大队和银行营业所共同领导。1969年交给人民公社，实行贫下中农管理。党的十一届三中全会以后，明确了信用社既是集体金融机构，又是国家银行基层机构的地位和性质，加强了国家银行对农村信用社的领导和管理。1982～1996年，农村信用社归属中国农业银行管理，在农业银行的领导下，对农村信用社进行了一系列改革。1997年初，内蒙古自治区农村信用社与农业银行脱离行政隶属关系，由人民银行负责行业管理和监管。2003年末，中国银监会成立后，由银监会管理。

2004年，内蒙古自治区被列为全国深化农村信用社改革第二批试点地区，按照国务院关于“国家宏观调控、加强监管，省级政府依法管理、落实责任，信用社自我约束、自担风险”的改革要求，内蒙古农村信用社交由自治区人民政府管理。2005 年 8 月，内蒙古自治区农村信用社联合社正式成立。内蒙古农信社既是由内蒙古 88 家旗县联社和 5 家单一法人社入股组成，具有独立企业法人资格的地方性金融机构，同时又是在自治区政府授权下，依法履行对内蒙古自治区农村信用社管理、指导、协调和服务职能，具有一定行政管理性质的管理机关。

内蒙古自治区农村信用社在联社的领导和统一部署下，以服务“三农”为宗旨，以产权制度改革和管理体制改革为突破口，以创新为动力，以科技为支撑，分步实施五大工程（业务拓展工程、机制创新工程、人本管理工程、科技创新工程、环境优化工程），构建三大体系（科学严密的制度体系、责权利相统的岗责考核体系、绩效挂钩的薪酬分配体系），实现各项工作的科学化、制度化、标准化和规范化，努力把农村信用社打造成资本充足、内控严密、运营安全、服务规范、效益良好、可持续发展的地方性金融机构。

7.3.2 农村信用社的特色优势

内蒙古农村信用社的优势如下：

（1）机构网点优势

农村信用社长期立足农村牧区，辐射城乡，经过多年的发展，拥有庞大的机构网络网点，几乎是乡乡有机构，村村有代办，可以说农村信用社的业务网点遍及农村牧区的每个角落。如此广泛的服务网点，使农村信用社具有得天独厚的为农牧户服务的便利优势，进入农村金融市场的其他金融机构短期内很难在营业网点上与农村信用社产生竞争。

（2）客户资源优势

农村信用社长期在农村、牧区从事金融服务活动，积累了庞大的客户群，与农村客户的情感联系非常密切，95%的农户贷款来源于农村信用社。另外，随着农村经济的快速发展，在广大的农村牧区也出现了一批高端客户群体，业已成为县域经济的主要力量，这些优质客户大多和农村信用社存在息息相关的鱼水关系。在县域和农村牧区丰富的近乎垄断的客户资源是农村信用社未来发展的支柱优势。

（3）品牌认知优势

经过多年的发展，农村信用社业已在广大农村牧区金融服务领域积累了丰富的经验和良好的市场信誉，逐渐在广大农村牧区客户中形成了很高的品牌认知度和忠诚度。同时，由于农村信用社长期是“官办”体制，在广大农村牧区客户心中，农村信用社信用就是国家信用，这进一步增强了农村信用社的品牌效应。

（4）信息成本优势

农村信用社属于区域性金融机构，其服务对象以当地农牧户为主。在长期的

属地化经营过程中，真正做到了贴近农村、深入农村、了解农村、服务农村，和农村具有天然的信息对称和同步优势，农村信用社要收集贷款对象的信用等级、所投资项目的收益和风险、代理人的道德风险等信息就相对容易，获取成本较低；而且由于相对稳定的地域特征，信贷员还可以对贷款项目进行实时监督，保证贷款的安全，这种信息成本优势是其他金融机构所望尘莫及的。

(5) 经营灵活性优势

农牧户是农村信用社的主要服务对象，农牧户对资金的需求具有偶然、随意的特点。这就要求农村信用社的经营方式灵活多样。从实际情况来看，农村信用社大多数员工生于农村牧区，长于农村牧区，对农村牧区的生产生活相当熟悉。他们能根据服务对象的资金需求特点，选择合适的时机和方式，提供服务，极大地满足了农牧民偶然、随意的资金需求特点。

7.3.3　农村信用社存在的主要问题

(1) 体制和机制不适应发展

首先，目前农村信用社法人治理结构不完善、权力制衡机制比较薄弱，使经营权凌驾于所有权之上，代理和被代理角色扭曲，股东权利虚化，经管层的经营权异化为经营特权，使农村信用社业绩好坏责任不明，对管理层经管能力、绩效缺乏客观评价，使信用社利润最大化的经营目标流于空谈。产权不清、体制落后和正向激励机制缺失是影响农村信用社能否可持续发展的关键因素。其次，在联社模式下，由于性质定位和职责边界不清，运行过程中暴露出了执行力不强，互相推卸、扯皮等问题和弊端，影响了其经营行为。最后，农村信用社的横向联系不畅，人才、资金等资源难以互享共用，贫富共济，强弱相扶必须依靠行政力量。

(2) 历史包袱沉重，不良贷款较多

近年来，通过落实各项扶持政策，内蒙古自治区农村信用社长期积累的沉重历史包袱逐步得到化解，长期存在的系统性、区域性支付风险得到了控制，经营状况和资产质量明显改善。但由于多方面的原因，部分农村信用社的历史包袱仍然较重。高额的不良贷款率严重影响了农村信用社的持续经营能力和经营效益的提高。

(3) 从业人员素质较低

农村信用社地理位置相对偏僻，相关的内部激励机制、薪酬体系等存在某种程度的缺失和落后，很难留住人才，尤其是专业人才。因此，人力资源的缺乏成为农村信用社发展最关键的制约因素。据调查，在内蒙古自治区农村信用社从业人员中，高中以下文化程度的占 80%，特别是在管理层中，具有金融专业知识和市场意识的管理人才较少。专业文化较低的员工队伍，成为制约农村信用社业务发展和创新的“软约束”。

（4）金融产品创新能力弱

农村信用社由于受经济、人才、政策、观念等多种因素影响，业务经营缺乏创新，服务手段落后，经营形式单一，信用工具落后，业务大多还停留在传统存、贷款业务阶段，大部分底层农村信用社没有实现储蓄的通存通兑，中间业务也仅限于代收代付，像出租保管箱、代理有价证券、自动取款机、信用卡等业务发展滞后。

（5）科技支撑体系严重落后结算能力差

内蒙古自治区农村信用社科技支撑体系建设相对落后，与其他商业银行相比有很大的差距。现在，四大国有商业银行、股份制银行及邮政储蓄均利用现代信息技术实现了通存通兑业务，极大地拓宽了其结算网络。虽然计算机已普及到网点，但只是利用计算机记账、编制报表、存取款等。还有不少农村信用社内部网络尚未形成，与各商业银行也没有实现联网，结算渠道不畅；至于金融科技新产品，比如电子公文传输系统、案件管理系统、金融信息服务网、银行卡、网上银行等基本没有涉及。金融科技建设的滞后，严重影响了农村信用社的服务质量、知名度和信誉，制约了其自身业务的发展。

（6）风险管理整体滞后

金融行业是一个高风险的行业，具有很强的脆弱性，金融机构不仅经营货币、信用，同时也存在经营风险。农村信用社与其他金融机构一样，在经营过程中也面临着诸多风险。但是由于农村信用社整体管理水平较低，人员素质较差，导致目前农村信用社在风险管理上整体滞后于其他商业银行，具体表现在风险管理意识落后，风险管理方法方式单一，缺乏有效多样的定量、定性分析工具和手段，对风险的认识主观性太强。这已成为农村信用社进一步做大做强的制约因素之一。

（7）资本来源单一，抗风险能力弱

农村信用社以自身积累、群众股金和存款作为资金基础，如果遭受自然灾害，其损失将全部由自己内部消化。目前，农村信用社资本充足率较低，达不到巴塞尔协议8%的要求，抗风险能力相当脆弱。对于金融机构来说，资金风险在所难免。但是，其资金规模和实力却与抗风险能力紧密关联。资金实力雄厚的金融机构其抗风险能力相对较强；反之，则较弱。农村信用社的主要服务对象是“三农”，而由于农业生产难以避免各种自然灾害的损失，因此，投放于农业的贷款风险较大。

（8）政策因素劣势

鉴于农村信用社运行的初衷——支持“三农”，农村信用社的经营范围被限

定。例如，贷款的对象上实行“三优先”：农户贷款优先、社员贷款优先、农业贷款优先。在保证农业生产贷款合理需要的前提下，资金有余再安排非社员贷款和工商业贷款。从农村信用社追求利益最大化的角度说，是不利的政策性限制，捆住了业务开拓的手脚。

因此，和其他商业银行相比，农村信用社在资金实力、人才资源及经营管理上存在着很大差距，其创新能力、硬件配置、结算手段和科技运用等也明显处于劣势，这些都严重削弱了农村信用社的社会影响力、竞争力和认可度，成为农村信用社进一步发展的现实“瓶颈”。

7.3.4 农村信用社的改革路径

根据内蒙古自治区农村信用社战略定位目标，把农村信用社建设成为“立足社区，连接城乡，服务三农”的特色精品银行的改革路径是：深化体制改革，创新经营机制，明确市场定位，制定长期规划，加快业务创新，积极开拓市场，突出特色业务，深化结构调整，强化风险管理，优化资产负债结构，打造品牌和特色，坚持以人为本，立足科学发展，提升竞争力和综合实力，把农村信用社打造成社区服务型精品银行。

（1）深化体制改革，为实现战略定位提供制度保障

农村信用社体制改革工作，涉及农村信用社的管理体制、产权制度、法人治理结构以及内控机制建设等诸多方面。深化体制改革，创造充满活力的农村金融企业，实现经营管理机制的根本转变，无疑是实现农村信用社市场定位的根本保证。为此，一要完善法人治理结构，建立健全的“三会”和管理人员聘任机制；二要加快产权制度深化改革步伐，尽快实现农村信用社逐步过渡为现代金融企业的改革目标；三要大力加强内控制度建设，以确保各项业务经营活动在农村金融市场中的安全运作和农村信用社的稳健发展。

（2）明确市场定位，制定长期规划

长期以来，农村信用社没有明确的战略定位，没有根据自己的竞争地位和发展空间制定科学的市场、业务、渠道、客户等经营定位，导致经营选择的随意性和产品、业务开发的被动性，影响其可持续发展。因此，内蒙古自治区农村信用社应尽快制定和明确总体战略定位和市场经营定位，并制定相应的中长期战略发展规划，保证战略定位的认真落实。

（3）加快业务创新，开发和推广适合“三农”和社区需要的金融产品

农村信用社必须不断增强市场应变能力，根据“三农”和社区服务需要，以效益为导向，实施有效的业务创新。要从传统金融服务转向更宽领域的发展，根据需求及时开拓相应的新业务种类，如推出农村信用社自己的“一卡通”、人

民币理财、房贷理财等理财产品；在信贷服务上，不断简化业务程序和手续，通过对客户的收入、消费、需求偏好等行为特征分析而提供差别化、个性化服务；根据客户不同的实际风险，实行贷款市场定价，扩大存贷款利率浮动幅度，推行灵活多样的抵押担保方式。同时，在市场细分的基础上细分服务，在竞争性市场已经形成的县市城区和竞争性市场暂未形成的乡镇以下地区，采取不同的竞争策略和竞争手段，扩大经营业务。

（4）坚持以人为本，实现科学发展

改革用人机制和分配制度，加快各级、各类人才队伍建设，建设优秀企业文化，实现农村信用社与员工之间的全面和谐共同发展；树立和落实科学发展观，严格执行国家金融监管政策、法规和管理规范，合规经营，开创性开展工作，积极承担社会责任，以服从大局、服务社会、造福地方为己任，优化和合理配置可支配资源，提升金融服务质量和水平，实现质量、效益和速度有机统一的科学发展。

（5）提高经营效率，扩大利润来源

以“有所作为，有所突破”作为指导原则，坚持有效发展，加大以分支机构为主要渠道的建设力度，扩大资产负债规模，优化负债结构和资产结构，提高农村信用社的竞争实力；做精传统业务，拓展中间业务和表外业务等金融服务领域，适当介入货币、资本市场业务，提升零售业务的服务水平，提高农村信用社的金融服务能力；全面提高金融服务质量，提高风险管理能力，处理好发展与风险、速度与质量的关系，使资产质量达到内蒙古同行业中上等水平；以经济效益为中心，兼顾市场份额目标，实现市场扩张和经济效益的协调发展，构建良好外部竞争环境，差异化经营，规避同业过度竞争，确保经济效益的不断提升。

（6）突出特色经营，打造社区银行

农村信用社分支机构要面向附近地区（社区）的存款者及相关地区（社区）内的中小企业和农牧民提供个性化的金融服务。这类特色业务包括：中小企业的业主贷款、融资租赁、应收账款贷款、贸易融资和各种农业贷款、收费低廉的支票和一些投资理财产品、不同种类的楼宇按揭、自助建房和消费者贷款产品、信用卡和借记卡服务以及自动提款和电子银行等服务。因此，农村信用社要树立贴近社区、方便百姓、亲情服务、灵活应变的经营理念，以快捷便利和个性化的服务留住客户，与客户共同成长。

（7）实施品牌战略，打造零售型精品银行

农牧业是民生之本，中小企业是经济发展的主力军，农牧民和中小企业的信贷需求具有广阔的发展前景和挖掘空间。因此，农村信用社全面实施品牌战略，

扩大产品和服务的推广力度；做全、做好、做精中小企业和农牧民金融服务，满足中小企业和农牧民日益多样化的金融需求，为中小企业和农牧民提供量身打造型的金融产品和服务。树立与中小企业和农牧民共同成长的经营理念，提高中小企业和农牧民群体的资金价值为目标，发挥金融服务价值增值功能，打造价值服务型金融机构。

（8）争取政策支持，营造实现市场定位的良好氛围

目前，农村社还承担着扶贫支农的社会责任，实现政策性目标必然影响农村信用社的经营收益，增加农村信用社的经营风险，如农村信用社正在承担的农村学生生源地贷款将来可能会变成大量的不良资产。然而农村信用社毕竟是一个“自主经营，自负盈亏”的企业，因而在支农过程中还需政府助一臂之力。农村信用社要积极争取政府政策扶持和资金支持，包括获取中央银行专项票据的支持、政府有关方面给予农村信用社以商业银行平等的待遇、减免税收等优惠政策等。

7.4 资金互助社

截至2014年底，内蒙古自治区各种农牧民专业合作社达到6.3万家，自治区级农牧民专业合作社示范社达到600家，50%以上农民专业合作社实现标准化生产、品牌化经营、规范化管理，带动农牧户能力明显增强，合作社成员收入比当地未入社农牧户高10%以上。

7.4.1 农牧区资金互助社的发展现状

2006年农村金融新政出台后，2007年，银监会在四川、青海、甘肃、内蒙古、湖北、吉林六省区开展调整放宽农村地区银行业金融机构准入政策试点工作。新型农村资金互助社的发展模式多样化，随着新型农村资金互助社试点的不断推广，其发展模式日趋多样化。内蒙古自治区首家农村资金互助社——通辽市辽河镇融达农村资金互助社于2007年5月12日挂牌开业。“融达农村资金互助社”是内蒙古自治区通辽市辽河镇查干村村民自愿入股组成的新型农村金融合作机构，实行入股社员民主管理，并为入股社员服务。该社是银监会调整放宽农村地区银行业金融机构准入政策颁布实施以来，内蒙古自治区成立的首家农村资金互助社，也是我国少数民族地区设立的第一家农村资金互助社。该社注册资本30万元，由当地15名自然人共同发起成立，服务周边12个自然村和2800多个农牧民。融达农村资金互助社共有从业人员已有7人，主要开办社员存款、贷

款、结算、买卖政府债券、同业存放和代理业务、向其他银行金融机构融入资金以及其他业务。融达农村资金互助社的成立，缓解了通辽市辽河镇农村地区银行业金融机构网点覆盖率低、金融供给不足、竞争不充分等问题，对促进通辽市辽河镇农村地区形成投资多元、种类多样、覆盖全面、治理灵活、服务高效的银行业金融服务体系，为更好地改进和加强通辽市辽河镇的农村金融服务、支持社会主义新农村建设具有重要作用。

农牧区资金互助社的作用如下：

第一，弥补了农村牧区金融市场空白，促进了农牧区金融多元化发展，较扶贫型互助资金社具有一定优势。近年来，农牧区金融市场体系逐步完善，正规金融机构覆盖面进一步扩大。但农牧区金融服务在一定程度上仍存在空白，而新型农牧区资金互助合作社充分结合自身特点和现实情况，依靠人缘、地缘优势，集中闲散资金为社员服务。一方面改善了农牧区不完全竞争金融市场环境，弥补了一些地区融资空白；另一方面促进农牧区产业化发展进程加快，引导资金高效流动，资金配置效率得到提高。从当前农牧区金融发展来看，扶贫型互助资金是农牧区互助资金组织，而从近年的发展来看，其资金规模、运行模式以及可持续发展都受到较大制约。扶贫互助资金资金来源渠道狭窄，总体资产规模较小，业务形式单一，这限制了互助资金的发展壮大。可贷资金额度偏低，难以满足农牧民实际需求，更难以支持农牧区的产业化发展。新型农牧区资金互助合作社规避了扶贫资金的相关缺陷，以发展农牧区产业为主的农牧民产业合作社能给予互助合作社较雄厚的资金来源，且资产规模可得到扩充。通过鼓励农牧民加入互助组织从而提供更全面的业务服务，农牧区金融业务覆盖面扩大，入股社员可获得的融资形式更多样化，这既优化了扶贫惠农政策的实施措施，也极大鼓励了其他社员的入社积极性。

第二，在一定程度上降低了融资成本，满足了部分社员融资需求。从试点社的贷款利率来看，最高贷款利率为 12.49%，最低贷款利率为 7.3%，且较多利率集中在 9% 以内，尽管各社之间贷款利率存在较大差异，但均低于当地农村地方法人金融机构同期贷款利率和民间融资成本，在一定程度上降低了农牧民融资成本。

第三，农牧民自治特性推动了农牧区信用体系建设，合理引导了民间借贷规范发展。一方面，新型农资牧区金互助合作社的特点是区域农牧民资金互助性质，在资金管理上由入股社员相互监督约束，同时基于地缘、人缘、血缘关系及邻里间信息对称，形成了动态的信用评级机制。入社会员信用等级均通过社员进行评定，确定授信额度，并在贷前、贷中、贷后根据贷款人的实际情况进行信用等级的动态变更，这就促使社员不断增强自身约束，提高信用水平，有助于改善

当地农牧区信用体系和金融环境。另一方面，新型农牧区资金互助社良性发展不断提高了农牧民参与积极性，转变农牧区私人借贷、非法集资乱象，促进农牧区借贷朝着正规化发展，同时还有效维护了农牧区金融稳定。

第四，加速了农村土地流转和产业结构调整转型进程。试点新型农村资金互助合作社充分依托当地农民专业合作社，通过信贷资金投放不断引导农业发展方向，加快了农村产业集中化发展。同时积极结合当前新型农业发展规划，合理配置资金投向，农村土地流转加速整合，粗放、零散性家庭农业逐步向专业化、集群化大型农场转变。

7.4.2　农牧区资金互助社发展中存在的问题

第一，相关部门政策制度还有待完善。从当前情况看，有的农牧区资金互助合作社是由银监局批准成立，有的是由省金融办批准成立。虽然在合法性上日益得到了明确定位，但在其他方面还存在滞后：一是标准统一的资本约束难以支持各试点社的差异化发展。二是入社监管过于严格。社员入股积极性极高，新增入股申请持续增长，而社员入股监管过于严格，且备案监管流程较多，导致入股申请暂时闲置，资金规模扩张再次受阻。三是多种模式的农村资金互助合作社监管主体还不够明确，导致多头监管甚至存在监管空白现象。

第二，与农村正规性金融机构的协调性不够。在欠发达的西部农牧区，农业银行、信用社以及邮政储蓄银行是农牧区村最主要的传统正规性金融机构，但由于其贷款流程、手续较多，贷款时间长以及贷款门槛较高，农牧民仍面临在银行贷款难的窘境。而农牧区资金互助合作社将社员的资金统一管理，在社内发放贷款，吸收存款，并将闲余的资金交由信用社或邮储银行托管。虽然农牧民贷款问题得到一定解决，但传统金融机构因资金互助合作社吸收存款而失去一定的客户资源，而仅能以托管资金收取相应的托管费，这在表面上形成了农村资金互助合作社与传统金融机构之间的竞争，从而导致合作机制沟通不畅。

第三，农牧区专业合作组织同质性高，影响资金安全。农牧区资金互助合作社大多以专业合作社为基础而成立，主要围绕一种特色种植、养殖或者生产进行经营。从各试点互助社来看，加入资金互助合作社的其他专业合作社的生产、种植类型大多相同，还没有形成多样性的专业化合作组织，这为农牧区资金流动性带来一定影响。一方面，生产种植的季节性影响容易产生阶段性的借款过多或者借款空窗频发，这既会影响农牧区资金互助合作社资金的周转与管理，降低资金运用效率，同时还会增加管理成本。另一方面，同质化的生产种植类型会加大农畜产品的销售风险，不能实现各专业合作社的产品合作、资源互补，一旦遭遇销售困境，农牧区专业合作社的收益将严重受损，这又会间接影响资金互助合作社的信誉度和稳健运行。

第四，内部运作还存在制约“瓶颈”。资金融通的可持续性不强制约农村资金互助社可持续发展。资金互助社资金来源主要依靠农牧民专业合作社及社员出资，政府补贴、社会捐赠较少。资金互助社初始股本金较少，入股范围较窄。入社会员多为资金较为宽裕的专业合作社农场主以及一般社员，而农牧民专业合作社的收益受季节性影响较大，从而影响股本金规模的扩大。部分资金互助社贷款资金流向集中度高，不符合“小额、分散，贷款集中度低”要求，且影响资金互助社资金安全。过高的资金集中度易产生风险集聚，期限较长的大额借款更影响资金的流动，而借款次数少的社员未能得到更多的服务，补偿机制还不完善。此外，资金互助社风险控制意识有待提高，部分资金互助社出现亏损现象。一方面，信用贷款在贷款类型中所占比重还比较高，信用风险较高，而资金互助社提取较少的坏账准备金，尤其是信用贷款占比较高的社暂还未提取坏账准备金，从而导致较高风险暴露程度。另一方面，试点社工作人员文化水平总体还比较低，普遍缺乏金融管理专业知识和操作技能，风险管理意思较单薄，自律性较差，也容易导致不同程度的操作风险。

第五，资金互助社贷款利率较高，互助特色不明显，自身定位偏离方向。尽管各试点社贷款利率低于同期银行贷款利率，但对于农村资金互助社来说，贷款加权利率总体水平还比较高。社员资金融通成本比较高，支农惠农政策执行力度还不够，试点社互助性未完全体现。处于起步阶段的新型农牧区资金互助合作社作为农牧区金融市场资金供给的一种合理补充，具有其存在的必要性，然而其在自身定位上还不够明确。一方面，作为区域性资金互助组织，主要业务是为入社会员提供资金支持，而不能以盈利为目的，而一些社极力扩大资金规模，壮大业务类型，从而形成一种追逐利润的可能性。另一方面，其远期发展方向不明确，服务对象、方式、范围界限还较模糊。

第六，与产业发展配套的对接机制不健全。农村资金互助合作社基于不同的专业合作社设立，且各地产业类型、发展进度及政策支持力度上存在差异，农牧区资金互助合作社对接产业发展的渠道还不通畅。农牧区资金互助合作社仅根据借款条件为农牧民提供资金，还未能完全结合产业发展引导资金流向。以发放贷款为主要业务的融资方式难以满足不同农牧民在生产、经营中存在的多样化、特殊性的融资需求。在对接力度上，一些地区的专业合作社配合力度不高，从而制约其支农范围的扩大。

第七，专业技能培训欠缺，影响资金互助社可持续发展。由于资金互助社具有准金融机构功能，具有较强的专业性，而从几家资金互助社情况看，尽管各社逐渐引入大学本科等高学历人才，但资金互助社的主要负责人多为初中等学历，专业技能及综合管理水平还较欠缺。政府在人员培训方面的支持力度还较欠缺，关注度和重视程度还不够高，因此还需要对从业人员进行专业技能的提高、职业道德的培养以及风险控制意识的形成，以避免潜在风险。

7.4.3 国外成功经验借鉴

（1）德国的合作金融模式

德国的合作金融起源较早，1889年就设立了合作社，经过较长时间的发展，德国已经形成了完善的合作金融组织体系和健全的管理体制。德国的合作金融组织由基础信用合作社、区域性中心合作银行、德意志中央合作银行三层独立的企业法人构成，三层自下而上持股、自上而下服务，彼此不相隶属。在管理宗旨上，德国的合作金融组织始终坚持合作制原则与为社员服务的原则。在监督管理方面，由联邦金融监管局、联邦中央银行和区域性合作社审计协会分别实施非现场监管、现场监管和流动性监管，监管职责明确。在风险控制方面，形成了完善的风险防范机制，区域性中心合作银行和德意志中央合作银行为基础信用合作提供流动性支持，以应对资金需求，避免支付风险。

（2）美国的多元复合模式

美国的合作金融按照自愿民主、互利原则，在社员内建立具有合作性的信用社，以解决信贷资金需求。信用合作社不以营利为目的，实行自主经营和“一人一票”的民主管理，并由联邦土地银行系统、联邦中期银行系统和合作银行系统构成，三个系统各司其职，相互协作，为农牧民解决贷款问题。美国的农业信用合作体系虽然当初由政府主导设立，但所有权逐步回归合作社或农场主，各系统或系统内上下之间是平等的交换关系，行政干预较少。同时创立了由监管机构、行业自律协会、资金融通清算中心和互助保险集团构成的农业信用合作管理体系，以保证农业信用合作体系的健康发展。

（3）日本的综合农协模式

日本的农村合作金融主要采用农协的制度形式，具体包括信用合作社、信用金库、劳动金库和农林渔业系统四类金融机构。综合农协是唯一可以从事农村金融业务的农协，农协合作金融组织是不以营利为目的，利用农协会员的资金开展以农协会员为对象的信贷业务。日本的农村合作金融组织形成了比较严密的体系，分为三个层次：基层农协合作金融组织、县信用联合会、农林金库和国家银行，三级机构自下而上参股，相互配合补充但实行独立核算，自负盈亏，无隶属关系。日本综合农协成功解决了农牧民融资难的问题，这主要归功于强大的政府扶持和完善的法律体系。严密的农村合作金融体系具有较强的政府干预色彩，这形成了浓厚的国家信用氛围，政府通过出资，给农协为农牧民购买农产品，并将资金直接划转到农协成员的存款账户。日本针对不同类型的合作组织金融机构颁布了相应的法律法规，如对金融合作社、信金中央金库设立了《信用金库法》，对农业合作组织、农业信用合作社联合会设立了《农业合作法》，这有效地保证了农协的正规化、有序化的持续发展。

（4）法国的农村合作金融组织

法国的农村合作金融组织的发展也具有自上而下的层级体系，主要由地方农业信贷合作社、地区农业信贷互助银行和法国农业信贷银行共同组成，三级实行独立经营，由总部、省级进行核算。法国农村合作金融呈现出了互助合作银行体系“上官下民”的特色，从而政府始终担任宏观调控和管理的重要角色以确保合作金融的可持续发展。其次具有合作性、政策性和商业性相结合的特点，以进行资金的合理调配，不断增强其支农的作用。再次依托农业合作社发展信用合作，形成入社才能获得政府贴息贷款的约束机制，从而推动农业发展。

7.4.4 促进农村资金互助合作社健康发展对策

为了促进农牧区资金互助合作社健康发展，提出以下对策：

（1）加强制度建设

完善相关监管法规，明确市场定位。制定适用全国的法律法规，明确各级监管主体、监管内容以及范围；各地方政府在中央法律法规指导下，因地制宜地制定相关规章制度，明确农牧区资金互助合作组织的经营权限、范围等；明确农牧区资金互助合作社的合法化地位及市场定位，以鼓励农牧区积极进行金融创新，增强支农积极性。

增强相关部门支持力度。人民银行应充分运用支农惠农扶持政策，积极加大支农、支小再贷款、票据贴现等方面政策倾斜力度，同时建立和完善农牧区资金互助合作社与正规性金融机构之间的资金对接机制，以营造良好的金融环境。各级金融办应做好相应指导工作，适当放宽约束条件：一是应积极跟踪各农牧区资金互助合作社运行情况，针对存在的问题及时给出参考意见，同时加强与地方政府部门沟通协调，给予农牧区资金互助合作社财政贴息、专项资金入股、政策性农牧业保险、免税等政策支持，为农牧区资金互助合作社创造更宽松的发展环境。二是积极探索新的农牧区资金互助合作社试点基地，扩大新型组织的覆盖范围。三是加大对从业人员的专业技能和职业道德培训，积极开展试点单位经验交流及座谈会，以提高人员综合素质。银监局应根据各地农牧区经济水平以及金融发展差异性，在控制风险、正规监管基础上，放松条件相对严格、门槛过高的准入限制。鼓励正规性金融机构与农牧区资金互助合作社合作，促进其在资金管理、产品设计以及运营操作上的沟通。

加强农牧区金融体系制度建设。为形成良好的农牧区金融市场运行环境，推动农牧区资金互助合作社的发展，政府需要充分运用国家信用，积极构建更全面的农牧区金融市场体系。一是借鉴国外成功经验，构建农牧区合作金融组织体系，形成中央、地方、基层三级管理体系。制定农牧区合作金融组织的总体发展目标、规章制度以及政府支持方案。地方政府根据各省、市农牧区经济发展情况和农牧区金融机构运行状况制定具体分配方案。基层农牧区合作金融组织结合各区域实际进行运作，独立核算，但需要接受上一级的引导和监管。二是完善农牧区金融保险机制建设，一方面建立存款保险制度，增强新型农牧区资金互助组织的信誉度，稳定和扩大资金来源；另一方面加强农牧区资金互助组织与保险公司的合作，合理保障运行资金的安全性。

（2）明确自身定位

农牧区资金互助合作社应继续专注发展区域性、补充性、非营利性合作组织，弥补农牧区金融市场中存在的资金空缺，推动支农惠农政策的稳健实施。同时合理探寻发展模式，规避一味依靠扩大规模来发展壮大，应寻求新型农牧区资金互助合作社与产业发展的密切配合。

（3）丰富资金来源渠道

一方面，在农牧户中加大宣传力度，增强信誉度，鼓励农牧户积极参与合作社，从而打开最基本的内部资金来源渠道；另一方面，在风险控制范围内积极探索外源融资。可以借鉴其他农牧区资金互助合作社的创新模式，如“一体二社”“股权信贷”“消费积累”等。此外，农牧区资金互助合作社可以探索“农牧区资金互助合作社 + 商业性金融机构”“农牧区资金互助合作社 + 政策性金融机构”“农牧区资金互助合作社 + 政府”的模式以扩大资金来源。

（4）完善内部激励机制。

首先，健全农牧区资金互助合作社内部管理机制，明确理事长、监事长以及会计等的职责，通过合理岗位管理权限和职责分工，做到相互监督和约束，并通过认真管理信贷审批，监测资金流向，促进农牧区资金互助合作社良性发展，以增加相对稳定的收益。其次，建立利益分红机制。尽管当前农牧区资金互助合作社盈利较少，但为调动入股社员积极性，同时提高其他社员的参与度，在扣除运行成本、入股增资部分资金后，按照一定标准为入股社员进行分红。

（5）加强与农牧区经济发展的契合度。

尽管农牧区资金互助合作社的主要发起人大多为农牧区专业合作社，但两者之间配合的紧密度还不够高。专业合作社与供销合作社之间的合作链条还不够完善，从而造成农牧区资金、农业生产、销售等方面的不配套。因此，需要引导农牧区专业合作社与供销合作社加强与农牧区资金互助合作社的金融合作，形成生产、供销、信用一体化的农牧区合作机制。一方面，扩大宣传，增强农牧民对农牧区资金合作社运作的信赖度，由农牧区资金互助合作社统一为专业合作社购买生产资料、设备等基础物资以降低采购成本，并提供技术咨询等方面的沟通指导。另一方面，积极对接供销合作社，解决农产品销售、运输等问题，从而形成产、运、销一条线服务机制。这既能加快农牧区资金互助合作社的资金周转、扩大覆盖范围，同时还能更加紧密地与农业生产相结合，促进农牧区产业转型。

第 8 章

牧区民间金融发展趋势

牧区民间金融相对于银行借贷有更久远的历史，在一定程度上说明产生民间金融的社会条件依然存在，牧民对资金的需求并没有从根本上得到满足，或者现有的农牧区金融工具和金融服务还不能真正适应牧民的需求。此外，导致牧区民间金融发生的生产方式和生活方式，在一定的历史时期仍将长期存在。随着经济发展和改革开放，牧区的生产方式和生活方式不会发生彻底的改变。虽然牧区社会的固有传统和社会人际网络随着经济发展发生了一定的改变，但人际交往的社会属性以及人际交往对社会信用的依靠却是无法因之改变的，在我国公民的信用体系没有建立起来之前，牧区民间金融的内在机理作用仍然存在。即使在国家公民的信用体系已经建立起来之后，也不能从根本上否定和排斥牧民民间金融的存在与发生。由此可见，牧区民间金融的长期存在是客观的。

牧区民间金融长期客观存在是牧区民间金融发展的前提。在借贷形式和借贷主体以及借贷用途方面，牧区民间金融的发展都将发生更多的变化，这种变化源于牧区民间金融对社会发展的适应，是借贷参与主体对社会发展的适应。随着社会的发展，借贷参与者的牧民身份将有可能逐步淡化，取而代之的是法律平等前提下国家公民之间的借贷关系。

同时，从宏观的角度来看，牧区民间金融发展将在一定程度上促成国家对相关法律立法的完善，使得以牧区社会为服务对象的相应法律服务工作将进一步面向社会的底层。从微观的角度来看，牧区民间金融的发展将有利于维系和传承牧区民间金融的内在约束关系与伦理特色。尽管其参与者国家公民的身份特点将越发突出，但并没有从根本上背离对牧区社会性的依附，内在的社会资本对牧区民间金融的影响并不因为社会进步而降低。社会进步将在牧区社会成员之间形成或者发展出新的社会资本的内涵，导致社会成员之间社会资本的差异以及由此而导致的社会网络和可以影响社会资源量的差异。而新农村牧区金融机构建设和规定其服务“三农”“三牧”的任务及服务范围界定也并不能改变这些社会资本的存在，在一定程度上有可能促进这些社会资本发展，因此也需要在认识和利用这些社会资本的基础上来影响传统牧区民间金融。

此外，传统牧区民间金融的存在和发展也将在一定程度上和正规金融的发展在金融资源和发展空间展开激烈竞争。这种竞争对牧区民间金融其他形式的发展具有一定积极意义，有利于在国家干预牧区民间金融发展下新的金融组织的发展壮大。所以，牧区民间金融的发展具有双重意义和功能。

在金融资源的合理配置方面，牧区民间金融的发展和国家对牧区民间金融的干预之间的确存在相互竞争的一面，但与此同时竞争的过程也是相互学习的一个过程。国家的干预有利于民间金融参与者在新的金融交易模式中改变自己在社会资本下的个体之间交易模式，通过学习现代的金融形式，逐步完善其在社会资本下的交易行为，降低交易风险，从而维护和扩大社会资本。因此，国家对牧区民间金融发展的干预活动并不会消灭农村民间金融，反而推动了牧区民间金融向合法有序方向的发展，是竞争中的双向发展。

牧区民间金融的发展、牧区金融体制改革、牧区社会经济发展以及国家对于牧区民间金融发展的推动，彼此之间存在良性互动的发展可能和空间。牧区民间金融的发展与整个牧区经济、社会、文化的发展存在内在互动关系，而这种互动是历史发展进程中的互动，是历史发展的微观表现。只有从牧区民间金融参与的主体和交易发生的经济、社会和文化背景出发，才能较为详尽地了解其发生与发展的深层意义。从这个角度分析，应当理性而稳妥地看待牧区民间金融的存在与发展，牧区民间金融和相应的约束的制度与规范之间存在互动的交互关系，这些制度和规范是牧区金融体制完善的一个部分，是国家法制进步的一个环节，因而科学、合理、适当、适时的制定和完善针对牧区民间金融的制度、规范，既具有当前的现实意义又具有长远的发展意义。

参考文献

[1] A. N. Berger, C. F. Udell, 1995. Relationship lending and lines of credit in small firm finance [J]. Journal of Business, 68 (3): 351 -382.

[2] AG. Chandrasekhar, C. Kinnan, H. Larreguy Arbesu. Social Networks as Contract Enforcement: Evidence from a Lab Experiment in the Field [R] . NBER Working Paper, June 2014, No. 20259.

[3] Axelord, Robert. The evolution of cooperation [M]. New York: Basic Books, 1984.

[4] Banerjee Besley, Guinnane. Thy neighbor. s keeper: The design of a credit cooperative with theory and a test [J]. The Quarterly Journal Economics, 1994, 109 (5): 491 -515.

[5] Burt, Ronald. Structural Holes: the Social Structural of Competition [M]. Cambridge MA: Harvard University Press. 1992.

[6] Bradford Cornell and Welch. Culture, Information, and Screening Discrimination [J], Journal of Political Economy, 1996, 104 (3): 542 -571.

[7] Bastelaer Van, Thierry Leathers, Howard. Trust in Lending: Social Capital and Joint Liability Seed Loans in Southern Zambia [J]. World Development, 2006, 34 (10): 1788 -1807.

[8] Chantarat, S. and C. Barrett, Social Network Capital, Economic Mobility and Poverty Traps [J]. Journal of Economic Inequality, 2007, 10 (3): 299 -342.

[9] Coleman. Social capital in the creation of human capital [J]. American Journal of Sociology, 1988 (94): 95 -120.

[10] Chen J. Social Network , Informal Accountability [J]. APSA meeting paper, 2010.

[11] Feige E. L. , The underground economy and the currencyenigma [J]. Public Finance, 1994, 49: 119 -136.

[12] Frey B. S, Pommerehne. W. W, 1984. The hidden economy: state and prospects for measurement [J]. Review of Income and Wealth, 30 (1): 1-23.

[13] Granovetter, Mark. The Strength of Weak Ties [J]. American Journal of Sociology, 1973 (78): 1360-1380.

[14] Grootaert, C. Social Capital, Household Welfare and Poverty in Indonesia [J]. World Bank Policy Research Working, 1999: 2148.

[15] Jith Jayaratne, John Wolken, How important are small banks to small business lending? New evidence from a survey of small firms [J]. Journal of Banking and Finance, 1999, 23: 427-458.

[16] Jacobs, Jane. The Death and Life of Great American Cities [M]. New York: Random House. 1961.

[17] Joseph E Stiglitz. Peer monitoring and credit market [J]. World Bank Economic Review, 1990 (4): 351-366.

[18] K. Polanyi et al. (eds.): Trade and Market in the Early Empires: Economies in History and Theory, Glencoe, [M]. Free Press, 1957.

[19] Karlan, D. and J. Morduch. Access to Finance, in Rodrik, Dani and M. Rosenzweig (Ed.) [J]. Handbook of Development Economics, 2010 (5).

[20] Kinnan, Cynthia and R. M. Townsend, Kinship and Financial Networks, Formal Financial Access and Risk Reduction [J]. the American Economic Review, 2012, 102 (3): 289-293.

[21] M. K. Hassan, The Microfinance Revolution and the Grameen Bank Experience in Bangladesh [J], Financial Markets, Institutions & Instruments, 2002, 11 (3): 205-265.

[22] Montiel, Richard Agenor. Informal financial markets in developing countries [R]. IMF & Blackwell Publisher, 1994.

[23] Matthews, Peter and Besemer, Kirsten. Social Networks, Social Capital and Poverty: Panacea or Placebo? [J]. Journal of Poverty and Social Justice, Volume 23, Number 3, October 2015, pp. 189-201 (13).

[24] Mitchell, J. The Concept and Use of Social Networks [M]. In J. Mitchell (Eds), Social Networks in Urban Situations. Manchester: Manchester University Press. 1969.

[25] N. W. Biggart & R. P. Castanias. Collateralized Social Relations: The Social in Economic Calculation [J]. American Journal of Economics and Sociology, 2001, Vol. 60, No. 2: 471-500.

［26］ Nicole Woolsey Biggart, P Castanias. Collateralized relations: The social in economic calculation ［J］. American Journal of Economics and Sociology, 2001, (2).

［27］ N S Chiteji. Promises kept: Enforcement and the role of rotating savings and credit associations in an economy ［J］. Journal of International Development, 2002, 14 (12): 393－411.

［28］ Pranab Bardhan. The new institutional economics and development theory ［J］. World Development 17, 1989, (9): 1390－1394.

［29］ Prabhu Ghate. Informal finance: Some findings from Asia ［M］. Manila: Asian Development Bank & Oxford University Press, 1992.

［30］ RD Taylor and M Budescu. Family Financial Pressure and Maternal and Adolescent Social Emotional Adjustment: Moderating Effects of Kin Social Support in Low Income African American Families ［J］. Journal of Child & Family Studies, 2014, 23 (2): 242－254.

［31］ S. D. Boon, J. D. Holms, The dynamics of interpersonal trust: resolving uncertainty in the face of risk, in R. A. Hind, J. Groegrel, eds, Cooperation and prosocial behavior ［M］. Cambridge University Press, 1991: 190－211.

［32］ Timothy Besley, Stephen Coat, Glenn Loury. The economics of rotating savings and credit associations ［J］. the American Economic Review, 1993, (83): 792－810.

［33］ Tsai, Lily. Accountability without Democracy: Solidary Groups and Public Goods Provision in Rural China ［M］, Cambridge University, 2007.

［34］ 阿拉坦宝力格．草原文化区域分布研究［M］．呼和浩特：内蒙古教育出版社，2007.

［35］ 边燕杰，张文宏．经济体制、社会网络与职业流动［J］，中国社会科学，2001（2）：77－89.

［36］ 程名望，史清华，Jin Yanhong，盖庆恩．农牧民收入差距及其根源：模型与实证［J］，管理世界，2015（7）.

［37］ 蔡秀，肖诗顺．基于社会资本的农牧民借贷行为研究［J］，农村经济与科学，2009（7）.

［38］ 褚保金，卢亚娟，张龙耀．信贷配给下农牧民借贷的福利效果分析［J］，中国农村经济，2009（6）.

［39］ 费孝通．乡土中国［M］．北京：北京大学出版社，2002.

［40］ 郭斌，刘曼路．民间金融与中小企业发展对温州的实证分析［J］．经

济研究，2002（10）.

［41］郭云南，姚洋．宗族网络与农村劳动力流动［J］，管理世界，2013（3）.

［42］胡必亮，胡顺延．中国乡村的企业组织与社区发展——湖北省汉川县段夹村调查［M］，太原：山西经济出版社，1996.

［43］胡必亮，刘强，李晖．农村金融与村庄发展——基本理论、国际经验与实证分析［M］，北京：商务印书馆，2006.

［44］胡必亮．村庄信任与标会［J］．经济研究，2004（10）.

［45］胡必亮．关系共同体［J］．北京：人民出版社，2005.

［46］黄宗智．华北的小农经济与社会变迁［M］，北京：中华书局，2000.

［47］黄勇．关于农业产业化是农村剩余劳动力转移重要途径的分析［J］．商业现代化，2009（1）.

［48］江曙霞，马理，张纯威．中国民间信用［M］．北京：中国财政经济出版社，2003.

［49］江曙霞，马理．民间信用生成逻辑的解析与疏导原则的确立［J］．财经研究，2003（9）.

［50］姜旭朝，丁昌锋．民间金融理论分析范畴比较与制度变迁［J］．金融研究，2004（8）.

［51］林毅夫，孙希芳．信息、非正规金融与中小企业融资［J］．经济研究，2005（7）.

［52］刘成玉，黎贤强，王焕印．社会资本与我国农村信贷风险控制［J］．浙江大学学报，2011，41（2）.

［53］李凤斌．草原文化研究［M］．北京：中央编译出版社，2008.

［54］刘民权，徐忠，俞建拖．信贷市场中的非正规金融［J］．世界经济，2003（7）.

［55］马光荣，杨恩艳．社会网络、非正规金融与创业［J］．经济研究，2011（3）.

［56］马九杰．社会资本与农牧民经济［M］．北京：中国农业科学技术出版社，2008.

［57］那顺巴依尔．内蒙古牧区亲属制度变迁［J］．中央民族大学学报，2005（1）.

［58］齐木德道尔吉，徐杰舜．游牧文化与农耕文化［M］．哈尔滨：黑龙江人民出版社，2010.

［59］钱小安．金融民营化与金融基础设施建设［J］．金融研究，2003

（2）.

［60］人民银行广州分行课题组．从民间借贷到民营金融：产业组织与交易规则［J］．金融研究，2002（10）.

［61］色音．蒙古游牧社会的变迁［M］．呼和浩特：内蒙古人民出版社，1998.

［62］史晋川．市场深化中民间金融业的兴起［J］．经济研究，1997（12）.

［63］史晋川，叶敏．制度扭曲环境中的金融安排：温州案例［J］．经济理论与经济管理，2004（1）.

［64］童馨乐，褚保金，杨向阳．社会资本对农牧民借贷行为影响的实证研究：基于八省1003个农牧民的调查数据［J］．金融研究，2011（12）.

［65］乌日陶克套胡．蒙古族游牧经济及其变迁［M］．北京：中央民族大学出版社，2006.

［66］王曙光．市场经济的伦理奠基与信任拓展［J］．北京大学学报，2006（3）.

［67］王曙光．国家主导与地方租金激励：民间金融扩张的内在动力要素分析［J］．财贸经济，2008（1）.

［68］王曙光，邓一婷．民间金融扩张内在机理、演进路径与未来趋势研究［J］．金融研究，2007（5）.

［69］徐慧贤．鄂尔多斯民间借贷利率定价及社会运行机制分析［J］．财经理论研究，2015（1）.

［70］叶敬忠，朱炎洁，杨洪萍．社会学视角的农牧民金融需求与农村金融供给［J］．中国农村经济，2004，（8）.

［71］杨汝岱，陈斌开，朱诗娥．基于社会网络视角的农牧民民间借贷需求行为研究［J］．经济研究，2011（11）.

［72］张杰．制度、渐进转轨与中国金融改革［M］．北京：中国金融出版社，2001.

［73］张军．改革后中国农村的非正规金融部门：温州案例［J］．中国社会科学季刊（香港），1997（20）.

［74］卓凯．非正规金融、企业家甄别与制度变迁［J］．制度经济学研究，2006（1）.

［75］章元，陆铭．社会网络是否有助于提高农民工的工资水平［J］．管理世界，2009（3）.

［76］张爽，陆铭，章元．社会资本的作用随市场化进程减弱还是加强？来自中国农村贫困的实证研究［J］．经济学季刊，2007，6（2）.

［77］周晔馨．社会资本是穷人的资本吗？——基于中国农牧民收入的经验证据［J］．管理世界，2012（7）．

［78］曾康霖．我国农村金融模式的选择［J］．金融研究，2001（10）．

［79］郑世忠，乔娟．农牧民社会资本及其对借贷行为的影响［J］．乡镇经济，2007（12）．

［80］张建杰．农牧民社会资本及对其信贷行为的影响——基于对河南省397户农牧民调查的实证［J］．农业经济问题，2008（9）．

［81］张晓明，陈静．构建社会资本：破解农村信贷困境的一种新思路［J］．经济问题，2007（3）．